新编公共行政与公共管理学系列教材

管理心理学

Management Psychology

郑安云　何飞 /主编

北京大学出版社
PEKING UNIVERSITY PRESS

图书在版编目(CIP)数据

管理心理学/郑安云,何飞主编. —北京:北京大学出版社,2014.11
(新编公共行政与公共管理学系列教材)
ISBN 978 - 7 - 301 - 25087 - 7

Ⅰ. ①管… Ⅱ. ①郑… ②何… Ⅲ. ①管理心理学—高等学校—教材
Ⅳ. ①C93 - 05

中国版本图书馆 CIP 数据核字(2014)第 261277 号

书　　　名: 管理心理学
著作责任者: 郑安云　何　飞　主编
策 划 编 辑: 高桂芳
责 任 编 辑: 高桂芳(pkuggf@ 126. com)
标 准 书 号: ISBN 978 - 7 - 301 - 25087 - 7/C · 1065
出 版 发 行: 北京大学出版社
地　　　址: 北京市海淀区成府路 205 号　100871
网　　　址: http://www. pup. cn
新 浪 微 博: @ 北京大学出版社
电 子 信 箱: ss@ pup. pku. edu. cn
电　　　话: 邮购部 62752015　发行部 62750672　编辑部 62753121
出版部 62754962
印　刷　者: 北京大学印刷厂
经　销　者: 新华书店
730 毫米 × 980 毫米　16 开本　18 印张　277 千字
2014 年 11 月第 1 版　2014 年 11 月第 1 次印刷
定　　　价: 35.00 元

前　言

管理心理学是现代管理理论的重要组成部分，是管理类专业的一门专业基础课程。在西方各大学管理学院的 MBA 教育中，管理心理学一直是一门十分重要的核心必修课程。

管理过程中对人的管理既是管理的重点，也是管理的难点。如何搞好人的管理，调动人的积极性，是管理者十分关注的问题。管理心理学正是利用心理学、人类学、社会学、政治学、生理学等学科的知识，帮助管理者提高预测、引导和控制人的行为的能力，加强以人为本的管理。

本书不仅系统介绍了管理心理学的基本概念、基本原理和基本理论，而且注重理论和实践相结合，注重对学生心理素质和行为能力的培养与提高，注重树立人本管理的理念。在写作过程中，我们增加了实践操作的环节，内容包括心理测验、案例讨论、角色扮演、游戏体验、实地调查等。此外，本书还注重探讨管理过程中有关组织行为研究的热点和难点问题，力争使本书具有系统性、前沿性和适用性等特点。

本书共 11 章，分别为绪论、个性与管理、态度与工作满意度、创造力与管理、激励与激励理论、社会认知、员工援助计划、群体心理与行为、领导心理与行为、组织文化、组织变革与发展。本书在以往管理心理学的基础内容之上增加了员工援助计划、创造力与管理等较为前沿的理论内容。全书由郑安云、何飞统稿，王红红参编了第二章，赵昆参编了第三章，王莹参编了第四章，霍利生参编了第五章，王瑞参编了第六章，李佳参编了第七章，魏臻和段菲参编了第八章，刘婷参编了第九章，段娟参编了第十章。

本书在写作过程中,参阅了国内外有关文献和著作,并吸收了其中的精华,在此谨向原作者表示感谢!由于编者水平有限,书中难免存在不妥之处,敬请读者批评赐教。

本书不仅适合作为高等学校管理类本科专业的教材,还是实际管理工作人员拓宽知识面的重要读物。

编者

2014 年 10 月 1 日于西安

目　录

第一章　管理心理学概述

本章学习目标

1. 掌握管理心理学的含义
2. 掌握管理心理学的研究方法
3. 了解管理心理学的产生与发展历程
4. 了解管理心理学的理论基础

第一节　管理心理学的基本问题

一、管理心理学的概念

管理心理学是心理学的一个重要分支,也是现代管理理论的一个重要组成部分。管理心理学也可称为组织行为学,两者的研究内容基本相同。但是,从严格意义上讲,管理心理学更强调将心理学原理应用于管理,旨在研究行为的内在心理活动的规律性,并采取相应的管理措施与对策,突出实践和应用。

管理心理学是将心理学的理论、原则和方法运用于组织管理中,通过研究组织中人的心理和行为的规律性,预测、引导和控制组织中人的心理和行为,寻求各种途径和方法最大限度地调动人的积极性,发挥人的潜能,提高生产和工作效率,改善人际关系,增强组织功能。因此,概括地说,管理心理学是研究管理过程中人的心理活动和行为规律,从而提高管理者分析、预测、引导、控制人的心理和行为的能力,以达到调动人的积极性,提高工作效率,实现组织目标的科学。

我们可以从管理心理学的研究对象、研究范围、研究目的和研究任务四个方面更进一步地理解管理心理学的含义。

1. 研究对象

管理心理学的研究对象是管理活动中人与人之间心理上的相互关系及其规律。人的心理与行为的发生、发展和变化是有规律可循的,心理与行为的关系密不可分。心理是行为的内隐活动和内在依据,指导着行为;行为是心理活动的外在表现,反映着心理活动。管理心理学是将人的心理和行为作为一个统一体来研究的。

管理心理学是从现代管理学与行为科学发展过程中分支出的一门新兴的独立学科,是管理科学的新视角,管理中的个体、群体、领导、组织心理与行为的规律性是其研究的重点对象。

2. 研究范围

管理心理学与心理科学的研究范围不同。心理科学研究人类一切心理和行为发生、发展的规律性,而管理心理学的研究范围是在一定组织系统的管理活动中人与人之间心理上的相互关系及其规律性,关注的是一定组织系统的管理活动中人的心理和行为的规律性。组织系统之外的心理与行为,如消费心理与行为、婚姻心理与行为、教育心理与行为等,均不是管理心理学重点关注的范围。

3. 研究目的

管理心理学的研究目的是在了解和掌握一定组织系统的管理活动中人的心理和行为的规律性基础上,提高管理者对人的心理与行为的预测、引导与控制的能力,要在准确、及时预测的基础上,采取有针对性的管理措施和方法,将消极心理与行为引导,转变为积极心理与行为,保持和发扬积极心理与行为,提高组织中员工的工作积极性、主动性、创造性,提高工作绩效,以便更好地实现组织目标。该学科是在分析员工个性、心理特点的基础上,遵循其规律,诱导其行为的过程,而不是简单地控制,更不是想当然地以个人意志进行管理。

4. 研究任务

管理心理学研究的首要任务是通过掌握管理活动中个体、群体、组织的心理与行为活动的规律,制定相应的管理策略和方式,促进管理者的管理水平,塑造卓越的领导艺术,以提高组织工作效益和生产效率,最终帮助组织实现组织目标。其次,管理心理学要吸收、运用包括心理学、社会学、人类学、政治学、生理学、生物学等其他相关学科的理论和方法,探究组织中个体、群体、领导的心理和行为规律,明确如何通过调整人际关系、激励动机、提高领导水平、增强组织凝聚力等手段来协调人与人之间的关系。最后,我国是社会主义国家,管理心理学的研究任务还涉及对广大员工进行管理教育。在管理过程中不仅要完成生产任务，创造物质文明，还需对员工进行相应的思想教育，帮助他们树立正确的世界观、人生观和价值观，确立良好的劳动需求和劳动态度，增强职业道德素质，使管理心理学成为思想教育的有力科学助手，推进有中国特色管理科学的进一步发展和完善。

二、管理心理学的研究内容

管理心理学的研究内容包括：管理活动中的具体社会、心理现象，个体、群体、领导、组织的心理与行为的规律性及相关理论。具体划分为三个方面：个体心理与行为、群体心理与行为、组织心理与行为。

1. 个体心理与行为

任何组织都是由众多的个体所组成，任何个体都是有思想、有感情、有追求的，世界上没有完全相同的人。先天遗传因素及后天社会环境、个人经历、文化教育等因素的影响，导致人与人之间的心理与行为是有差异的。管理心理学的研究起点就是从个体心理与行为的角度出发，分析和解释各种因素对个体心理与行为的影响，并对管理活动中个体行为和组织绩效之间的关系进行相关研究。

个体心理与行为主要包括个体的知觉、态度、能力、气质、性格、情绪等。比如，人的行为是其心理活动的外显表现，心理状况对其所从事的活动和结果存在重要影响。当人处于满意愉快的情绪状态时，可以增强活动的积极性，提高活动效率；当人处于不满烦闷的情绪状态时，就会降低活动的积极性，影响活动效率。当人们对其所从事的活动持肯定态度时，会提高活动动机，激发个体潜力；当人们对其所从事的活动持否定态度时，很难获得良好的活动效果。因此，在管理过程中，管理者要运用个体心理与行为的情绪和态度理论，正确认识情绪与态度对工作效率的影响，掌握并预测员工的情绪变化规律，针对不同个体、不同情况采取不同的方法进行情绪转化工作；了解和测评员工工作满意度，纠正和改变员工的不良态度，以提高员工的工作效率。再比如，在组织管理过程中，管理者要想根据员工不同的气质类型为其安排相应的工作，根据其能力水平和类型实现量才为用，根据其性格特点构建有效团队，必须首先了解个体的个性倾向和心理特征差异，才能实施以人为本、因人而异的有效管理，取得良好的管理效果。

个体心理与行为研究内容中，激励问题是重中之重的问题。通过不同的激励机制和方式，可以激发员工的积极性，提高员工的工作绩效，更好地实现组织目标。研学者发现，个体是否受到激励，其工作效率大相径庭。被激励状态下的员工，工作有激情，目标明确，效率升高；反之，缺乏激励的员工，只能发挥部分能力,工作满意度低,工作绩效相对较差。因此,要实现对人的管理,首先在于调动个体的积极性,这就需要充分满足个体需要,激发其内在动机,使个体自觉、努力地帮助组织完成预定目标。

2. 群体心理与行为

群体并非不同个体的抽象结合,而是具有心理交互影响并有一定组织形式的整体结合。群体对外具有完成组织或企业的目标任务的作用,对内则需要协调人际关系,满足个体需求,提高士气。群体是连接个体与组织的中介。个体离开群体,会失去行为产生的依托;组织离开群体,会失去运行的实体。个体心理与行为、组织心理与行为都是以群体心理与行为的方式表现出来,群体心理与行为是在研究个体心理与行为基础上探究组织心理与行为的必经之路。群体心理与行为,不仅影响个体心理与行为,而且直接制约组织心理与行为的变化与发展。因此,管理心理学需要探究组织中群体心理与行为的方式,及其对工作绩效的影响。

群体心理研究主要包括群体心理的基本理论、群体动力和群体中的人际关系、领导心理与行为等内容。群体心理的基本理论主要指群体的结构、群体的功能、群体的行为和群体的种类。通过群体心理基本理论的研究,揭示群体、个体和组织三者之中群体所起的中介作用。群体心理不仅影响着个体心理,而且直接制约着组织心理的变化与发展。群体动力是指在群体中人与人之间相互接触、相互影响、相互作用所形成的一种社会秩序。群体动力理论主要是指群体规范、群体压力、群体士气、群体的凝聚力,以及群体中的矛盾、冲突和竞争等等。管理心理学通过对这些动力性因素的研究和分析,不仅从根本上揭示了群体的性质,加深了人们对群体的理解,更重要的是使领导者和管理者自觉地运用科学的方法,合理地调动和扶持一切积极因素和建设性力量,以实现组织目标。另外,群体心理还有一项重要的研究内容,那就是群体中的人际关系。所谓人际关系,就是指作为主体的人们在共同的活动过程中形成的彼此之间的相互作用关系。管理心理学研究的人际交往关系,主要是研究人际交往中的心理关系,尤其是管理中人际的心理关系。管理中的人际交往关系,对员工的工作绩效与满足感、组织的凝聚力与向心力都有极大的影响,这是决定管理成败的重要因素之一。因此,管理心理学家都特别重视对人际关系的研究,力图寻找正确、合理的方式和方法,协调全体员工内部的人际关系,以调动他们的积极性,在实现组织目标的同时,使员工获得最大程度的满足。领导心理与行为的主要内容包括领导的概述以及各类型的领导理论。

本书在群体心理与行为方面的研究内容主要包括群体构成、群体规范、群体人际关系与信息沟通、群体决策、领导心理与行为等。对组织管理中群体成员的心理与行为进行分析,可以揭示群体活动的规律,进而更好地限制或塑造某些行为。这也是管理心理学中最具价值和吸引力的研究领域之一。

3. 组织心理与行为

组织是为了达到某一共同目标而设计的人群集合体,是成员在其中进行各种活动的构架系统。现代工业、企业都是以独立的经济组织形式出现,以组织形式完成生产的全部过程,以组织形式同社会发生关系,以组织形式协调人们的生产劳动,以组织形式向社会输出产品。组织心理与行为是研究在各种组织系统中,组织环境对人们完成组织目标所产生的心理和行为的影响。

本书中组织心理与行为的主要内容包括组织发展与变革、组织文化等。

组织发展与变革是组织在新形势之下,为了适应工作生产任务不断扩大的要求,在组织范围内进行必要的有计划、有系统的调整和改革,以达到组织的最佳化和高效化。管理心理学通过对组织发展和变革的理论研究,不仅在于揭示组织发展与变革的意义,更重要的在于说明在组织发展和变革的过程中,如何克服由于种种原因对组织变革的抵制,以及为了有效地实施组织变革所宜采取的科学方法。

组织文化是近年来管理心理学新增的重要研究内容。组织文化是为一个组织中所有成员所共享并作为精神层面的东西传承给组织新成员的一整套价值观、工作理念、分析和解决经营问题的能力和思维方式。任何组织文化都包括三个层面的内涵:表层文化、中层文化和深层文化。当代组织的发展离不开组织文化的建设,不同国度、不同地域、不同组织,其组织文化的特色表现不同。如何结合我国历史和人文特点,建立适合于本国企业的组织文化,正是学者和管理者深入思考和探讨的问题。

个体心理与行为、群体心理与行为、组织心理与行为是管理心理学的主要研究内容,本书的逻辑构架就是以这三个层次为中心进行论述分析的。

三、管理心理学的研究方法

(一)研究原则

管理心理学是探究组织系统中人的心理和行为的规律性,而人的心理和行为特征有时很难进行定量分析和定性判断,只能通过个体的言谈举止、外部表情、人际交往、工作绩效等外显行为方式和结果进行间接的测量与分析。此外,由于人具有一定的主观性、伪装性和掩饰性,在测量和分析过程中会出现很多误差。因此,管理心理学的相关研究必须遵循客观性、发展性、系统性原则。

1. 客观性原则

客观性原则是指研究者在对人的心理与行为的研究过程中，尽量避免受到自己个性或主观偏见的影响，充分地占有客观材料并进行分析，进而得出正确的结论。管理心理学的研究对象是有意识有感情的人，人的心理和行为是极其复杂的，人的内在心理活动与外显行为之间可能存在差别，研究者本身的主观体验和客观事实也存在差别，管理活动与实践也是一个复合多变的系统。因此，在对管理过程中个体的能力、气质、性格等特质进行心理测评时，在设计实验、材料收集、整理分析、得出结论时都需要不带有任何主观成分，而是从客观的角度进行客观分析。任何主观的判断和臆断都有可能导致研究结论的不真实性。因此，只有坚持客观性原则，从事实的本来面目进行观察、研究和分析，才能得出正确的结论，真正认识人的心理和行为的规律性。

2. 发展性原则

发展性原则是指对人的心理和行为的研究，要坚持动态、变化和发展的观点，不能静止地看待人的心理和行为。人是处在不停的变化、运动和发展中的，由于动态变化性，使得个体在不同发展阶段会出现不同的规律与特征，既要注意个体、群体、组织的心理与行为的现时特征，同时还应考虑其历史背景，预测其未来可能的动向和发展前景。组织在发展变化过程中的任何因素都会影响个体和群体心理，以及组织氛围。因此，遵循发展性原则，在研究过程中找寻发展规律，把握时机，创造条件，将组织中的个体、群体的行为导向到有利于实现组织目标的正确轨道上是非常重要的。

3. 系统性原则

系统性原则是指在研究和分析人的心理和行为时，必须将其置于整体和部分的相互联系中，置于各种因素的相互影响和相互作用中去研究和分析。影响人的心理和行为的因素是多种多样的，有主观因素，也有客观因素，因此，必须将各种因素综合起来进行分析，不能只注重个别因素，孤立地进行分析研究，需要将各种相关因素加以系统化、条理化，不可以偏概全，不能将某种结论绝对化。只有遵循系统性原则，才能真正坚持科学化的研究，得出正确结论，真正掌握人的心理和行为的实质，探寻其规律性。

（二）研究方法

管理心理学的研究方法多种多样，目前，通常采用以下几种主要方法：

1. 观察法

通过感觉器官（如眼、耳、鼻、舌和皮肤等），直接观察人们的行为，从而去推知人们内在的心理状态，这种方法称观察法。随着科技的发展，观察的手段越来越丰富,现在的许多研究都会采用录像机和录音机等现代化的工具来协助观察。在实践中,观察法也是多种多样的,大致有以下几种分类方法:

(1) 根据研究者参加到被研究的情势中的程度,可分为参与观察法和非参与观察法两类。观察者直接参与被观察者的活动,并在共同活动中进行观察的方法称为参与观察法。观察者不参与被观察者的活动,以旁观者身份进行观察的方法称为非参与观察法。采用参与观察法的好处是:研究人员以组织成员的身份去观察,使被观察者避免伪装和做作,从而使观察到的资料较为可靠和有效。但由于观察者亲自投入现场,可能会影响到研究的客观性。

(2) 根据观察的地点和组织条件,可以把观察分为实地观察和实验观察。实地观察是在自然环境中,在现实生活中进行。在实验观察中,周围的环境条件可由观察者来确定。实验观察具有一定的主动性,能最大限度地阐明一切因素和条件,并确定它们之间的关系,但也可能会因为这种人为性而改变参与者的行为。

(3) 根据程序形式化的程度,可把观察分为可控观察和无控制观察。无控制观察不预先确定要观察对象的观察内容,也没有严格的计划,只需确定的是要观察的客体本身。可控观察是预先确定要观察的因素并加以关注。

要顺利完成观察,第一,观察前,要明确观察目的,制订观察计划,选好对象,做好准备;第二,观察既要全面了解,又要重点深入,并认真做好记录;第三,认真整理、分析、概括、总结观察结果。

观察法使用方便,但由于获得的更多是一些表面信息,因此,在实际使用时,必须和其他方法结合起来。

2. 调查法

调查法是指通过调查这种方式,了解并分析被调查者心理和行为现象的方法。通过该方法,可以了解组织成员对所在组织和所担负工作的满意程度,以及影响组织成员积极性的因素等。许多公司还可以用这种方法发现顾客喜爱购买哪些商品;国家也可以通过这种调查了解民意,为制定和修改某些政策提供依据。调查法可以采取多种手段,常用的方法包括:

(1) 问卷调查法。即运用严格设计、内容明确的调查表,让被调查者根据个人情况自行选择回答,并以此来分析被调查者的心理与行为。这种方法可以在很大的范围内进行调查,而且花钱花时不多;回答问题的人可以不写明姓名,这使被调查者敢于如实回答一些敏感的或关于本人的问题;同时,这种调查方法在数据统计方面亦有相当大的优势。其缺点是:问卷调查法缺乏个性,所有的被调查者使用同样的问卷;对一些问题不能进行深入的回答;问卷的回收率较低;容易了解被调查者的态度和想法,却不易了解其行为。

常用的问卷调查表的格式有三种,即是非法、选择法和等级排列法。

是非法要求被调查者根据自己的情况,对每个问题必须做出“是”或“否”的回答。

例:你对现在的收入满意吗?是□　否□

你经常和管理者沟通吗?是□　否□

选择法是在问卷中有两种或多种假设性提问,要求被调查者按个人实际从中选择一个答案。

例:我喜欢的领导方式是:A. 民主型;　B. 专制型;　C. 放任型。

等级排列法是指在问卷中列出可供选择的多种答案,要求被调查者按其在自己心目中的重要程度依次排序的方法。

例:我工作的主要目的是:增加工资、获得奖金、继续拥有这个工作、获得良好的人际关系、评为先进、职务晋升、组织发展、提高能力、实现自我、报效祖国……

(2) 面谈法。研究人员通过与被调查者面对面交谈来了解被调查者的心理状态的研究方法。其优点是信息的回收率高,通常在80%—95%之间。而且由于面对面地谈话,被调查者可以做解释,因此,所得的反应也较丰富、确切。但面对面谈话往往会给人增加心理负担,使人产生防御心理,所以要求研究者具备一定的谈话技巧。另外,面谈较费人力和时间。

(3) 电话调查法。通过电话交谈来获取相关资料的方法。优点是花钱花时较少,而且能调查较多的人。但是这种方法也有缺点,它不像面谈法那样可以采取多种方式详细询问和解释问题,使被调查者对问题容易产生误解。

(4) 网络调查法。通过网络发布问题并且收集信息来了解员工心理和行为的方法。它的优点是快捷、覆盖面广。但网络调查的真实性还需进一步分析。

3. 实验法

实验法是有目的、有计划地通过严格控制或创设一定的条件来诱发被试产生心理和行为变化的一种方法。实验法一般分为实验室实验法和现场实验法。实验室实验法是指在实验室内可控制条件下进行的,通常研究的变量也是有限制的。现场实验法是在现场自然条件下适当控制自变量,对其他无关变量不加控制的实验方法。

4. 心理测验法

采用标准化的心理测验量表对被试有关心理或行为特征进行测定、分析的方法。例如,性格测验、能力测验、态度测验、情绪智力测验以及人际关系测验等,均属于此类方法。在组织人力资源开发与管理中,心理测验经常被使用在人员选拔、提升、考核等多个方面。使用心理测验法,一定要注意测验的信度和效度等问题。

测验的信度即可靠性,它是反映被测特征的真实程度的指标,有人称之为测验的准确性,也有人把信度作为测验结果的稳定性和一致性的指标。测验的效度是指心理测验的有效性,即测验得到的是不是所要测定的心理和行为特征,也就是,测验结果是否体现测验所预期的程度。

5. 个案法

个案法是对某对象在较长时间里进行调查、研究,以研究其心理和行为变化规律的方法。这种方法可以从多个角度、用多种方法对对象进行较长时间的研究,因此获得和掌握的信息也就更真实、更客观、更实际。但是,通过个案法得出的结论往往缺乏普遍性,因此,其他组织在借鉴和使用这种结论时,必须结合自己的文化特点和实际情况进行进一步的分析。

上述各种方法既有自己的优点,也有自己的缺点,在实际运用中,需根据实际情况采用多种方法相结合,取长补短,更为全面准确地了解和分析人的心理和行为的规律性。

第二节 管理心理学的产生与发展

一、管理心理学的产生

管理心理学的产生和发展经历了漫长的理论准备和实际应用的演变过程,它是在综合应用心理学、社会学、人类学、生理学、政治学等学科基础上发展起来的,因此它与这些学科密切相关。

1911 年,弗雷德里克 · 泰勒(Frederick Taylor, 1856—1915)的《科学管理原理》一书的出版,标志着管理学成为一门独立的科学。1912 年,被称为“工业心理学之父”的雨果 · 芒斯特伯格(Hugo Munsterberg)出版的《心理学和工业效率》一书标志着工业心理学的创建。1914 年,莉莲 · 吉尔布雷斯出版《管理心理学》,第一次使用了“管理心理学”的名称。她力图把早期心理学的概念应用到科学管理的实践中去,但这本著作当时并没有引起人们的足够重视,未成为一门学科。

在第二次世界大战前,美国用于工业领域的心理学一直被称为“工业心理学”(Industrial Psychology)。当时,工业心理学主要是对工作中的个体差异进行测定,以个体作为研究对象。1927—1932 年埃尔顿 · 梅奥(Elton Mayor)在西方电气公司的霍桑工厂所进行的霍桑实验,对管理心理学的发展具有重大影响。后来,美国斯坦福大学的莱维特(H. J. Leavitt)于1958年正式开始用管理心理学(Management Psychology)这个名称代替原有的"工业心理学",管理心理学作为一门独立学科正式确立。

二、管理心理学的理论发展

管理心理学的理论发展经历了三个阶段:20世纪初的古典管理心理学阶段,20世纪中期的行为管理心理学阶段,20世纪后期的现代管理心理学阶段。本书仅简单介绍管理心理学相关理论的发展历程,具体内容将在第三节中详细介绍。

(一) 古典管理心理学阶段

古典管理心理学的理论核心是如何通过改进工作条件,建立工作规范,加强管理的科学性来提高工作效率。代表人物是泰勒、法约尔和韦伯。

1. 泰勒的科学管理理论

弗雷德里克·泰勒是举世公认的"科学管理之父"。他在"搬铁块实验""铁锹实验""金属切削实验"等一系列实验的基础上提出了科学的任务管理和组织管理方法,并于1911年出版《科学管理原理》一书。尽管人们批评泰勒把工人看做没有思想的机器,但他的科学管理思想和操作方法具有重大理论和现实意义,至今仍被许多现代企业沿用。

图1-1 弗雷德里克·泰勒(1856—1915)

2. 法约尔的组织管理理论

亨利·法约尔(Henri Fayol, 1841—1925),法国科学管理学家。1916年,法

约尔出版了《工业管理与一般管理》，提出一般管理的五项职能、十四条管理原则以及组织设计理论。法约尔的组织理论较之泰勒的观点更具普遍性和科学的指导性。

图1-2　亨利·法约尔(1841—1925)

3. 韦伯的组织管理理论

马克斯·韦伯(Max Weber,1864－1920)是德国著名社会学家,20世纪人类思想的大师,代表作有《社会和经济组织的理论》《新教伦理与资本主义精神》等。韦伯提出三种统治的权威类型,其中,法理型权威是一种永恒合理的形式,建立在法理型权威之上的社会管理组织是一种官僚模型——现代组织制度。韦伯的思想对于当代组织文化理论极富启迪意义。

图1-3　马克斯·韦伯(1864—1920)

（二）行为管理心理学阶段

随着心理与行为科学的发展，人们越来越不满足于古典管理时代过分强调管理过程的做法。机器人式的按部就班，不讲人情的组织方式，对每个劳动动作刻意要求，都使人们感到十分厌倦。因此，一个崭新的研究视角清晰出现，研究组织还需要从人的行为，包括人的动机、态度、情感和个性等方面入手。这一时期的相关研究涉及人的需要、动机与激励问题，人性管理理论，群体动力学，领导行为理论，组织变革等方面的问题。这些新的发现和对人的行为的全方位的研究，源于 20 世纪 20—30 年代的著名实验——霍桑实验。

霍桑实验认为，心理与社会因素是生产积极性的直接动力；生产效率的提高和降低取决于职工的士气；人群中存在着非正式组织；新型领导应该关心、满足员工的社会心理需要。霍桑实验的重大启示在于，管理不仅仅是对组织形态结构的认识，更重要的是对人的心态和人性的认识。行为科学在 20 世纪中期的发展中，并没有形成一个统一完整的理论体系，而是由众多的针对不同问题的观点集合而成。

行为管理心理学阶段具有代表性的理论包括马斯洛（A. H. Maslow）的需要层次理论、赫兹伯格（F. Herzberg）的双因素理论、麦格雷戈（D. M. McGregor）的 X－Y 理论以及波特-劳勒模式。这些行为科学理论使管理心理学得以形成、丰富并发展，使得管理心理学的研究更重视人的心理因素，对人性的看法产生了质的变化，对人的动机、行为和个性获得了新的解析，对人的群体关系的理解提升至一个新层面。同时，管理心理学的研究突破了传统的方法和狭窄的范围，对组织进行动态的以及人群相互作用的变量分析，将灵活变通的观念带入组织管理。这一切都标志着管理心理学理论的更新变革，并凸显了管理心理学独立的学科地位。但是，此阶段的理论夸大了人性中的某些方面并作为立论的出发点，过于重视人的研究而忽略了组织构架和组织法规的深入探索，也忽略了环境因素对组织的影响。

（三）现代管理心理学阶段

20 世纪 60—90 年代，系统论、信息论和控制论的广泛运用，改变了人们认识世界和认识事物的图景，管理心理学也按照系统论的基本观点来构筑它的现代框架。系统论使管理心理学理论系统化，系统方法使管理心理学的研究方法多样化，从一定意义上讲，系统论使得管理心理学理论日趋成熟。

组织系统论认为，组织是存在于环境这个超系统中的，它包含着目标与价值分系统、社会心理分系统、组织结构分系统、工艺技术分系统和组织管理分系统，各分系统之间存在着内在的相互联系，而由五个分系统构成的组织系统又同环境超系统之间发生相互作用，处于一种开放和动态的过程中。组织系统论提供的是一种理解管理心理学的全景式思想框架，而组织权变论提供的则是一种理解管理心理学的辩证认识方法。组织权变论认为，组织模式的类型和变异受内部目标和外部环境变化的影响，组织模式的设计要依据权变的观点和方法突出针对性特征，组织的发展过程呈现出“适应—稳定—适应”的周期性规律，组织系统处于动态革新之中，不同模式有不同的控制方法。

20世纪后期的管理心理学理论，借助系统方法和权变方法而发展至成熟，在理论形态上实现了早期的组织结构论与中期的人群关系论的新的综合，克服了以往理论的片面性，达到比较系统的理论境界。

总之，在管理心理学理论发展历程中，古典理论时期因缺乏对人的研究而具片面性，行为科学理论时期因缺乏对组织结构问题的研究又具新的片面性；现代组织理论时期克服了以往两个阶段的不足，既研究组织结构问题，也研究人群关系，并发展出开放动态的管理心理观，系统综合为比较全面的管理心理学理论体系。

三、管理心理学在现代管理中的重要意义

管理心理学在推进管理过程的科学化的基础上，运用科学的方法，将管理学、心理学、社会学等知识运用于实际管理过程中，在有效配置人力资源、激发员工潜能、提高管理者能力、增加劳动效率等管理实践领域具有重要指导作用，意义深远。

1. 管理心理学可以帮助管理者实施以人为本的管理

人本管理即是以人为中心的管理，即一切管理活动应以发挥人的主观能动性，依靠人、尊重人、服务于人作为管理工作的根本。要做到以人为本的管理，就必须充分了解和认识人的心理和行为，关心和满足员工的社会心理需要，使工作岗位与个人的个性特征相适应，实行民主管理，充分调动员工的主动性、积极性和创造性，并且协调好人际关系，创造和谐、团结的组织心理氛围，保证员工身心健康地生活和工作，而这一切都离不开管理心理学提供的理论基础。

2. 管理心理学的个体层面研究，可以提高管理者知人善任、合理使用人才的水平，进行因人而异的管理

组织中的每一个人都有他们各自的个性特征，有他们不同的认知、气质、能力、性格、兴趣、价值观、理想、信念、需要、动机等，通过对个体心理行为差异的

研究,使管理者能够全面地了解每个人的特点和能力的所长与所短,从而安排与之相适应的工作岗位和职务,真正做到扬长避短、人尽其才、才尽其用,发挥人力资源的最佳效益。同时,也可为我国当前的劳动人事制度改革,为制定选人、用人、育人和留人的政策,提供科学依据。

3. 管理心理学的群体层面研究,可以使管理者改善人际关系,增强群体凝聚力

组织中的员工绝不可能孤立行事,必然在一定的工作群体中与他人协作配合,从而发生各种各样的关系。但是,员工由于利益以及个人价值观、信念、需要、兴趣、爱好等的不同,可能会发生各种冲突和矛盾。了解群体中的人际关系以及群体的行为规律,就可以建立和谐人际关系,从而进一步提高群体的工作绩效。此外,管理心理学有关领导行为的研究,可以帮助管理者提高自身素质,改善领导行为和领导艺术,提高领导水平。领导问题是影响一个群体和组织人力资源能否得到充分发挥的重要因素,是决定事业成败的关键。

4. 管理心理学的组织层面研究,可以帮助管理者更好地适应环境变化,进行组织的设计、变革与发展,增强组织活力,提高绩效

任何组织都必须随着它所处的内外环境和员工状况的变化而变化,那种静态的或完全不能适应形势变化的组织是难以生存的。尤其是现代环境变化多端,更要求组织也要随之变革。这对我国当前各类组织进行的改革,转换机制,增强组织活力,提高工作绩效,具有很重要的现实意义。

第三节　管理心理学的理论基础

管理心理学是一门综合了众多学科特色的复合型学科,其思想构建在多重理论体系之上。通过对于相关理论的学习,可进一步理解管理心理学的真正含义,为深入理解和学习管理心理学的研究内容奠定相应的理论基础。

一、泰勒的科学管理理论

弗雷德里克·泰勒是美国著名管理学家,科学管理的创始人,被管理界誉为“科学管理之父”。在米德维尔工厂,他从一名学徒工开始,先后被提拔为车间管理员、技师、小组长、工长、设计室主任和总工程师。这些经历使他了解工人们普遍怠工的原因,他认为缺乏有效的管理手段是提高生产率的严重障碍。因此,泰勒开始探索科学的管理方法和理论。他在工厂进行实地实验,系统研究和分析工人的操作方法和动作所花费的时间,逐渐形成其管理体系——“科

学管理”。泰勒在其主要著作《科学管理原理》中阐述了科学管理理论，使人们认识到管理是一门建立在明确的法规、条文和原则之上的科学。

泰勒认为科学管理的根本目的是谋求最高劳动生产率，最高的工作效率是雇主和雇员达到共同富裕的基础；要达到最高的工作效率，必须用科学化的、标准化的管理方法代替经验管理。泰勒认为，最佳的管理方法是“任务管理法”。任务管理不仅仅是将科学化、标准化引入管理，更重要的是提出了实施科学管理的核心问题——精神革命。精神革命基于科学管理认为雇主和雇员双方的利益是一致的，从而将雇主和雇员联系在一起，当双方友好合作、互相帮助来代替对抗和斗争时，就能通过双方共同的努力提高工作效率，生产出比过去更大的利润来，从可使雇主的利润得到增加，企业规模得到扩大，同时，雇员工资可以提高，满意度增加。

泰勒的科学管理理论，对管理心理学理论和管理实践具有深远的影响。直至今日，科学管理的许多思想和做法仍被许多组织管理参照采用。但是，泰勒的科学管理无法阻止 20 世纪 20 年代整个美国工业时常发生的生产力和生产标准下降的问题，使人们开始重视人的因素。

二、法约尔的行政管理理论

法约尔曾在法国一家矿业公司担任总经理。他上任之前，该公司已经濒临破产。在这位管理学家的拯救下，公司重获新生，兴旺发达。晚年，他辞去总经理职务，建立了管理研究所。1916 年出版的《工业管理与一般管理》是他一生管理经验与管理思想的总结。他认为其管理理论虽然以大企业为研究对象，但除了可应用于工商业之外，还适用于政府、教会、慈善团体、军事组织以及其他各种事业。

法约尔认为，管理具有计划、组织、指挥、协调和控制五项职能。管理企业的六项基本活动包括技术、商业、财务、安全、会计和管理。管理不是专家或经理所独有的特权和责任，而是企业全体成员的共同职责，仅仅是职位越高，管理责任越大。在实践基础上，法约尔还提出 14 项组织管理基本原则，即：分工、权限、责任、纪律、统一命令、统一指挥、个人服从集体、公平的报酬、集权、等级序列、秩序、平等、保持人员稳定、创造精神。法约尔的组织设计理论提出，任何一个下属组织只应该接受一个上级的命令，这是组织统一行动、协调力量和一致努力的必要条件；从最高权力层直至低层管理人员应组成类似金字塔式的组织，使得发出命令、解决争端和传递信息都经过法定的渠道；一个管理者能有效地直接领导、指挥和监督的下属人数的极限一般为 12 个；组织应自上而下地管理，最终的管理责任在上层，而不是将管理责任分散，甚至消失在下层；管理的权力和责任共存,责任是权力的自然结果和必不可少的对等物,责任下放了,权力也必须下放等。法约尔的管理功能理论较之泰勒的观点更具普遍性和科学指导性,几乎被现代人全部采纳。

三、梅奥霍桑实验与“社会人”假设

20世纪20年代开始,行为科学理论出现。行为科学理论以“社会人”假设为基础,强调从心理学、社会学的角度研究管理问题,重视社会环境、人际关系对于提高工作效率的影响,看重组织管理中“人”的因素的作用,开始关注人的社会心理需求。所以,它修正了古典管理理论的不足,为管理心理学的形成奠定了基础。人的积极性对提高劳动生产率的影响和作用,逐渐在生产实践中显示出来,引起了管理学者和实业家的重视。20世纪20年代,美国哈佛大学心理学家梅奥等人进行了著名的霍桑实验,开创了行为科学理论的先河。

梅奥(1880—1949),澳大利亚籍美国行为科学家,人际关系理论的创始人,美国艺术与科学院院士,主要代表著作有《组织中的人》和《管理和士气》。他在美国西方电器公司霍桑工厂进行了长达九年的实验研究,真正揭开了关于组织中的人的行为研究的序幕。

霍桑实验的初衷是试图通过改善工作条件与环境等外在因素,找到提高劳动生产率的途径,从1924年到1932年,先后进行了四个阶段的实验:照明实验、继电器装配工人小组实验、大规模访谈和对接线板接线工作室的实验研究。实验结果显示,无论工作条件(照明度强弱、休息时间长短、工厂温度等)是否改善,实验组和对照组的工人产量都在不断上升;在实验计件工资对生产效率的影响时,发现生产小组内有一种默契:大部分工人有意限制自己的产量,否则就会受到小组的冷遇和排斥,奖励性工资并未像传统管理理论认为的那样,使工人最大限度地提高生产效率;在历时两年的大规模访谈实验中,工人由于可以不受拘束地谈自己的想法,发泄心中的闷气,从而态度有所改变,生产率相应的得到了提高。

梅奥的霍桑实验提示出:(1) 影响生产效率的根本因素不是工作条件,而是工人自身。参加实验的工人意识到自己“被关注”,因而归属感增强,这种意识助长了工人的整体观念、有所作为的观念和完成任务的观念,而这些是他们在以往的工作中不曾体会到的,正是这种人的因素导致了劳动生产率的提高。(2) 在决定工人工作效率的因素中,工人为团体所接受的融洽性和安全感较之奖励性工资有更为重要的作用。霍桑实验的研究结果否定了传统管理理论的“经济人”假设,表明了工人不是被动的、孤立的个体,他们的行为不仅仅受工资的刺激,影响生产效率的最重要因素不是待遇和工作条件,而是工作中的人际关系。

据此，梅奥提出人是“社会人”而非“经济人”。人的行为并不单纯出自追求金钱的动机，还有社会心理方面的需要。追求人与人之间的友情、安全感、归属感和受人尊敬等社会心理需要更为重要。其次，企业中存在着非正式组织。非正式组织的作用在于维护其成员的共同利益，使之免受内部个别成员的疏忽或外部人员的干涉所造成的损失。非正式组织中有自己的核心人物和领袖，有大家共同遵循的观念、价值标准、行为准则和道德规范等。非正式组织与正式组织有重大差别。在正式组织中，以效率逻辑为其行为规范；而在非正式组织中，则以感情逻辑为其行为规范。如果管理人员只是根据效率逻辑来管理，而忽略工人的感情逻辑，必然会引起冲突，影响企业生产率的提高和目标的实现。因此，管理当局必须重视非正式组织的作用，注意在正式组织的效率逻辑与非正式组织的感情逻辑之间保持平衡，以便管理人员与工人之间能够充分协作。最后，梅奥提出士气能够提高工作效率，新型领导的领导能力体现在提高工人的满意度，提高工人士气，既关注员工的物质需求，同时也要关注员工的社会心理需求。

霍桑实验对古典管理理论进行了大胆的突破，第一次把管理研究的重点从工作上和从物的因素上转到人的因素上来，不仅在理论上对古典管理理论作了修正和补充，开辟了管理研究的新理论，还为现代行为科学的发展奠定了基础，而且对管理实践产生了深远的影响。

四、马斯洛的需要层次理论

19 世纪后期，心理学已经成为一门独立的科学，具有自己的体系、概念和实验手段。20 世纪初，社会学、社会心理学也成为独立学科，为管理心理学的产生提供了理论准备。1954 年，美国人本主义心理学家亚伯拉罕·马斯洛出版了《动机与个性》一书，提出了对管理理论产生重要影响的“需要层次论”，突破了行为主义和精神分析学派对人的心理和行为本质认识的局限。需要层次论促使“社会人”人性假设进一步深化。

马斯洛的需要层次理论提出，人的需要包括生理需要、安全需要、情感和归属需要、尊重需要、自我实现需要。五种需要从低到高，按层次逐级递升，但次序不是完全固定的，而是可以变化。人人都有需要，某层需要获得满足后，另一层需要才会出现。在多种需要未满足前，首先满足优势需要；该需要满足后，后面的需要才显示出其激励作用。五种需要中，生理和安全需要都属于低级的需要，通过外部条件即可满足；而情感和归属需要、尊重需要及自我实现需要属于高级需要，只有通过内部因素才能满足，而且一个人对尊重和自我实现的需要是无止境的。同一时期，一个人可能有几种需要，但每一时期总有一种需要占优势地位，对行为起决定作用。任何一种需要都不会因为更高层次需要的出现而消失。各层次的需要相互依赖和重叠，高层次的需要发展后，低层次的需要仍然存在，只是对行为影响的程度大大减小。

马斯洛需要层次论是管理心理学重要的理论基础之一，对于组织管理过程中的激励机制的合理建立，有效地激励员工的积极性等实际问题，具有重要的指导意义。本书第五章将对该理论展开更加详细的解释和阐述。

五、权变理论

权变理论是20世纪60年代末70年代初在经验主义学派基础上进一步发展起来的管理理论，是西方组织管理学中以具体情况及具体对策的应变思想为基础而形成的一种管理理论。进入70年代以后，权变理论在美国兴起，受到广泛的重视。科学管理理论、行为科学理论等主要侧重于研究如何加强企业内部组织的管理，追求普遍适用的、最合理的模式与原则，而这些管理理论在应对企业所面临的瞬息万变的外部环境时又显得无能为力。因此，研究学者提出管理没有一种最好的行事方式，必须因地制宜地处理管理问题，一种管理取决于所处环境状况的理论——权变理论。

"权变"就是权宜应变之意。权变理论的核心思想是：企业组织是社会大系统中的一个开放型的子系统，受环境的影响。因此，必须根据企业组织在社会大系统中的处境和作用，采取相应的组织管理措施，从而保持对环境的最佳适应；组织的活动是在不断变动的条件下以反馈形式趋向组织目标的过程。因此，必须根据组织的近远期目标以及当时的条件，采取依势而行的管理方式；管理的功效体现在管理活动和组织各要素相互作用的过程中。因此，必须根据组织各要素的关系类型及各要素与管理活动之间相互作用时的一定函数关系来确定不同的管理方式。

权变理论提出，每个组织的内在要素和外在环境条件都各不相同，因而在管理活动中不存在适用于任何情景的原则和方法。在管理实践中要根据组织所处的环境和内部条件的发展变化随机应变，没有什么一成不变的、普适的管理方法。成功管理的关键在于对组织内外状况的充分了解和有效的应变策略。管理中要根据组织所处的内外部条件随机应变，针对不同的具体条件寻求不同的最合适的管理模式、方案或方法。权变理论的代表人物有卢桑斯、菲德勒、豪斯等人。

管理心理学的理论基础不仅仅局限于上述理论，它还涉及社会学、心理学等多学科的相关理论，具有广博坚实的理论基础。管理心理学对各行各业的组织管理具有普适性的指导意义，是一门涉及现代管理科学、心理科学、行为科学、社会学等学科的跨领域交叉学科。

本章框架图

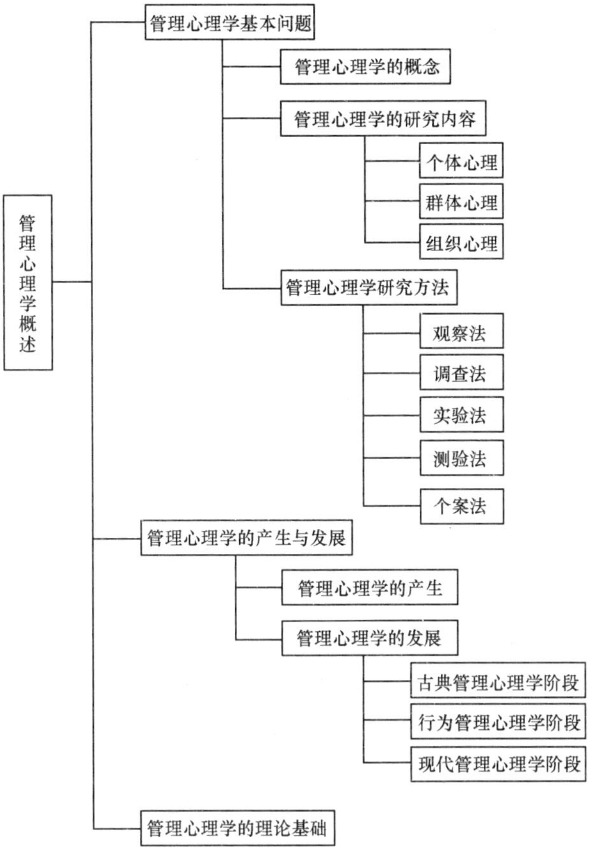

本章思考题

1. 什么是管理心理学？管理心理学的研究内容包括哪些？
2. 简述管理心理学的研究方法。
3. 试述管理心理学的产生及发展历程。

延伸阅读

1. 安德鲁·杜布林:《心理学与工作》,王佳艺译,中国人民大学出版社2007年版。

2. 赵慧军:《现代管理心理学》,首都经济贸易大学出版社2000年版。

3. 刘玉梅:《管理心理学理论与实践》,复旦大学出版社2012年版。

4. 曹蓉:《组织行为学》,陕西人民出版社2005年版。

实践操练

自我认识测验

根据下面的规则来对每一道题的答案进行评分。

5 我一直是这样做

4 我经常这样做

3 我有时会这样做

2 我很少这样做

1 我从不这样做

1. 当我有许多工作或者作业要做的时候,我设定它们的优先权限并按照每一项工作的截止日期来进行组织安排。

2. 大多数人会认为我是一个善于聆听的人。

3. 当我自己决定采取某一个特定的行为过程(例如要培养的爱好、要学习的语言、要完成的工作、要参与的特定项目)时,我通常要考虑如果我做出选择,那么从长远看(3年或更长)它对我的意义是什么。

4. 我喜欢技术或数学方面的课程,而不是那些包括文学、心理学或者社会学方面的课程。

5. 当我与他人发生意见不一致时,我会仍然与人沟通,解释理由并最终双方达成一致。

6. 当我有一个项目或者任务需要完成时,我肯定要研究它们的局部细节,而不仅仅关注那些主要问题。*

7. 我宁愿坐在计算机旁,也不愿花费大量时间与周围的人们交流。

8. 我尝试邀请他人一起参加某项活动或者参加讨论。

9. 当我在学习一门功课时,我将所学的知识与自己所学过的其他课程或者在别处学到的概念相联系。

10. 当有人犯错误时,我想帮他(她)改正错误并让他(她)知道正确的答案或者方法。

11. 当与人交谈时,最好有效地利用自己的时间,而不要为他人的需要担忧,因此我能够处理好自己的现实工作。

12. 我知道自己的长期职业目标、家庭目标和其他活动目标,并且考虑得非常仔细。

13. 在解决问题时,我宁愿分析一些数据或者统计报表,而不是与有关群体进行交流。

14. 当我在参加团队工作时,有人会不愿意承担自己的全部工作。我通常会向我的朋友们发牢骚,而不是直接去教育这个行为散漫的人。*

15. 讨论自己的想法或一些理念能够让我兴奋和激动。

16. 用这本书来教授管理课程真的是浪费时间。

17. 我想,对人有礼貌和避免伤害他人的情感会好一些。*

18. 相对于人而言,我对数据或事情更感兴趣一些。

【评分标准】

根据下面的选项来进行计分,标有*的问题选项要反过来计分,即:1 我一直是这样做;2 我经常这样做;3 我有时会这样做;4 我很少这样做;5 我从不这样做。

1、3、6、9、12、15	概念技能总分__________
2、5、8、10、14、17	人际技能总分__________
4、7、11、13、16、18	技术技能总分__________

概念技能是指如何把组织看成一个整体以及各部分如何联系的能力;人际技能是指通过他人并与他人一起工作的能力,以及作为群体中的一员有效工作的能力;技术技能是指理解和熟练完成某项专门任务的能力。要成为一名好的职业经理人必须具备上述三种技能。一名合格的经理人,在理想的情况下,通常这三种技能都很强(但也不一定要完全一样)。如果在某方面的能力还很弱,就要参加相关的培训,以便提高这方面的技能。

摘自曹蓉:《组织行为学》,陕西人民出版社2005年版。

第二章　个性与管理

本章学习目标

1. 了解个性的概念、特点和结构
2. 了解能力、气质、性格的概念、类型及特征
3. 掌握能力、气质、性格在管理中的应用
4. 掌握心理测验的种类,正确使用心理测验

第一节　个 性 概 述

现代管理强调以人为中心的管理。个体研究对于各类组织开展管理工作都是十分重要的。人的个性是个体行为的一个重要环节,一个优秀的管理者必须了解个体的个性,才能做好对人的管理工作,真正做到"知人善任",提高工作绩效。德国哲学家莱布尼茨(G. W. Leibniz)有一句名言:"世界上没有两片完全相同的绿叶。"同样,世界上也没有两个完全相同的人。这种不同,不仅体现在形体和外貌方面,而且进一步表现为内在的心理活动过程和外在行为举止的差异。

一、个性的概念

"个性"(personality)一词最早可以追溯到拉丁语"persona",原指演员戴的假面具。面具随着人物角色的不同而变换,体现了角色的特点和人物性格,就

如同我国戏剧中的脸谱一样,后来引申为演员在舞台上所扮演的角色。心理学沿袭了“persona”的意义,用以指一个人在人生舞台上,在他的行为模式中表现出来的内心活动。在日常生活中,有的人热情奔放,有的人冷漠孤僻;有的人聪慧敏捷,有的人反应迟缓;有的人善良助人,有的人恃强凌弱。处处可以看到各具特色的个性差异。

目前比较公认的关于个性的含义是:个性是指在生理素质的基础上和后天环境的作用下,通过社会实践形成和发展起来的,一个人身上经常地、稳定地影响个体行为并使该个体区别于其他个体的心理特征的总和。某种意义上,个性是一个人心理特征的外在反映。

二、个性的形成与发展

人的个性是在个体生理素质的基础上,在一定的社会历史条件下,在社会生活实践中逐步形成的,它受社会关系和生活环境的影响和制约。影响个性形成和发展的因素主要有遗传因素和后天环境。其中,遗传为个性的形成和发展提供了可能性,但是遗传不能单独决定个性,人的个性发展是由后天环境决定的。

1. 遗传因素对个性的影响

遗传是指经由基因的传递,使后代获得亲代的特征。遗传对于个性有着不可忽视的影响。现代科学研究表明,人体有特定的基因控制着焦虑、抑郁等情绪,乐观、开朗的性格能够通过基因继承,害羞、畏惧在很大程度上是由内在基因决定的。遗传因素是形成个性的一个不可或缺的物质前提,但不是唯一要素。

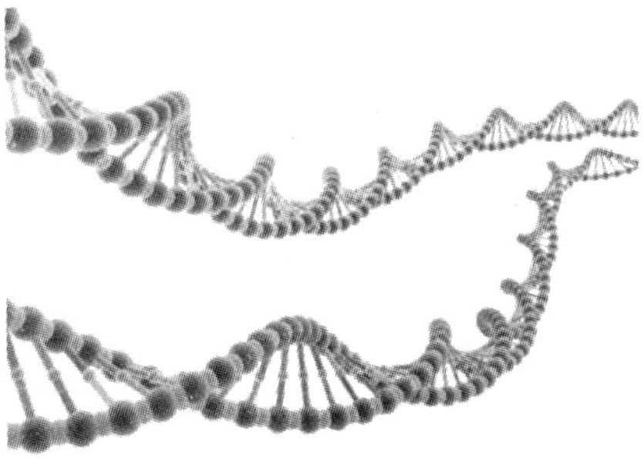

图 2-1　人类基因图谱

2. 后天环境对个性的影响

一个人个性的形成和发展是在一定的社会环境中,经过长期的塑造而逐渐形成的。社会文化、家庭环境、早期童年经验、学校教育、自然物理环境等因素的不同,使人有了不同的个性。同时,人的主观努力在个性形成中也起到重要作用,个体在积极改造客观世界的同时也在改造自己的主观世界。

三、个性的特点

1. 生物性和社会性的统一

人的个性是在先天遗传的基础上,通过后天的学习、教育与环境的作用逐渐形成起来的。个性具有自然性,人们与生俱来的感知器官、运动器官、神经系统和大脑在结构与机能上的一系列特点,是个性形成的物质基础和前提条件。但人的个性并非纯自然的产物,它总是要深深地打上社会的烙印,是个体社会化的结果。正如马克思所说:"特殊的人格的本质并不是人的胡子、血液、抽象的肉体本性,而是人的社会特质。"①总之,个性既具有生物性,又具有社会性。

2. 个别性与共同性的统一

个性的特征首先是个别性,即个人与个人之见的个体差异,是每个人不同于其他人的特殊性。每个人都有不同于他人的心理特点,有着不同的气质、性格和能力,有着不同的需要、动机和行为。所谓"人心不同,各如其面",即是对个性的个别性的描述。然而,强调个性的独特性,并不排除个体的共同性。个性的共同性是指某一群体、某个阶层或某个民族在一定的群体环境、生活环境、自然环境中形成的共同的典型的心理特点,人与人之间、个性与个性之间具有共同性。总之,个性是个别性和共同性的统一,个性的个别性和共同性组成了一个人复杂的心理面貌。

3. 稳定性与可变性的统一

个性是一个人内在的比较稳定的心理特质,偶尔的心理现象不能代表一个人的个性。只有那些稳定的、在行为中经常表现出来的心理倾向和心理特征才能表现出一个人的个性,正是那些惯常的行为方式才有可能使我们对一个人的未来行为做出相对准确的预测。一个人在成长过程中,不断地接受来自家庭、学校和社会的各种刺激,逐渐形成比较稳定的是非观念和价值判断,并进而影响了他们的情感、兴趣、思想,形成比较稳定的对现实的态度和习惯化的行为方式,使得不论在什么环境下其心理面貌总是显出大体相同的倾向性和特征。这

① 《马克思恩格斯全集》第1卷,人民出版社1965年版,第270页。

就是个性的稳定性。

虽然个性具有稳定性，但个性并非是一成不变的，而是具有可变性。一个人随着年龄的增长、实践活动的改变以及自己的主观努力，其个性在不同程度上也随之改变。因此，个性的稳定性是相对的，个性是稳定性和可变性的统一。

四、个性的结构

个性的结构是指个性所包含的成分以及各成分之间的关系。个性的结构主要由个性心理特征和个性倾向性两个方面构成，个性心理特征和个性倾向性相互联系、相互制约，是个性不可分割的两个侧面。

1. 个性心理特征

个性心理特征主要包括能力、气质和性格，这是人们个性差异的主要方面。它表明一个人典型的心理特点和行为模式，是个体在固有的生理基础上，在认识和改造世界的生活实践中逐步形成的，是个性心理结构中比较稳定的成分。

2. 个性倾向性

个性的倾向性是指决定个体对待事物的态度和行为的内部动力系统，是人进行活动的基本动力，是个性结构中最活跃的因素。个性倾向性主要包括需要、动机、兴趣、价值观等，它决定着人对现实的态度，决定着人对认识和活动对象的趋向和选择。

第二节　个性特征与管理

一、气质与管理

（一）气质的定义

气质是人心理活动的稳定的动力特征。心理活动的动力特征主要表现在心理过程的强度、速度、灵活性与指向性等方面。

人的气质差异是先天形成的，受神经系统活动过程的特性所制约。儿童在出生之后即表现出气质方面的差异，有的婴儿安静、平稳、害怕陌生人，有的婴儿则活泼多动、爱热闹，并且婴儿的这种气质差异体现在其以后生活的方方面面，如学习、游戏、工作和与人交往中。俗话说“江山易改、禀性难移”，说明气质的类型和特质是相对稳定、难以改变的。

（二）气质的类型及表现

1. 气质类型说

气质类型是神经活动过程的基本特性按照一定的方式结合而成的气质结构。气质学说源于古希腊医生希波克里特，他认为人体内有四种体液：黏液、黄胆汁、黑胆汁、血液，这四种体液的配合比率不同而形成不同类型的人。约500年后，罗马医生盖伦又进一步提出气质类型。直至现代，气质学说仍将气质分为典型的四类：胆汁质、多血质、黏液质、抑郁质。

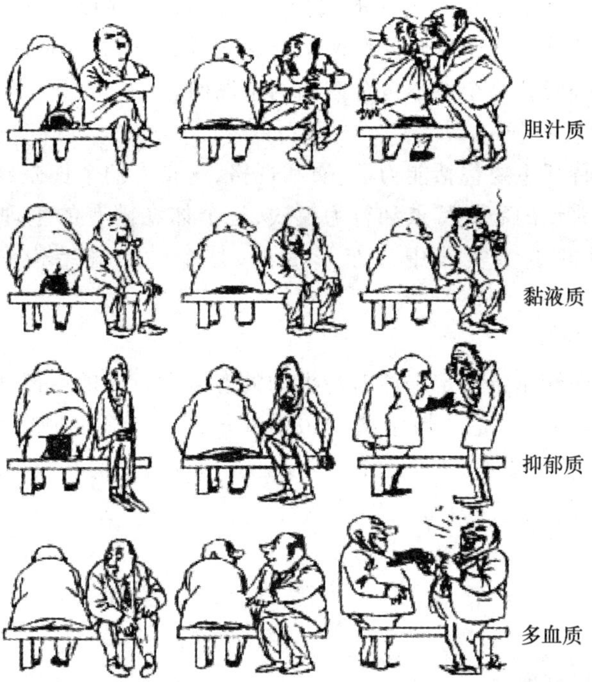

一顶帽子（漫画）　　〔丹麦〕赫洛夫·皮特斯特鲁普 作

图 2-2　四种典型的气质类型

俄国生理学家巴甫洛夫用高级神经活动类型学说解释气质的生理基础。巴甫洛夫发现，高级神经活动的基本过程包括兴奋过程和抑制过程，这两个过程的作用相反，但是相互依存和转化。神经活动过程有三个基本特性，即强度、平衡性和灵活性。强度指神经系统所能承受的刺激的强度和持久性；平衡性是指兴奋和抑制过程的力量是否平衡；灵活性指兴奋和抑制过程相互转换的速度。这三种特性组合构成了四种高级神经活动类型，即活泼型、安静型、兴奋型和抑制型。

表 2-1 高级神经活动类型与气质类型对应表

高级神经活动过程	高级神经活动类型	气质类型	气质类型的具体表现
强、不平衡	兴奋型	胆汁质	直率、果断、热情、内心外露、心境变化剧烈、精力充沛、反应迅速、易激动
强、平衡、不灵活	活泼型	多血质	活泼好动、敏捷乐观、喜欢与人交往、注意力易转移、兴趣易变更、轻率、浮躁
强、平衡、灵活	安静型	黏液质	安静、稳重、善于忍耐、脚踏实地、反应缓慢、情绪不外露、注意力稳定但难以转移
弱	抑制型	抑郁质	富于联想、善于观察他人、情绪体验深刻、孤僻、胆小、多愁善感

2. 内向型和外向型

瑞士心理学家荣格认为,力比多(来自本能的力量)流动的方向决定人的气质类型。个体的力比多活动倾向于外部环境,就是外向型的人。外向型的人的特点是,注重外部世界,感情表露在外,热情奔放,当机立断,独立自主,对周围一切事物都比较感兴趣,容易适应环境的变化。个体的力比多活动倾向于自己,就是内向型的人。内向型的人的特点是,自我剖析,做事谨慎,深思熟虑,重视主观世界,孤僻、易害羞、寡言,较难适应环境的变化。在现实生活中,绝大多数人都是兼有外向型和内向型的中间型。荣格也认为,没有纯粹的内向型或外向型的人,只是在特定的场合下,由于情景的影响,某一种态度占优势。

3. 场独立性和场依存性

美国心理学家威特金等人在研究知觉时发现,有些人能较容易地从视野中离析出知觉单元,有些人很难从视野中离析出知觉单元。他将前者称为场独立性的人,将后者称为场依存性的人。

场独立性的人在信息加工中对内在参照有较大的依赖倾向;他们的心理分化水平较高,独立性强,不易受到暗示;他们的行为是非社会定向的,社会敏感性差,不善于社交,自信、自尊心较强,关心抽象的概念和理论,喜欢独处等。场依存性的人在加工信息时对外在参照有较大的依赖倾向;他们的心理分化水平较低,独立性差,并容易受到暗示;他们的行为是以社会定向的,社会敏感性强,爱好社交活动,对他人有兴趣,积极参与人际交往等。所以,场独立性的人的认知改组能力强,在认知中具有优势;而场依存性的人的社会技能高,在人际交往中具有优势。

图 2-3　外向型气质人物：史湘云（工笔画，选自苏宇光作品《红楼梦十二钗》）

图 2-4　内向型气质人物：林黛玉（工笔画，选自苏宇光作品《红楼梦十二钗》）

场独立性的人在未来的职业选择上喜欢从事理论研究、工程建筑、航空及艺术等工作；场依存性的人则喜欢社会定向的学科与职业。但一般来说，大多数人处于场独立性和场依存性之间。

（三）气质在管理中的运用

1. 气质与员工个人成就

气质是人的稳定的心理特征之一，但气质不能决定一个人活动的社会价值和成就的高低，因为个人的社会价值和成就高低会受到很多因素的影响，事实上，任何气质类型的人都有可能获得成功。在社会生活的各个领域中，我们常能发现不同气质类型的杰出人才。气质只是属于人的心理品质的动力方面，它使人的心理活动染上特殊的色彩，但在人的能力发展方面不起决定性的作用。所以，同一气质类型的人可以成为品德高尚、对社会做出巨大贡献的人，也可以成为一事无成、品德低劣的人;可以成为先进人物,也可以成为犯罪分子。管理者的任务就在于根据员工的气质特点,使他们在工作中充分发挥自己的优点,克服缺点。

2. 气质与员工管理教育

气质无好坏之分。在评定员工的时候,不能认为某种气质是好的,另外一种气质是坏的。任何一种气质都有其积极的一面和消极的一面。管理教育的目的就是认清员工的气质类型,帮助员工发扬气质积极的一面,克服消极的一面。

在员工的管理教育中,对于不同气质类型的员工,应该采取不同的方式。例如,在对员工进行批评帮助的时候,应考虑不同气质类型的员工对挫折的容忍力的差异。胆汁质、多血质的人承受挫折的容忍力较大,因此对这些人可以严厉批评,以利于他们改正错误和缺点。而抑郁质的人对挫折的容忍力较小,对他们进行批评教育的时候要特别注意方式方法,应多鼓励,对其进行教育引导,避免对他们进行当众批评。

3. 气质与职业选择

气质虽然在人的实践活动中不起决定性的作用,但气质特征却是人进行职业选择的依据之一,某些气质特征为一个人从事某项工作提供了比他人更有利的条件。例如,要求迅速、灵活反应的工作对多血质和胆汁质的人较为合适,而黏液质和抑郁质的人则较难适应。反之,要求持久、细致的工作对黏液质和抑郁质的人较为合适,而多血质和胆汁质的人又难以适应。因此,在选拔人才和安置岗位时,应考虑个体的气质类型。

二、性格与管理

(一) 性格的定义

在英语中,“性格”(Character)一词源于希腊语,意思是特点、特色、记号、标记。诚实或虚伪、勇敢或怯懦、勤劳或懒惰、果断或优柔寡断等都是人的性格特征。我国心理学界一般把性格定义为:表现在人对现实的态度以及与之相适应的、习惯化的行为方式方面的个性心理特征。

首先,性格是人对现实的态度及其行为方式概括化与定型化的结果。人对现实的态度就是对社会、对集体、对他人和对自己的看法和评价,是一个人的世界观、人生观的集中体现。人们生活在社会中,会对各种有关事物产生一定的看法,做出一定的选择,采取一定的行为方式。这个过程就是性格的表现。例如,“孔融让梨”反映了谦让、利他的性格特点;“守株待兔”反映了一个人懒惰、愚顽的性格特点。可见,性格的态度体系并不是孤立存在的,人对现实的态度会渗透到人的日常生活和行为方式中。

其次,性格是指一个人独特的、稳定的个性心理。性格有很大的个别差异,每个人对事物的看法都自成体系,行为表现也有其独到之处,这是由每个人的具体生活条件和教育条件不同所致;性格又是比较稳定的,因为它是人对事物的态度、行为方式的概括化和定型化的结果。在某种情况下,那种属于一时的、情境性的、偶然的表现,不能构成人的性格特征。例如,一个人在偶然的场合表现出胆怯行为,不能就此认为这个人具有怯懦的性格特征。也就是说,性格必须是经常出现的、习惯化的、从本质上最能代表一个人的个性特征的那些态度和行为特征。因此,如果我们了解一个人的性格,就能预料他(她)在某种情况下会表现出什么样的态度和行为。但是,性格的稳定性并不是绝对的,而是具有可塑性。除了重大事件的影响外,性格的改变一般都要经过较长时间的环境影响和主体实践。

再次,性格是个性特征中最具核心意义的心理特征。性格在个性特征中的核心地位表现在两个方面。一方面,在所有的个性心理特征中,只有人的性格与个体的需要、动机、信念及世界观的联系最为密切。人对现实的态度直接构成了个体的人生观体系,人的各种行为方式也是在这种态度体系的影响和指导下逐渐形成的。因此,性格是一个人的道德观和人生观的集中体现,具有直接的社会意义。人的性格会受社会行为准则和价值标准的评判,所以有好坏之分。这一点与气质有明显区别。另一方面,性格对其他个性心理特征具有重要的影响。性格的发展规定了能力和气质的发展,影响着能力和气质的表现。成语中的"勤能补拙",就说明性格对能力有巨大作用;某一种气质的消极方面,也可以通过性格的优点加以改造或掩盖。总之,具有良好性格品质的人能最大限度地发挥自己的聪明才智,适应现实生活。

(二)性格的特征

性格是一个复杂而完整的系统,它包含着各个侧面,具有各种不同的性格特征。这些性格特征在不同的个体身上,组成了独特的结构模式。对性格结构的分析,通常着眼于性格的态度特征、性格的意志特征、性格的情绪特征、性格的理智特征四个方面。

1. 性格的态度特征

人对现实的态度是性格的重要组成部分。人对现实的态度是多种多样的,它由以下几方面构成:(1)对社会、对集体、对他人的态度特征。积极的特征表现为:爱祖国,关心社会,热爱集体,具有社会责任感与义务感,乐于助人,待人诚恳,正直等;消极的特征表现为:不关心社会与集体,甚至没有社会公德,为人冷漠、自私、虚伪等。(2) 对学习、劳动和工作的态度特征。积极的特征表现为:认真细心,勤劳节俭,富于首创精神;消极的特征表现为:马虎粗心,拈轻怕重,奢侈浪费,因循守旧等。(3) 对自己的态度特征。积极特征表现为:严于律己,谦虚谨慎,自强自尊,勇于自我批评;消极特征表现为:放任自己,骄傲自大,自负或自卑,自以为是等。

2. 性格的意志特征

性格的意志特征是指一个人在自觉调节自己的行为的方式和水平上表现出来的心理特征。性格的意志特征主要表现为:(1) 对行为目的明确程度的特征,如独立性或冲动性,目的性或盲目性,纪律性或散漫性。(2) 对行为自觉控制的意志特征,如自制或任性,善于约束自己或盲动。(3) 对自己的决定做出并贯彻执行方面的特征,如有恒心与毅力、坚忍不拔或见异思迁、半途而废。(4) 在紧急或困难情况下表现出的意志特征,如勇敢或胆小,果断或优柔寡断,镇定或紧张等。

3. 性格的情绪特征

性格的情绪特征是指一个人在情绪活动中经常表现出来的强度、稳定性、持久性以及主导心境方面的特征。(1) 情绪强度方面的特征,主要表现为人的情绪对工作和生活的影响程度和人的情绪受意志控制的程度。有人情绪反应强烈、明显,易受感染;有人反应微弱、隐晦,不易受感染。(2) 情绪稳定性方面的特征,主要表现为情绪的起伏和波动程度。(3) 情绪持久性方面的特征,主要指情绪对人身心各方面影响的时间长短。有的人情绪产生后很难平息,有的人情绪虽来势凶猛但转瞬即逝。(4) 主导心境方面的性格特征。不同的主导心境反映了主体经常性的情绪状态,如有的人终日精神饱满、乐观开朗;有的人却整日愁眉苦脸、烦闷悲观等等。

4. 性格的理智特征

人们在感知、记忆、思维等认识过程中表现出来的个别差异就是性格的理智特征。(1) 在感知方面,有的人观察精细,有的人观察疏略;有的人观察敏锐,有的人观察迟钝。(2) 在思维方面,有的人善于独立思考,有的人喜欢人云亦云;有的人善于分析、抽象,有的人善于综合、概括。(3) 在记忆方面,有的人记忆敏捷,过目成诵,有的人记忆较慢,需反复记忆方能记住;有的人记忆牢固且难以遗忘,有的人记忆不牢且遗忘迅速等。(4) 在想象方面,有的人想象丰富、奇特,富有创造性,有的人想象贫乏、狭窄;有的人想象主动,富有情感色彩,有的人想象被动、平淡寻常等等。

性格结构的四个方面不是独立存在的，它们相互联系，相互影响，构成一个统一体存在于每个人身上。要了解一个人，就应对其性格的各个方面作全面分析。其中，性格的态度特征和意志特征在性格结构中占主导地位。

(三) 性格的类型理论

性格类型是指一类人身上所共有的性格特征的独特结合。性格特征种类繁多，为了便于掌握人的性格，心理学家们从不同角度出发，在千差万别的性格中寻找共性，归纳出不同的性格类型。现从管理心理学角度简单介绍一些较为典型的性格类型：

1. A型性格和B型性格

20世纪50年代，美国心理学家弗雷德曼和罗斯曼根据人们在时间匆忙感、紧迫感以及好胜心等方面的特点，将人们的人格划分为A型人格和B型人格。

A型性格的人时间感特别强，较具进取心、侵略性、自信心、成就感，生活节奏快；好激动，缺乏耐心，抱负水平高，喜欢争强好胜；对人一般怀有戒心和敌意，并且容易紧张。B型性格的人悠闲自得，不爱紧张，较松散，对任何事皆处之泰然；一般无时间紧迫感，与世无争，沉着镇静，有耐心，能容忍人，人际关系和谐等。

心理学家发现，A型性格的人，由于对自己期望过高，好胜心强，竞争压力大，导致心理负担十分沉重。如果长期处于紧张压力之下，容易导致高血压、心脏病、心肌梗死，甚至猝死。统计表明，85%的心血管疾病与A型性格有关，心脏病患者中的A型性格达98%。心脏冠状动脉硬化的患者当中，A型性格的人要比B型性格的人高5倍。

2. 霍兰德的人格—职业匹配理论

霍兰德认为，职业选择是个人人格的延伸，人们普遍倾向于去选择那些同个人的特质相匹配的职业，这样人才能适应工作，并且使个人和社会同时受益。他将人格分为六种类型(见图2-5)，即现实型(realistic)、研究型(investigative)、艺术型(artistic)、社会型(social)、企业型(enterprising)、传统型(conventional)。每一种人格类型都有相对应的职业兴趣，个体总是根据自己的人格类型所赋予的职业兴趣去选择职业。

(1) 现实型的人性格坦率，注重实际，有着刚毅、稳健的良好品质。他们操作技能精湛，喜欢有规则的具体劳动，但往往因为缺乏人际交流的技巧而对社交性的活动不感兴趣。操作修理工、机械装配工、勘测员、制图员等一般是该类型比较倾向于选择的职业。

(2) 研究型的人思维缜密，做事理智，善于分析和评判。重视科学与研究，对于思维和数理统计有着浓厚的兴趣，倾向于抽象的、分析的探究性工作，但缺乏领导才能。该类型的典型职业选择有科研人员、工程师、设计师等。

（3）艺术型的人富有想象力和创造力，拥有艺术和审美方面的能力，但因做事情凭直觉，不注重实际，容易冲动和情绪化，不善于做事务性工作。此类人倾向于选择的职业有音乐家、美术家、舞蹈家、文学家等。

（4）社会型的人善交际，有合作、友善、仁慈的性格特征。他们通常善于言辞、乐于助人，具有人道主义倾向和强烈的责任心。有教导别人的能力，但对于解决智力性问题和从事技能操作活动不感兴趣。该类人倾向于选择的职业有教师、辅导员、咨询员及义工等。

（5）企业型的人自信、外向，富有冒险精神，喜欢支配他人。重视政治和经济上的成就，有领导和社交才能，但因不喜欢长时间集中心智，故对于科研工作不感兴趣。此类人倾向于选择的职业有企业领导、政府官员、销售人员等。

（6）传统型的人谨慎、保守，自控能力很强，不善于创造性的进取工作，倾向于稳重、系统、有条理的工作，文书与数字能力强。该类人倾向于选择的职业有银行职员秘书、会计、办公室职员等。

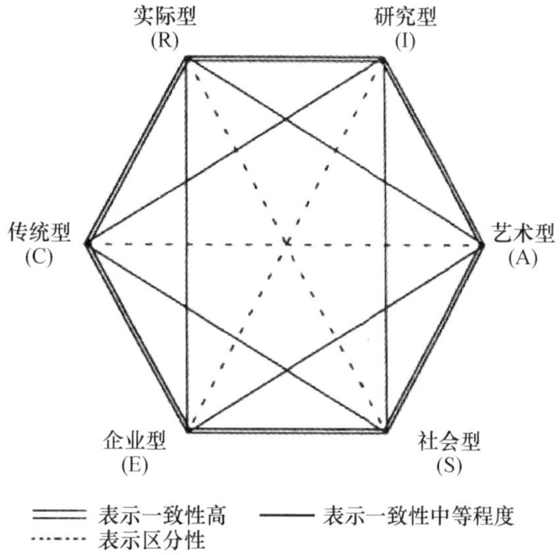

图 2-5　霍兰德职业—人格类型关系图

上面提到的六种人格类型及其对应的典型职业选择是一种理想化的划分。由于人的社会性和广泛适应性，使得个体的人格类型并不是绝对的，而是在某种程度上相近于另外两种人格类型。例如，实际型的个体经过适应和训练后可以比较好地从事研究型和传统型职业,但对角线上的两种人格类型是互相排斥的,适应难度是最大的,个体在职业选择时要竭力避免。

3. 迈尔斯-布里格斯类型指标

迈尔斯-布里格斯类型指标(Myers-Briggs Type Indicator,MBTI)是一种在管理中广泛应用的人格分类框架。它是由美国心理学家凯瑟琳·库克·布里格斯和他的女儿伊莎贝尔· 布里格斯·迈尔斯,根据荣格的人格类型理论,加以研究和发展的。

MBTI 理论认为,人格分为四个维度,分别是:(1) 内向—外向:心理能量指向外部环境的人是外倾(E)的;而心理能量指向内部的人是内倾(I)的。(2) 感觉—直觉:感觉型(S)的人更倾向于搜集能被客观证实的信息事实,他们的行为方式是以实践为基础的;而直觉型(N)的人通过自己的领悟来产生信息,他们以理论方式看待事物。(3) 思考—情感:思考型(T)的人强调在利用信息时以逻辑分析方式进行;而情感型(F)的人在决策时受到自身对正确与错误的判断的内在信念与价值的影响。(4) 感知—判断:感知型(P) 的人喜欢在决策前感知一切有关的信息;判断型(J)的人则更热衷于尝试解决问题(判断),而不是等待更多资料的搜集。

以上四个维度 8 种偏好的组合产生了 16 种人格类型。与其他类型理论比较,在 MBTI 类型中不存在"好"与"坏"之分,只是人们的行为偏好不同,而每一种类型又都有自己的长处与弱点。如 INTJ 型的人是幻想者,他们有创造性的思想,并有极大的内驱力去实现自己的想法和目标,他们的特点是怀疑、批判、独立、决断,甚至常常有些顽固。ESTJ 型的人是组织者,他们很现实,很实际,实事求是,具有从事商业和机械工作的天生头脑,擅长组织和操纵活动。ENTP 型的人则为抽象思考者,他们敏捷、聪明、擅长处理很多方面的事务。这种人在解决挑战性任务方面资源丰富,但在处理常规工作方面则较为消极。

这一人格类型指标在管理中有广泛的应用,它可以减少冲突,促进沟通,使员工更好地认识自我,帮助员工更好地相互了解,从而提高团队的合作性。

(四) 性格在管理中的运用

1. 性格与领导类型和行为

西方管理心理学将管理者分为三种类型:积极刚勇型、消极怯懦型和折衷型。积极刚勇型管理者的行为特点是精力充沛,热情洋溢,活泼开朗;善于交际,处事果断;富有竞争性和自信心,遇到挫折不灰心。消极怯懦型管理者的行为特点是遇事缩手缩脚,怕承担责任;对社会活动无兴趣,生活单调,不善交际;无主见,依赖性强,遇到挫折易灰心,工作消极、多疑。折衷型管理者的行为方式是工作没有条理,常显慌乱;处事任性,不诚实,有时行为冒险有时逃避;情绪波动大,办事拖沓。

当然,不同类型的领导者在管理中所起的作用不一样。现代企业所需的管理人员,应以积极刚勇型的为主,但这类性格类型的管理者也有弱点,比如自负,喜欢别人顺从他等。消极型管理者虽然不理想,但可以通过实践使之转化,增加其刚勇的一面。对于折衷型的领导者,需多接触,增加与他的亲密程度。

2. 性格与人际关系

人际关系是影响组织管理绩效的重要因素。管理实践表明,良好的性格特征,例如谅解、团结、诚实、支持、谦虚、热情等,可以使组织人际关系和谐,提高团队的凝聚力;相反,对人刻薄、冷淡、高傲,容易导致人际关系紧张,出现相互扯皮、拆台,凝聚力差与士气低落的现象。

3. 性格与职业生涯规划

一个人的性格特征对职业的选择有很大的影响,性格特征也是职业生涯规划中必须考虑的因素。从事与自己性格不匹配的工作,个人的才能就会受到阻碍,会让人感觉整个工作状态都“不对劲”。各种职业都具有不同的特点,所以对从业人员的性格特征也会有不同的要求。例如,善于思考,逻辑思维发达,严谨、执著、认真的性格,比较适合工程师、财务人员和数据处理人员;而开朗、活泼、热情的性格比较适合从事公关、营销、服务等与人群多交往的职业;果断、坚毅、自信、进取是管理者不可缺少的性格特点。因此,在进行职业生涯规划时,应充分考虑到个人的性格特征。

三、能力与管理

(一) 能力的定义

能力是直接影响活动效率,使活动顺利完成的个性心理特征。首先,能力是和活动紧密相连的,离开了具体活动,能力就无法形成和表现。一个有绘画能力的人,只有在绘画活动中才能施展自己的能力;一个教师的组织能力,只有在教育教学活动中才能显示出来。我们只有通过活动才能了解一个人能力的大小。其次,能力是顺利完成某种活动直接有效的心理特征,而不是顺利完成某种活动的全部心理条件。因为成功完成某种活动受许多主观因素的影响,如知识经验、性格特征、兴趣与爱好等,但这些因素都不直接影响活动的效率,不直接决定活动的完成,而只有能力才有这种作用,它是完成某种活动所必备的心理特征。例如,思维的敏捷性和言语表达的逻辑性,是直接影响教师能否成功地完成教学任务的能力因素,如缺乏这种因素,就无法顺利有效地完成教学任务。

（二）能力的种类

1．一般能力和特殊能力

这是基于能力所表现的活动领域的不同所进行的划分。一般能力是指在进行各种活动中必须具备的基本能力，它保证人们有效地认识世界，也称智力。智力包括个体在认识活动中必须具备的各种能力，如感知能力（观察力）、记忆力、想象力、思维能力、注意力等，其中抽象思维能力是核心，因为抽象思维能力支配着智力的诸多因素，并制约着能力发展的水平。

特殊能力又称专门能力，是顺利完成某种专门活动所必备的能力，如音乐能力、绘画能力、数学能力、运动能力等。各种特殊能力都有自己的独特结构，例如音乐能力就是由四种基本要素构成：音乐的感知能力、音乐的记忆和想象能力、音乐的情感能力、音乐的动作能力。这些要素的不同结合，就构成不同音乐家的独特的音乐能力。

一般能力和特殊能力相互关联。一方面，一般能力在某种特殊活动领域得到特别发展时，就可能成为特殊能力的重要组成部分。例如，人的一般听觉能力既存在于音乐能力之中，也存在于言语能力中。没有听觉的一般能力的发展，就不可能发展言语和音乐的听觉能力。另一方面，在特殊能力发展的同时，也发展了一般能力。观察力属一般能力，但在画家的身上，由于绘画能力的特殊发展，对事物一般的观察力也相应增强起来。人在完成某种活动时，常需要一般能力和特殊能力的共同参与。总之，一般能力的发展为特殊能力的发展提供了更好的内部条件，特殊能力的发展也会积极地促进一般能力的发展。

2．再造能力和创造能力

基于活动中能力创造性的大小进行划分。再造能力是指在活动中顺利地掌握前人所积累的知识、技能，并按现成的模式进行活动的能力。这种能力有利于学习活动的要求。人们在学习活动中的认知、记忆、操作与熟练能力多属于再造能力。创造能力是指在活动中创造出独特的、新颖的、有社会价值的产品的能力。它具有独特性、变通性、流畅性的特点。

3．认知能力、操作能力和社交能力

基于能力应用的不同方面，可分为认知能力、操作能力和社交能力。认知能力指人脑加工、储存和提取信息的能力，即我们一般所讲的智力，如观察力、记忆力、想象力等。操作能力指人们操作自己的肢体以完成各项活动的能力，如劳动能力、艺术表演能力、体育运动能力、实验操作能力等。社交能力是人们在社会交往中表现出来的能力，如组织管理能力、言语感染能力、判别决策能力、调解纠纷能力、处理意外事故的能力等。

（三）能力的差异

人与人之间在能力上存在明显的个体差异，既有量的差异，也有质的差异。这些差异主要表现在以下五个方面：

1. 能力发展水平的差异

能力发展水平的差异主要是指智力上的差异，它表明人的能力发展有高有低。研究发现，就一般能力来看，在全世界人口中，智力水平基本呈常态分布，即智力极低或智力极高的人很少，绝大多数的人属于中等智力。表 2-2 是美国心理学家推孟（L. M. Terman）抽取 2—18 岁的 2904 人进行测验得出的智商情况，可以看出，表两端的百分数都很小，而中间部分很大。

表 2-2　不同智商水平的人数分配

智商	百分比(%)	级别
139 以上	1	非常优秀
120—139	11	优秀
110—119	18	中上
90—109	46	中智
80—89	15	中下
70—79	6	临界智力
70 以下	3	智力迟钝

2. 能力类型差异

能力类型差异是指构成能力的各种因素存在质的差异，主要表现在知觉、记忆、想象、思维的类型和品质方面。能力的类型差异，一般不代表智力水平的高低，只影响人们学习的过程和获取知识经验的方式。

（1）知觉方面的差异有三种类型：综合型，即知觉具有概括性和整体性，但分析能力较弱；分析型，即知觉具有较强的分析能力，对细节感知清晰，但整体性较差；分析综合型，具有上述两种类型的特点，即同时具有较强的分析能力和概括能力。

（2）记忆类型的差异，根据人们怎样记忆材料可分为：视觉型，运用视觉记忆效果好；听觉型，运用听觉识记效果好；运动型，有运动参加时记忆效果较好；混合型记忆，运用多种记忆效果较好。

（3）言语和思维方面，有的人言语特点富于形象性，情绪因素占优势，属于生动的言语类型或形象思维类型；有的人言语特点富于概括性，逻辑因素占优势，属于逻辑联系的言语类型或抽象思维类型；还有居于二者之间的混合型。在思维能力方面，每个人在思维的深刻性、灵活性和批判性等品质上又都有自己的特点。

3. 能力表现早晚的差异

各种能力不仅在质或量的方面表现出明显的差异,而且能力表现的早晚也存在着明显的差异。根据历史记载,我国许多名人在幼年时期就显露其才华。李白“五岁读六甲,十岁观百家”;杜甫“七龄思即壮,开口咏《凤凰》”;明末爱国诗人夏完淳五岁知五经,九岁擅辞赋古文,十七岁壮烈牺牲。但是,缺乏早期成就的人,并不能认为将来不可能有所作为。事实上,大器晚成的人古今中外不乏其例:姜子牙辅佐周武王,72岁才任宰相;著名画家齐白石40岁才表现出绘画才能;人类学家摩尔根发表基因遗传理论时已60岁了。造成这种现象的原因很多,有可能是因为所专攻的学术领域具有某种长期性,不能一蹴而就,需长期努力;也可能是早期不够努力,后期加倍勤奋的结果;或者是某种特殊能力显露较晚等。

一般说来,科学家作出最大贡献的最佳年龄是中年。专家们认为,中年人年富力强,精力充沛,既有丰富知识经验,又有较强的抽象思维能力和记忆能力,思维敏捷,易于革新,勇于创造,是成才的好时机。有人对301位诺贝尔奖获得者做了统计,结果表明,30—45岁是人的智力最佳年龄区,301位诺贝尔奖获得者中有75%的人获诺贝尔奖时年龄处于这个最佳年龄区,当代世界上杰出的科学家取得成就的年龄的峰值在36岁。莱曼(H. C. Lehman)进一步研究了从事不同学科的人最佳创造的平均年龄,结果可参见表2-3。

表2-3 不同学科最佳创造的平均年龄

学科	最佳创造的平均年龄(岁)	学科	最佳创造的平均年龄(岁)
化学	26—36	声乐	30—34
数学	30—34	歌剧	35—39
物理	30—34	诗歌	25—29
实用发明	30—34	小说	30—34
医学	30—39	哲学	35—39
植物学	30—34	绘画	32—36
心理学	30—39	雕刻	35—39
生理学	35—39		

4. 智力的性别差异

关于智力的性别差异,目前研究较多,而且结论各异,但基本一致的结论有两方面:第一,男女智力的总体水平大致相等,但男性智力分布的离散程度比女性大,即很聪明的男性和很笨的男性都比女性多,智力中等的女性比男性多;第二,男女的智力结构存在差异,各自具有自己的优势领域。男性的视知觉能力较强,尤其是空间知觉能力,男性明显优于女性。女性的听觉能力较强,特别是对声音的辨别和定位,女性明显优于男性。男性偏于抽象思维,喜欢数学、物理和化学等学科;女性长于形象思维,喜欢语言、历史、人文地理等学科。一般地说,女性比男性口语发展早,在语言流畅性及读、写、拼等方面均占优势,但男性在语言理解、言语推力等方面又比女性强。

(四) 能力在管理中的运用

1. 能力与岗位匹配

在任何企业中,每种工作都有一个能力发挥的范围,即要求承担工作的人的能力既不要超过这个范围,又不能低于这个范围。如果员工或管理者缺乏这个工作岗位所必需的能力,无论其工作态度多么端正积极,工作绩效最终还是很低;相反,当个体能力远远超过工作要求时,也不一定会提高工作绩效。因为在这种情况下,会造成人员浪费或无法激发出员工的积极性。人岗合理匹配,就是要达到工作性质与人的能力发展水平之间的最佳契合。所谓好的管理者,并不在于把社会上智力、能力最高的人聚集到自己的周围,而在于能根据组织性质正确地确定本组织所需的能力范围,并据此召集人才。

所以,对于管理者来说,在安排员工工作时,要注意对员工的能力进行全面的了解,尽量做到能力低的人从事相对简单的工作,能力高的人从事相对复杂的工作,使人才各自使得其所,避免大材小用和小材大用。同时,在人员优化组合时,注意能力类型差异的互补性,最大限度地发挥团体的协作作用。

另外,在安排工作时,要摆正文凭与才能的关系。一般来说,学历文凭是人知识水平高低的一种标志,但在现实生活中却存在着能力与文凭脱节或是文凭造假的现象。因此,我们在安排工作时,既要看其文化水平,也要看真才实学和实际工作能力。只有不拘一格降人才,企业才有生机和活力。

2. 能力与考核标准

在进行考核时,应按照不同工作岗位不同能力要求的标准考核员工。不同工作岗位对人的能力要求有很大的差别。例如,每个组织的管理者都需具备三种基本能力——技术能力(即专业知识)、概念能力(即发现并解决组织情景问题和捕捉机遇的能力)、人事能力(即处理人际关系的能力),但处于不同层级的管理者,因为工作任务、管理范围和被领导对象的不同,不同能力的考核比例有所差异。而对普通员工与管理人员的能力要求也是不同的,更多考虑的是技术能力。所以,对各类人员的考核、提职升级等,实际上就是对一个人的能力是否符合某一职位所要求的能力标准的衡量。

3. 能力与人员选拔

在招聘面试过程中,不应该把文化考核的成绩作为是否录用的唯一标准。

文化考核的结果，只代表了一个人已经掌握的部分知识或技能的水平，并不代表一个人所具有的能力或此人所蕴含的全部潜能。

心理学的研究表明，能力不等于知识、技能。知识是人脑对客观事实的主观表征，人通过掌握知识并运用这些知识指导自己的活动与实践。知识是活动的自我调节机制中一个不可缺少的构成因素，也是能力结构的一个不可或缺的组成部分。而技能是指人们通过练习而获得的动作方式和动作系统，它主要表现为动作执行方式，因而与知识有很大的差别。由于技能直接控制活动的动作程序的执行，因此是活动的自我调节机制中又一个组成要素，也是能力结构的基本组成部分。知识、技能与能力有着密切的关系。首先，能力是在掌握知识、获得技能的过程中形成与发展的，离开了学习和训练，任何能力都不可能发展。随着人的知识、技能的积累，人的能力也会不断提高。其次，能力的高低又是掌握知识、获得技能的重要前提，是掌握知识的内在条件和可能性，制约着掌握知识的快慢、深浅、难易和巩固程度。从一个人掌握知识、技能的速度与质量上，可以看出其能力的大小。但是，能力、知识、技能的发展并不是完全一致的。在不同人的身上，可能具有相同的知识，但他们的能力发展水平并不一定相等；而具有同样能力发展水平的人，也不一定具有同等水平的知识。

正确理解能力与知识、技能的关系，对员工选拔具有重要的意义。首先，我们不应该仅根据一个人知识的多少去简单地断定这人能力的高低。其次，我们不仅要关心员工知识的掌握，而且要关心他们的能力发展，并促使他们将知识转化为能力。再次，由于能力不等同于知识，人们才有必要研究鉴定能力的特殊方法，而不能用知识的评定来代替对能力的鉴定。

所以，在招聘面试过程中，可以把文化考核或技术操作考核成绩作为是否录用的主要指标，同时对应聘者的思想品质、身体素质等方面进行考核，并根据不同工作岗位对特殊能力的要求，使用小型测验进行考察，如反应时间测验、空间关系测验、兴趣分析测验等。

第三节　心理测验

在日常生活中，人们往往凭着自己的感觉来描述和评价他人的个性。但是，单纯依靠感觉来了解一个人的个性特征会出现各种各样的偏差。近年来，用科学的手段对员工的个性进行测量，在员工招聘、选拔和工作绩效预测方面应用广泛。通过测验可以在较短时间内了解一个人的心理品质、潜在能力以及其他各种心理特点，比较科学和客观地对人进行评定，而不受评定者主观因素的影响。

一、心理测验

心理测验是根据一定的心理学理论,用客观化、标准化的程序来测量个体有代表性的行为,对个体个性差异作出推论和数量化分析的科学手段。心理测验是一种标准化的测验工具。标准化的含义有两个方面:一是指心理测验是经过标准化的程序,根据客观方法和一定的步骤编制而成的;二是指心理测验的使用、计分、解释,也必须按标准化的程序和原则进行。总之,心理测验必须具备常模、信度、效度、标准化等几个技术指标。

1. 常模

常模是心理测验的比较标准,是解释测验结果的依据,每个员工的心理测验分数必须与常模比较才能显示它的意义。一个测验的常模是在编制心理测验时建立的,通常将“标准化样本的平均数与标准差”作为测验的常模。

2. 信度

信度是指一个人在同一心理测验中几次测量结果的一致性,它表示一个测量量表的可靠程度。只有当某测验达到较高的信度时,才能使用它去判定人的个性差异。

3. 效度

效度是指一个测验测量某种心理特征的有效与准确程度。一个测验的效度越高,表明它所测得的结果越能代表欲测特质的真正水平,比如一个智力测验的效度比较高,我们就可以认为,由这个测验得出的分数可以比较准确地反映出被测者的真实的智力水平。企业管理中通常用个人心理测验的得分与实际生产成绩的相关分数为指标来衡量测验的效度。

4. 标准化

标准化是指测验的编制、施测、评分及解释分数的一致性。一个测验的好坏,取决于该测验的标准化水平。

总之,通过心理测验可以在较短时间内了解一个人的心理品质、潜在能力以及其他各种心理特点,比较科学和客观地对人进行评定而不受评定者主观因素的影响。作为一种技术和方法,心理测验可以帮助组织的决策者把合适的员工安排在合适的岗位上,使得人职匹配;也可以发现员工的能力倾向,以确定其职业发展的方向。

二、常用心理测验

(一) 能力测验

1. 智力测验

智力是人能力结构的重要组成部分,智力测验即一般能力测验。在此,我们介绍两个信度与效度较高、在实际生活中应用比较广泛的测验：韦氏成人智力量表和瑞文推理测验。

(1) 韦氏成人智力量表(WAIS－RC)。

韦氏成人智力量表由美国心理学家韦克斯勒编制，适用于16岁以上的成年人，包含言语和操作两个分量表，可以分别度量个体的言语能力和操作能力。言语分量表包含：知识、领悟、算数、相似性、数字广度、词汇6个分测验；操作分量表包含：数字符号、图画填充、木块图、图片排列、物体拼凑5个分量表。韦氏成人智力量表信度与效度较高，实际应用广泛，积累了大量的资料，但是该测验程序复杂费时，成本较高，故一般用于高级管理人员的选拔。韦氏成人智力量表各分测验的主要内容及实例：

① 知识。此测验主要测量人的知识广度、一般学习能力及接受能力，对材料的记忆及对日常事物的认识能力。由29个常识问题组成，内容取样范围极广，尽量避免涉及专业领域的内容。例如：人体三种血管的名称是什么？水蒸气怎样来的？

② 领悟。此测验主要测量人的判断能力、运用知识解决新问题的能力以及社会适应能力。由14个问题组成，要求被试说明在某种特定条件下应做什么或者解释一些话的意思。例如，如果在森林里迷路应该怎么办？“趁热打铁”是什么意思？

③ 算数。此测验主要测量人的数学计算的推理能力及主动注意的能力。由14个问题组成，内容属于小学算数范围。例如，8个人在6天内可以完成的工作，如果在半天内必须完成，应找多少人来做？有人将家具以原价的三分之二的价格卖掉，得到400元，原价多少？

④ 相似性。此测验用来测量人的逻辑思维能力、抽象思维能力与概括能力。由13个问题组成，要求被试说明两件事或物的相似之处。例如，空气和水有何相似？斧头和锯子有何相似？

⑤ 数字广度。此测验主要测量人的注意力和短时记忆能力。由12个问题组成，由主试按每秒一个数字的速度读出一串由3—12个数字随机排列的数字系列，要求被试顺背或倒背。例如，按次复述以下数字：1、3、6、8、9。

⑥ 词汇。此测验主要测量人的言语理解能力，与抽象概括能力有关，同时能在一定程度上了解其知识范围和文化背景。主试将一张包括40个词汇的表呈现在被试面前，要求被试指出主试所读的词，并对其意义进行解释。例如，“类似”是什么意思？

⑦ 数字符号(译码)。此测验主要测量个体建立新概念的能力、知觉辨别

能力及灵活性。要求被试学会将每个数字与不同的符号联系在一起，然后在某个数字的空格内填上正确的符号。

⑧ 图画填充。此测验主要测量人的视觉辨别能力、视觉记忆与理解能力。共21张画片，每张图上都有缺失的部分，要求被试指出每张画缺什么并说出名称。

⑨ 木块图。此测验测量个体辨认空间关系的能力、视觉结构的分析和综合能力，以及视觉运动协调能力。给被试9块积木，看完一种图形之后，要求被试用小木块拼成相同的样子。

⑩ 图片排列。此测验主要测量抽测者的分析综合能力、知觉组织能力。共8组图片，每组图片打乱顺序后呈现给被试，要求被试重新以适当顺序排列，以组成一个连贯的故事情节。

⑪ 图形拼凑。此测验主要测量局部与整体关系的能力、概括思维能力、知觉组织能力等。共有4套图形组合板，要求被试将一个被切割的图形拼好，如半身像。

（2）瑞文推理测验（CRT）。

瑞文推理测验是由英国心理学家瑞文编制的一种团体非文字智力测验，又称作瑞文渐进图形，它主要用来测量一个人的观察能力和思维推理能力。该测验的对象不受文化、种族与言语条件的限制，适用年龄范围广，该测验在世界各国通用。瑞文推理测验由无意义的图形组成，要求被测者根据大图案内图形间的某种关系，选择出小图形中最适合填入大图案中缺少的部分（见图2-6）。目前，瑞文推理测验常用于公务员考核和企业的人才测评。

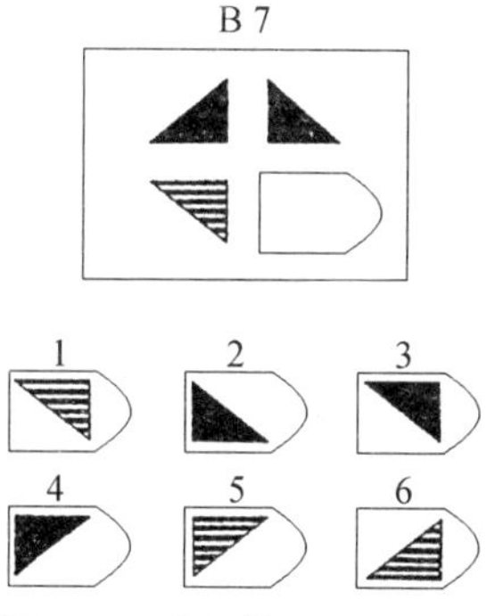

图2-6　瑞文推理测验图例

2. 创造能力测验

人的创造力在现代生活中具有重要意义，因此创造力测验引起了人们的普遍重视。创造力测验不同于一般的智力测验。创造力测验的内容不强调对现成知识的理解与记忆，而强调思维的流畅性、变通性与超乎寻常的独特性，问题的答案也不是固定的。

吉尔福特认为发散思维是一种重要的创造性思维，并设计了大量的测验对发散思维进行测量。这些测验内容包括：词语流畅性、观念流畅性、联想流畅性、表达流畅性、多项用途、解释比喻、效用测验、故事命题、推想结果、职业象征、图形结合、绘图、火柴问题、装饰等。

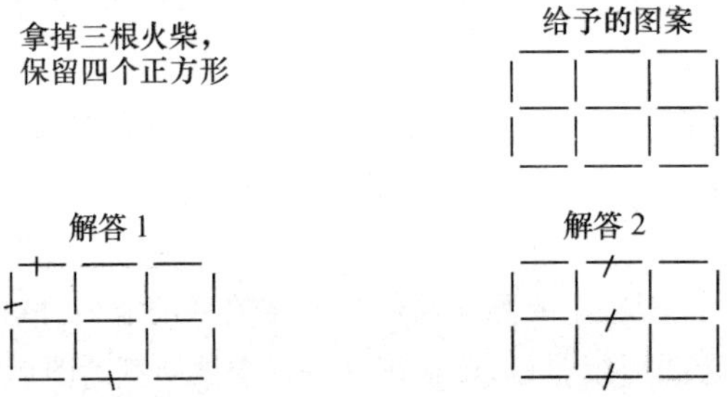

图 2-7　吉尔福特发散思维测验图例

（二）人格测验

1. 自陈测验

自陈人格测验就是根据要测量的人格特质，编制一系列相关问题，要被试根据自己的实际情况逐一回答，根据被试的答案对其人格特征作出评价。自陈量表经过标准化处理，实施手续简单，测量分数容易解释，因此应用最为广泛。下面简单介绍几种常用的自陈人格量表：

（1）卡特尔 16 种人格因素量表（16PF）。

该量表能在约 45 分钟的时间内测量出 16 种人格特质，初中以上文化程度者均可接受本量表的测试，实施简单，解释客观，能高度概括一个人的个性特征。该测验有 187 个项目，要求被试从“是的、不一定、否”三个选项中，根据自己的实际情况选择一个合适的答案。16PF 中 16 种人格因素是相互独立的，既可以对被试在 16 个因素上的人格特点获得了解，又可以对被试的整体人格作出评价。16PF 所测量的个性因素有：A 乐群性、B 聪慧性、C 稳定性、E 恃强性、F 兴奋性、G 有恒性、H 敢为性、I 敏感性、L 怀疑性、M 幻想性、N 事故性、O 忧虑性、Q_1 实验性、Q_2 独立型、Q_3 自律性、Q_4 紧张性。

（2）艾森克人格问卷（EPQ）。

该量表采用是非题的形式，分为儿童和成人两种。儿童问卷有 97 个项目，适用于 7—15 岁的被试；成人问卷有 101 个项目，适用于 16 岁以上的被试。该量表项目少，易于测查，应用广泛。每种问卷都包含四个分量表：精神质（P）、外倾性(E)、神经质(N)、说谎量表(L)。

(3) 麦尔斯-布里格斯类型指标(MBTI)。

MBTI 源自荣格的人格理论,后经演化,最后形成包括四个双级维度的 16 种人格类型指标。四个维度分别是:外向—内向、感觉—直觉、思考—情感、判断—感知。这四个维度就是四把标尺,每个人的性格都会落在标尺的某个点上,这个点靠近哪个端点,就意味着这个人就有哪方面的偏好。该量表具有良好的信效度,包含 93 个问题,每题设有两个备选答案,要求被试选择自己最自然的反应。MBTI 作为个性测试在全球应用广泛,主要应用于职业发展、职业咨询、团队建议等方面,是国际上应用较广的人才甄别工具。

2. 投射测验

(1) 主题统觉测验(TAT)。

主题统觉测验是由心理学家莫瑞和摩尔根于 1935 年创立的一种想象测验,主要用于窥探受测者的主要需要、动机、情绪、情操和人格特征。全套测验共有 30 张意义相对模糊的黑白图片,图片的内容有的为人物,有的为景物,要求被试根据图片不假思索地编故事(如图 2-8 所示)。测验编制者认为,被试在面对图片讲述故事时,会利用他们过去的经历,表达他们的感情和需要,将自己的内心活动投射到故事之中。只要对故事进行认真的分析,就可以测出其个性特征。

图 2-8 主题统觉测验图片

(2) 罗夏墨迹测验。

罗夏墨迹测验是由瑞士精神病学家罗夏于 1921 年创造的一种投射测验,该测验材料是 10 张左右对称的墨迹图,5 张黑白,5 张彩色(参见图 2-9)。主试依次让被试观察并判断从图片中看到了什么,根据被试反应的定位、定性、内容和独创性来计分;根据测验手册中的描述,解释被试的人格特征。

图 2-9 罗夏墨迹测验图片

3. 情境压力测验

情境压力测验是通过特别设计的一种情境，使被试产生并面临情绪上的压力，然后由主试观察、记录被试是如何应付的，从而了解其个性特征。目前，应用最为广泛的是"无领导小组讨论"。具体做法是：在此情境中安排 5—7 名互不认识的人，给他们一项任务，考官观察每个被试在讨论中的表现，但并不参与讨论（如图 2-10 所示）。由于不安排领导，该情境可以测量被试的个性特点以及社交能力。这种情境压力测验重视分析、实验和控制的程序，具有科学性，得到的结果也比较精确且令人信服。

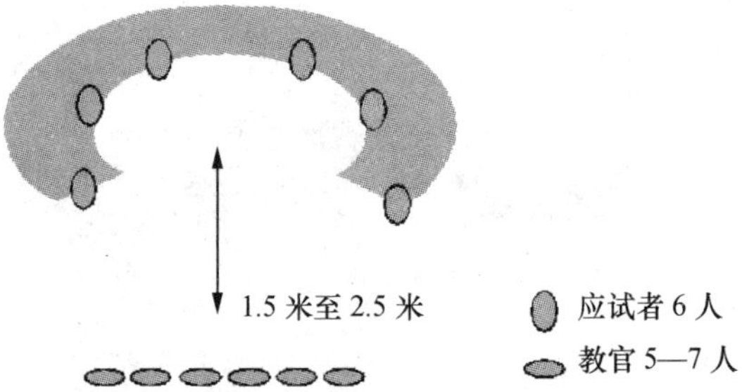

图 2-10 无领导小组讨论示意图

三、正确对待和使用心理测验

心理测验是心理学研究的结晶，是一种科学的方法。为了准确地了解个体的个性特点，必须正确使用心理测验。否则，不仅不能了解个体的个性特点，而且还可能造成不良的后果。为了使心理测验能够最大限度地发挥其功效，使用心理测验时应注意以下几点：

（1）正确认识心理测验的作用和局限。

心理测验是一种定量化程度很高的测量技术。心理测验的编制十分严谨，并且经过标准化，因此，测验的结果是准确可靠的，是心理学研究的一种重要方法和决策辅助工具。

但是，心理测验的信效度始终存在令人不满意的地方。心理测验存在误差，有着不可忽视的局限性。首先，不同的心理测验所依据的理论基础不尽相同，所测特质的定义、观点及概念系统也不同，因此同样性质的测验所测量的可能是不完全相同的心理特质；其次，心理测验是对人的心理特质的间接测量与取样推论，不可能完全准确；再次，指导测验编制的“测量理论”有一些比较脆弱的假设；最后，测验过程中一些无关因素的干扰很难完全排除，会影响到测验结果的稳定性和准确性。总之，无论在理论上还是方法上心理测验都有不完善的地方。因此，要相信心理测验能为我们提供有价值的资料，但不能完全迷信心理测验，不能把心理测验当做唯一准确可靠的工具。换言之，心理测验虽可信，但不能全信；心理测验虽可用，但不能完全依靠它。

（2）使用标准化的心理测验。

心理测验有优劣之分。目前，许多游戏性的心理测验频频出现，但是我们不能拿来使用，而必须使用按照科学方法编制的、经过标准化程序处理的心理测验。心理测验的软件也必须通过专家鉴定，并配有科学有效的使用手册。此外，测验的常模是某一标准化样本在一定时空中实现的平均成绩；地区不同，常模也就不同。因此，不能把测验不分时间、地区地乱用。

（3）由专业人士施测。

心理测验是一种专业技术很强的工作，测验人员必须是经过专门培训并具备相应资格的人。测验的选择、施测、结果的解释都必须由训练有素的专业工作人员来承担。只有专业人士施测，才能把误差控制在最小范围内，才能提高测验结果的科学性、可靠性和有效性。

（4）慎重地解释和使用测验结果。

主试要与被试讨论测验结果，以建设性的方式，向其传达真实和准确的信息；要考虑施测过程中带来的误差，结合历史数据和常模，综合解释测验结果；要考虑测验分数给被试带来的心理压力，解释结果时要慎重；要尊重被试，对测验结果，予以保密。

四、心理测验在管理中的应用

1. 心理测验在公务员考试中的应用

针对国家公务员的录用考试，主要分为国家公务员能力测验和国家公务员人格测验；对其具体内容的考核，一般分散到公共科目考试与行政职业能力倾向测验中。行政能力倾向测验主要用于非领导职务、主任科员以下职位的初任公务员的社会化招考,测查应考者从事国家机关工作必须具备的潜能。

2. 心理测验在人事测评中的应用

心理测验在人事测评中有一定的应用价值。心理测验在人事测评中的应用,主要有两个方面:一是对人员的心理特点的评估;二是对人员培训后心理特点的评估。

本章框架图

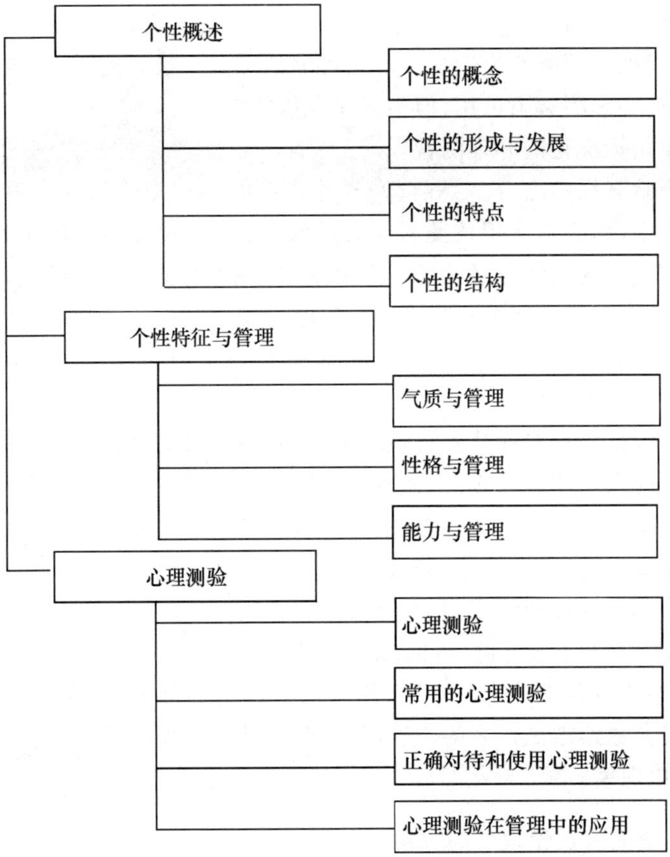

本章思考题

1. 什么是个性？个性有什么特征？

2. 什么是气质？气质有哪些类型？

3. 什么是性格？性格的结构是什么？

4. 什么是能力？能力的差异体现在哪些方面？

5. 结合实际，分析如何进行能力、气质和性格的管理。

6. 什么是心理测验？心理测验的类型有哪些？如何正确对待和使用心理测验？

实践操练

有两个工厂的老板在一起闲聊，大谈自己的经营心得。其中一位老板说："我手下有三个不成材的员工，我准备找机会辞退他们。"另一位老板问道："为什么要辞退他们呢？他们为何不成材？""情况是这样的：一个整天嫌这嫌那，爱吹毛求疵；第二个杞人忧天，总是害怕工厂出事；最后一个喜欢浑水摸鱼，整天闲逛鬼混。"第二个老板听后想了想就说："既然这样，你就把三个人让给我吧。"第二天，这三个人到新公司报到。新的老板开始分配工作：喜欢吹毛求疵的人，负责管理产品质量；害怕出事的人，负责安保；喜欢浑水摸鱼的人，负责产品宣传，整天在外面跑来跑去。这三个人一听，不禁大为惊喜，兴冲冲地走上工作岗位。过了一段时间，由于这三个人卖力工作，工厂的经营业绩快速上升。

请分析员工个性与工作之间的匹配关系，分析各种性格类型对管理工作的影响。

拓展阅读

你是 A 型人格吗？

为下面每一道题选择一个与你日常生活最相符的分数。例如：如果你总体上算很守时的，那么在第一个问题上你可以在 7—11 中选择分数。如果你对约会很随便，不是很守时，那么你应该在 1—6 中选择分数（以下是一个 11 点量表）。

1. 对约会很随便的人，不守时　　1 2 3 4 5 6 7 8 9 10 11　　从不迟到

2. 不好竞争	1 2 3 4 5 6 7 8 9 10 11	好竞争
3. 很好的倾听者	1 2 3 4 5 6 7 8 9 10 11	预料到其他人要说什么(点头、试图打断人家)
4. 从未感觉忙碌(即使在压力情况下)	1 2 3 4 5 6 7 8 9 10 11	总是很忙
5. 有耐心等人	1 2 3 4 5 6 7 8 9 10 11	没有耐心等人
6. 一次做一件事情	1 2 3 4 5 6 7 8 9 10 11	试图一次做很多事情,总是在考虑下一步要做什么
7. 说话前经过仔细考虑	1 2 3 4 5 6 7 8 9 10 11	演讲很有气势,语速很快,同时很咄咄逼人
8. 非常注意自己的满足感,而不理会别人的想法	1 2 3 4 5 6 7 8 9 10 11	希望别人认可自己的工作
9. 做事很慢	1 2 3 4 5 6 7 8 9 10 11	做事很快(包括吃饭、走路)
10. 为人随和	1 2 3 4 5 6 7 8 9 10 11	很难驾驭
11. 表达感情	1 2 3 4 5 6 7 8 9 10 11	隐藏感情
12. 爱好户外活动	1 2 3 4 5 6 7 8 9 10 11	对工作/家庭以外的世界不感兴趣
13. 无野心	1 2 3 4 5 6 7 8 9 10 11	有野心
14. 很随意	1 2 3 4 5 6 7 8 9 10 11	做事很急,不拖沓

总分分布如下:

	B型		A型	
14		84		154

在此调查问卷中,得分越高,其A型人格的特质越高。例如,154分是最高分,意味着最大程度的A型压力倾向。但必须了解的是,A型与B型之间没有明确的分界。人们经过长期的学习和培训以后,会让他们的类型得分趋向培训的那个方向。该量表的平均分为84分,分数高于84分的人倾向于A型人格,分数低于84分的人倾向于B型人格。

摘自〔英〕约翰·阿诺德等:《工作心理学》(第四版),沈秀琼等译,经济管理出版社2006年版。

第三章　态度与工作满意度

本章学习目标

1. 了解态度的概念、结构和特征
2. 了解态度的测量方法
3. 掌握态度形成和改变理论
4. 了解工作满意度的概念、内容及测量
5. 掌握影响工作满意度的因素
6. 掌握如何提高工作满意度

第一节　态度概述

一、态度概述

（一）态度的定义

态度是指个人对某一对象所持有的评价与行为倾向。从态度的定义我们可以看出，态度的主体是个人，客体是某一对象，使主体与客体发生关系的媒介是实践活动。不同主体存在着性别、年龄、文化、民族、经历、工作、职务、个性、价值观的差异，因此对同一客体会产生各种各样的态度。态度的客体也是多方面的，其中有人、事、物、团体、制度及代表具体事物的观念等等。同一人对各种不同的态度对象会有不同的态度，甚至同一人对同一态度对象在不同的时间、不同的情境也会有不同的态度。作为主体与客体发生关系的媒介，其作用可以在劳动、学习、生活、交往等实践活动中表现出来。在这些过程中,主体不是被动而是主动地与客体发生作用,通过自己的价值系统来衡量客体对自己是否有利,从而采取相应的行为倾向。

人们的态度在很大程度上受到价值观的影响,但态度针对的是具体的对象,而价值观所涉及的对象更为广泛,内容更为深刻。态度是一种内隐的心理体验,必须通过人的言谈举止才能表现出来。

(二)态度的特点

1. 社会性

人的态度不是天生的,它是通过后天的学习而获得的。它是个体在社会活动中,通过与他人的相互作用,在社会环境的长期影响下逐渐形成的。如,社会普遍认为教师是教书育人、为人师表的角色,从而对教师持尊敬的态度。

2. 对象性

态度必须有一个特定的对象,是针对特定对象而产生的,因而具有主体与客体的对应关系。平常我们谈及态度时,总要同时提到态度的对象,如对职工的态度,对工作的态度。

3. 稳定性

人们对客观事物的某种态度一旦形成,就具有相当的一贯性、持续性和稳定性,从而成为个体性格特征的重要组成部分。

4. 内隐性

态度主要是个体的一种内在的心理体验,它虽然具有外在的行为倾向,但并不一定会表现出来,因而态度不能直接观察,只能从人们的言语、表情及行为举止中间接地分析和推测。一个人的行为有时可能反映出他的真实态度,但有时人们为了适应环境的需要,可能抑制内在的情绪体验,使内在的情绪体验与外在表现不一致,或使内在动机与外显行为有差异。态度的内隐性增加了态度的测量难度。

5. 协调性

态度的协调性是指构成态度的三种心理成分通常是协调一致的,其中认知成分是态度的基础,情感成分是态度的核心,意向成分是态度的反应倾向。在三种心理成分相对稳定的条件下,它们彼此之间不发生矛盾,使个人的某种态度表现出一贯性。比如,一位企业员工认为他的部门经理公正无私、关心群众、有责任感,是个好领导(认知成分),因而对他产生了尊敬、爱戴之情(情感成分),在行为上表现出愿意服从其指挥、愿意配合其工作、愿意与其交往的倾向(意向成分)。只要三种心理成分没有变化,这位企业员工对其部门经理的态度就会一如既往。但是由于人的心理的复杂性,认知、情感、意向之间的协调不是绝对的,有时会出现三者不协调,从而引起态度的转变。

6. 两极性

这指态度对客观事物具有两种相互对立的极端状态,表现出肯定与否定、赞成与反对、积极与消极等对立两端的形式。应该注意的是,肯定的态度不一定就是积极的态度;否定的态度也不一定就是消极的态度。如对浪费行为的否定态度,就是积极态度。当然,在实际生活中也存在"中性态度",但这是暂时的,最终会向两极发展。

二、态度的结构

态度具有一定的内在结构,包括认知、情感及意向三个心理成分。

1. 认知成分

认知成分是指人们作为态度的主体,对于一定态度对象或态度客体的知识、观念、意象或概念,以及在此基础上形成的具有倾向性的思维方式。充分了解是人对一个事物、一种现象形成一定态度的前提,如果没有一个清晰、全面的认识,那么态度的形成也会是模糊的、不确定的、可信度低的。例如,在填报高考志愿时,若对某个专业有较为充分的认识、了解,那么学生在选择时便会更为坚定;若不了解专业设置,那么学生的选择便会模棱两可。

态度的认知成分具有倾向性和组织性,这种倾向性和组织性会成为一种"头脑中的既定模式"或刻板印象,使人倾向于按照刻板印象的轨道,来认识态度对象,并对其进行思考。因此,态度的认知成分与一般的事实认知不同,有时会带有偏见的性质。

2. 情感成分

情感成分是指个人对于一定态度对象的体验,如接纳或拒绝、喜爱或厌恶、热情或冷漠、敬重或轻视等。有研究表明,态度的情感成分强度最大,态度的情感体验是在认知的基础上产生的。例如:我认为吸烟是有害的,便可能产生相应的情感体验——我不喜欢抽烟的人,我对吸烟感到厌恶。态度的情感成分有认知因素的直接支持,是态度情感体验与一般情感体验最重要的区别之一。

3. 意向成分

意向成分也称为行为意向,指个体对态度对象的反应倾向,是行为的准备状态。例如,我准备参加硕士研究生的考试。这种意向并不是行为本身,人的行为是外显的行动,意向只是行为的必要条件。个体能否表现出外显行为,还要考虑其他因素,如社会规范、习惯、对行为结果的预期等。

在态度结构的三种心理成分中，认知成分是态度的基础，情感成分是态度的核心，行为成分是态度的外在表现。一般来说，认知、情感和意向三种成分是协调一致的。例如，一个学生对数学持积极态度，其中的认知成分可能是他在同学当中，数学成绩总是第一，这可以带来荣誉；情感成分可能是得第一名时获得的尊重需要的满足感或者是解题顺畅时的兴奋感；意向成分指这个学生偏爱数学的行为的预备倾向。

尽管如此，有时三种成分也会发生不一致的情况。比如，管理者明知道某员工有诸多优点（认知成分），但就是不喜欢他（情感成分），从而在工作中不信任这个员工，也不对其加以重用（意向成分）。再比如，很多学生在认知方面都知道数学的重要性，但就是不喜欢数学，很讨厌看到数学，这使得学生在行为上表现为不学数学，不听数学课，不做题等。

态度成分的失调，必然会使个体产生心理上的不平衡甚至心理冲突，最终导致态度的改变。所以，如果要维持人的良好态度或改善人的态度，就要创造三种成分和谐的条件。

三、态度与行为

态度与行为有着非常密切的关系，人们经常可以根据他人的态度来预测其行为。比如，张三对李四持有消极的态度，我们就很容易预测在选优秀工作者时，张三不会投李四的票。但是，态度与行为之间并非一对一的关系，也不是有什么样的态度就一定有什么样的行为，态度仅仅体现了一种行为倾向，它并不等于行为。

那么，在什么情况下可以依据态度预测行为？哪些因素影响了根据态度对行为的预测？围绕这两个问题，人们开展了许多研究。目前已经证实，影响态度对行为预测的因素主要包含以下几个方面：

1. 态度的强度

人的行为总是代表着一定的态度，但不是所有的态度都会引发人的行为。一般来说，强烈的态度要比微弱的态度对行为更有预测力。如鱼和熊掌不可兼得时，由于对熊掌的态度强于对鱼的态度，就会产生取熊掌而舍弃鱼的行为。

2. 环境压力

环境对人的态度的性质、强度和行为的一致性程度具有直接影响。通常情况下，当环境压力较大时，个体就会放弃自己的态度，表现出与环境压力一致性的行为；而当环境压力较小时，个体的行为就容易与态度表现出一致性。入乡随俗就是指环境保证了态度与行为的一致性。

3. 态度形成的方式

如果个体的态度是以自己的经历或直接经验为基础形成的，那么，态度与行为之间就会有较高的一致性，根据这种态度来预测个体行为的准确性也就很高；反之，如果个体的态度是外界强加的，那么，态度与行为之间的一致性就会较低，也就很难根据态度来预测行为。

4. 态度对象与个体的关系

如果态度所指对象与个体的利益有直接关系，是个体活动追求的对象或关系较大，那么态度与个体行为之间的一致性就较高；反之，态度与个体行为就会出现较低的一致性。如目前环境下的工资待遇与员工工作行为之间具有显著正相关，则通过工资待遇的调整来评价员工行为与员工态度就具有很高的一致性。

5. 时间因素

时间因素也会影响态度预测行为的准确性。在态度测量与行为发生之间的时间间隔越长，不可知事件改变态度与行为之间关系的可能性越大。比如，在总统选举中，一周前的民意调查结果要比一月前的民意结果对预测谁能当选总统更为准确。

6. 个性因素

个性差异是影响个体态度与行为一致程度的主要因素。比如，气质类型的不同，就会影响态度与行为的一致性。一般来说，胆汁质的个体态度与行为的一致性较高；多血质、抑郁质和黏液质的个体态度与行为的一致性就相对较低。性格类型也影响个体态度与行为的关系。外倾型性格者态度与行为的一致性就较高，内倾型性格者态度与行为的一致性较低。同样，能力水平也会影响个体态度与行为的一致性。高能力水平者容易表现出态度与行为的一致性，低能力水平者容易表现出态度与行为的不一致性。因此，根据个体态度来判断个体行为必须考虑个性差异。

总之，态度与行为之间并不存在一一对应的线性关系，而是存在许多中间变量。这些变量不仅与主体态度的特征有关，也与其人格特征有关。

四、态度的测量

态度是一种内在的心理活动，其本身是无法直接测定的。但是，态度影响并通过人们的言语、行为、情绪和倾向等表现出来，因此，要了解人的态度及其改变，可以从这些方面进行测量。主要的测量方法包括量表测定法、观察记录法、生理反应法和自由反应法。

（一）量表测定法

1. 五点法

该方法是将个体对事物的态度划分为五个等级，两端为极端态度，中间为中性态度，每个等级给分如下例：

极反对	反对	无所谓	赞成	极赞成
-2	-1	0	1	2

五点法的简要操作步骤：首先，主试根据所测的中心问题，与被试进行个别谈话，诱发他们讲出自己的观点，然后根据评分标准，主试给被试评出态度分数。其次，主试用问卷形式提出问题，每个问题下方均有5个答案，要求被试根据自己的真实想法，任选其一，进行问卷调查。

2. 七点法

该方法与五点法类似，只不过将人们对事物的态度划分为七个等级，两端为极端态度，中间为中性态度，每个等级给分如下例：

极反对	反对	稍反对	无所谓	稍赞成	赞成	极赞成
-3	-2	-1	0	1	2	3

3. 十一点法

十一点法也称为瑟斯顿量表。该方法在国外广泛用于测量个人对民族、战争、犯罪、教会等问题的态度。测量态度的尺度定为1—11，其中1与11为极端的正负态度，6为中性、无所谓的态度。

测量人们的态度要做到“及时”和“定时”。“及时”可以不失时机地了解人们的想法和态度；“定时”可以了解人们态度的变化。测量态度时，主试要给予充分时间让被试考虑回答，并对被试的回答进行保密；被试需要实事求是地回答相关问题，才能保证测量结果的真实性与可靠性。

（二）观察记录法

人的行为反映人的态度。在日常生活和工作中，每个人都自觉或不自觉地以言行表明自己对人或事的态度。因此，在不被本人察觉的情况下，通过观察人们的行为来推断人们对某事物的真实态度，是比较真实可靠的测定方法。例如，社会心理学家曾根据上课时的座位选择来研究白人大学生的种族歧视。如果坐得距离黑人很远（假如近处有许多空位），此行为就表明该白人大学生存在歧视黑人的态度。

（三）生理反应法

生理反应法是根据人的生理反应的变化来确定其内心态度。常用的生理指标有皮肤电反应、脉搏、呼吸等。社会心理学家通过实验发现，有强烈种族歧视态度的白人在被黑人无意间碰触的时候，比被白人无意间碰到的皮肤电反应变化明显。

（四）自由反应法

态度包括认知、情感和意向三种成分。为了了解态度的意向成分，就需要用自由反应法。该方法的特点是让人们自由反应，并提出一些开放式问题。例如，“你对工作满意吗？”“你对这项改革措施有哪些不满意的地方？”等等。根据被试的回答，判断其真实态度。

第二节　态度形成和改变理论

态度不是与生俱来的，而是个体在后天的生活环境中学习形成的。态度形成后会影响人的行为。为了适应社会的发展，态度也会发生一定的改变。态度的形成和改变其实是难以截然分开的，除了新生儿之外，现实生活中几乎没有纯粹的态度形成与态度改变。下面就当前的研究成果讨论态度的形成与改变理论。

一、学习理论

霍夫兰认为，人的态度主要是通过联想、强化和模仿而产生的。联想、强化和模仿正是学习的三个主要机制。

态度大致同其他习惯一样是后天习得的，是个人通过联想（包括强化和模仿）获得有关信息和情感的过程加上评价组成的。所谓联想（association）就是两个或多个观念（概念）之间构成联结通道，由一个观念可引起另一个观念的活动表现。斯塔茨夫妇（A. W. Staats & C. K. Staats）在《态度由于经典条件反射而建立》一文中说：“态度的形成是一个中性概念与一个带有社会积极或消极含义的概念重复匹配的结果。”例如“学生”一词只表明在学校中接受教育的人，是个中性词，但假若它多次与“偏激的”这个形容词发生联结，其结果就会产生“学生是偏激的”的偏见。如果经历一次事实的印证，这种联结便更加牢固，成为刻板印象或定型（stereotype）。这就成为对“学生”所持的一种态度。

强化对态度形成有相当重要的作用。只有当个体的态度（如厌恶吸烟、锻炼等）获得社会的赞许，它才能得到强化。态度的强化更多地依赖于赞许，或同时受到两种相反的强化，其作用则取决于两者相对的强度。对于青少年来说，来自于同伴的赞许（强化）比来自于父母的反对的力量要大得多。所以，如果要帮助青少年形成正确的态度，培养群体的健康舆论颇为重要。

模仿是通过对榜样人物形象的示范而产生的联想反应,即初级学习形式。榜样对象如果是强有力的、重要的或亲近的人物,引起模仿的作用更大,甚至在没有榜样言语教诲的情况下,也是如此。儿童早期的一些态度大多来自于对双亲的模仿,但随后形成的态度来自于对社会上各种人物(老师、同辈好友、英雄人物、名人等)的模仿。个体不仅模仿榜样态度的外部特征——言谈、举止等,而且也吸取着榜样态度的内涵——思想、情感、价值观念、人格等。

米德拉斯基等进行过一项实验。研究者以六年级学生为被试,让他们玩有奖弹子游戏,赢一次得一张代币(token),积累多了可换一件更好的礼品,并请他们将每次获得的代币放入标有"我的钱"字样的罐内;而同时,在墙上张贴有丹佛儿童基金会为贫苦儿童募捐的招贴画,附近放有一个标有"给穷孩子的钱"字样的罐。在玩游戏前,主试对所有被试说:"让我们使这些穷孩子知道,我们在关心他们",控制组面临的情境大致如此。实验组除上述情境外,加上榜样的示范行为,即主试将自己赢得的代币放入"给穷孩子的钱"的罐子内。结果发现,控制组被试捐代币者极少,而实验组的被试大都能照主试的样子去行动。假如示范者对他们的实际行动报以微笑(强化)或说"你们这样做太好了",那么被试的捐献就会增多。研究者认为,只是口头上指点"照我说的做",儿童不一定会按你说的去做,而教会儿童以利他主义的态度对待穷苦儿童,最好的方法是在儿童面前示范以引起仿效,即造型(modeling),并给予强化。

二、诱因理论

这种理论是把态度的形成看做是权衡各种可能情况的趋近(pros)和退避(cons)而后采取最好抉择的过程。比如,一个学生可能感到社交聚会是有意思的,令人兴奋的,而且她的朋友们也都喜欢这样做,这种考虑使她对聚会产生了积极的态度。然而,她知道父母不希望她这时去参加这种聚会,况且这种活动的确干扰她的学习,而她自己正想考大学法律系,这样的考虑使她对聚会产生了消极的态度。当两者发生冲突时,按照诱因理论(incentive theory),这些诱因的相对强度决定着其最终的态度。

诱因论中对于态度的一个通俗的看法是由格林沃尔德(A. G. Greenwald, 1968)和佩蒂等提出的认知反应理论。这个理论设想,人对沟通所作的反应伴随着一些积极或消极的思想(或说是认知反应),而且这些思想决定着人们沟通的结果,即是否改变其态度。例如,当你听到一个人民代表在电视讲话中建议政府砍去部分对老年人医药费的支付时,如果你对自己说:"为什么退休者只有很少的养老金?或者人们不能供养自己,如果是残疾者或穷困者,那该怎么办呢？如果没有人能去支持他们，那么政府的方案是做这件事的唯一途径。”这种消极的认知反应使你不喜欢这个讲话者所作的劝说。但假如你对自己说：“这是对的，税已经很高，方案已尽可能地为过高的医疗费用作了恰当的支付，人们无论如何也应承担一些他们的医疗费。”这样你很可能出现对讲话者的支持。认知反应论的关键设想是，人是积极进行信息的加工从而产生认知反应，而绝不仅仅是对于他所遇见的任何信息的被动接受者。

诱因论的另一个普通看法是由爱德华兹（W. Edwards，1954）在《决策理论》中提出的期望—价值研究。他认为，由于诱因冲突的复杂性，人在做抉择时总要对每一种情况进行评价，力图采纳达到最好效果的选择，而拒绝那些似乎会带来坏效果或未必能带来好效果的立场。人们在进行情况评估时，一般都试图通过预期后果的价值（value）以及出现这种后果的可能性，即概率（probability），以取得最大的主观效用（utility），其公式为 $U = V \times P$。如果一种情况，其后果的价值高、成功的概率大，则效用亦大，人就会积极对待与参与。反之，如效用较小，人就会消极对待或不参与。如果面临两件事或两种行动，成功概率相同，价值大者所得也大，价值小者所得也小。如果遇到一件事存在着两种成功的可能性，得大于失为正值，人就会采取积极态度或行动；得小于失为负值，则人会采取消极态度或不去行动。

这个理论将人的态度形成看做是有理性的、主动决策的过程，它比学习论进了一步，但它把人的态度形成都看做是个人为得失而深谋远虑的表现，则并不完全符合实际。事实上，人所表现出来的态度并非事事都是通过决策形成的。

三、费斯汀格的认知失调理论

（一）理论来源

斯坦福大学的心理学研究者莱昂·费斯汀格（Leon Festinger）于 1957 年提出了著名的“认知失调”理论。费斯汀格指出，当一个人同时持有两种或多种在心理上不一致的认知时，他就会感到认知失调。同时，会在不同程度上产生不适和压力，其程度取决于这种失调对他生活的重要性。由于无法改变自己的行为（因为行为已经完成，或者当时的形势压力太大），只好改变你的态度。

费斯汀格的理论来源于紧随 1934 年印度地震后广布全印度的谣言报道。谣言预测，在灾区之外还会有地震，而且规模更大、波及范围更广。这些传言没有任何科学依据。费斯汀格很奇怪，人们为什么要传播如此具有毁灭性的耸听危言。过了一段时间，他突然想到：也许谣言并非增加焦虑而是确认焦虑。也就是说,即使住在危险区之外,这些人仍然非常恐惧。这样就产生了认知失调:人们认为将会有更大的地震与科学证明不会有更大地震之间相互冲突。所以,散播将有更大地震的谣言就能确认他们的焦虑,减少他们认知的失调。他们是先有感觉和行为,然后再设法将他们看待世界的眼光与之相吻合。

费斯汀格等人曾做了一个著名的实验来证明认知失调的存在。实验的主要内容是:让3组被试从事重复乏味的作业1小时。然后让第1组被试向其他人说明作业情况。让第2、3组被试把作业说成是有趣的、好玩的。第2、3组的唯一差别是,第2组的被试取得1美元报酬,第3组的被试取得20美元报酬。最后问这3组被试对作业的态度。结果是,第1组被试表示出最消极的态度,而第3组被试比第2组被试表现出更消极的态度,实际上只有第2组被试对作业做出了积极评价。对于第2、3组之间所表现出的差别,实验者认为,20美元的条件足以诱使被试说出与自己体验相反的话,他们没有感到高度的认知失调,没有感到有什么压力使他们的态度符合其所说的话。在1美元条件下,被试感到收益很小,体验到他们所做的几乎无收益的工作与所作出的评价之间的认知失调,即为了1美元而说谎话。他们感到心理上的压力,使他们的态度更符合他们的行为。

但是,后来的相关研究指出了认知失调理论的局限性。以与态度失调的方式行动造成态度的改变,可能只发生在特殊条件下。如人们相信他们是自由从事该行为的,而不是被迫的;该行为将产生不愉快的后果。尽管有这些局限,认知失调理论仍然被认为是相当有效的。它能解释为什么人们倾向于提高选定之物的价值,也能说明人们对于难以达到的目标的特殊满足感。

（二）认知失调理论的基本内容

1. 认知失调的基本假设

费斯汀格认为,人们为了自己内心的平静与和谐,常于认识中去寻求一致性,失调作为认知关系中的一种,必然导致心理上的不和谐。而心理上的不和谐对于个人构造内心世界是有影响和效力的,所以常常推动人们去重新建构自己的认知,去清除一切让自己不和谐的念头。在上述思想指导下,费斯汀格提出了有关认知失调的两大基本假设:(1)作为心理上的不适,失调的存在将推动人们去努力减少失调,并达到协调一致的目的;(2)当失调出现时,除设法减少它以外,人们还可以能动地避开那些很可能使这种失调增加的情境因素和信息因素。

2. 认知失调的条件

费斯汀格认为,认知失调的基本单位是认知,它是个体对环境、他人及自身行为的看法、信念和态度。它可以分为两类:第一类是有关行为的,如“我今天去打球”;第二类是有关环境的,如“天下雪”。而认知结构是由诸多基本的认知元素构成,认知结构的状态自然也就取决于这些基本的认知元素相互间的关系。

费斯汀格将认知元素间的关系划分为三种:

(1) 不相关的认知元素。此时两种认知元素间没有联系,例如“早上七点半吃早饭”与“我对排球不感兴趣”。

(2) 协调的认知元素。此时两种元素的涵义一致,彼此不矛盾,如“一个品德高尚的人”与“做了一件帮助他人的事情”。

(3) 失调的认知元素。此时如果考虑到这两个认知元素单独存在的情况,那么一个认知元素将由其反面而产生出它的正面……假如从 y 产出非 x,那么 x 和 y 就是失调的。例如,“我是一个品德高尚的人”与“我做了一件损人利己的事”,这两者就是失调的。

在费斯汀格看来,认知失调理论研究的只是认知元素间的后两类关系,并且把注意力重点放在失调关系上。

3. 认知失调的强度

费斯汀格认为,失调在程度上是有区别的。具体地说,它取决于两个方面:一是失调的程度同某一认知元素对个人生活的重要性,比如“丢掉一元钱”与“丢掉一份满意的工作”造成的失调程度是不同的;二是失调的程度取决于一个人所具有的失调认知的数目与协调认知数目的相对比例。

4. 认知失调的解决途径

在解决认知失调的问题上,费斯汀格提出了三种途径:

(1) 改变行为,使对行为的认知符合态度的认知。比如,知道吸烟有危害而每天还在吸烟的人,把烟戒掉。这样,两个认知元素便协调起来。

(2) 改变态度,使其符合行为。如认为自己比别人都聪明,而期终考试时两门功课不及格的人,改变对自己原先的评价,认知到自己不过是个中等或者中等偏下的学生,这样认知便达到协调。

(3) 引进新的认知元素,改变失调的状况。如为了缓解吸烟问题上出现的认知失调和心理紧张,可以寻找有关吸烟不会致癌,甚至反而对身体有些益处,可以提神、激发灵感的事例。

这三种解决途径是从认知、行为角度入手,来达到消除认知失调的目的。但也应看到,由于失调在主观上被体验为心理的不舒适,这种心理的不舒适,不同的个体其体验各不相同,因此对个体选择减少失调的具体途径,认知失调理论不能做出明确判断。

（三）认知失调理论的基本特点

费斯汀格的认知失调理论与强化理论、角色理论等有着很大的区别。总结一下，该理论有以下几个特点：

（1）以认知为分析的基本单位。

任何一种理论都是以某个概念为其分析中心。例如，角色理论的中心概念是角色，即人们在较大的社会系统中相互作用时所形成的角色；强化理论则把社会行为看做一个特殊的刺激—反应强化链，研究核心仍是分离的行为。而认知失调理论分析的基本单位是认知，即通过认知诸要素之间的相互关系和相互作用来解释社会行为的动因。整个理论是从认知的角度出发，探讨了认知元素间的三种关系，说明了影响认知失调的条件和强度，最后提出解决认知失调的方法，论述中始终围绕认知这一中心概念。

（2）重视个体内部心理。

在社会心理学中，角色理论忽视个体差异，重视社会结构，它主要研究作为行为的决定性因素的角色、角色冲突和角色期望的共同特征。而认知失调理论则与之相反，它重视个人而忽视社会结构，主要探讨的是个体认知以及个体如何减少认知失调的问题，重视内部的认知结构，诸如个体内心和谐、认知失调。

（3）重视人的主观能动性。

在强化理论和角色理论中，人性没有实体，只有在对刺激做出反应（强化理论）或对角色期望做出反应（角色理论）时才采取行动，因此人是被动的。而认知失调理论强调人的主观能动性，把人的存在看做是认知的存在——思考、解释和寻找事件的意义。费斯汀格所阐述的第二个假设“当失调出现时，除设法减少它以外，人们还可以能动地避开那些很可能使这种失调增加的情境因素和信息因素”，就清楚地说明了这一点。

（4）重视认知失调的研究。

费斯汀格的认知失调理论与海德（F. Heider）等人的认知平衡理论同属认知理论，但海德等人的理论基本上都将认知不平衡或认知失调视为认知结构的反常状态，注重人际关系对认知平衡的影响。而费斯汀格则将认知失调视为认知系统中的一种正常状态，因不同的认知元素各有其相对独立性，所以认知失调是不可避免的，主张从个体内部认知元素间的不一致入手解释社会行为的动因，强调自我调节。

四、海德的认知平衡理论

海德认为，我们的认知对象包括世界上各种人、物、事、概念等等，这些对象有的互不相关，有的互相联结。他将构成一体的两对象的关系称为单元关系，将每个人对于认知对象的感情和评价（喜恶、赞成、反对）称为情绪。通常，个体对单元中两对象的态度是趋向一致的，如喜欢某人，则对某人的工作也很赞赏；不喜欢某人，则认为他的朋友也不好。这样，当对一个单元内两对象的看法一致时，其认知体系呈现平衡状态；当对两对象有相反看法时，就产生不平衡状态。如喜欢某人，但对他的工作表现不能赞同。这时，与认知失调论一样，将引起内心的不愉快和紧张。消除这种紧张的办法是：赞同他的工作表现，或不再喜欢此人。这就产生了态度转变。

认知平衡理论的一个特点是：重视人际关系对态度的影响力，强调一个人[P]对某一事物[X]的态度常受他人[O]对该事物的态度的影响。例如，P 为职工，O 是 P 尊敬的领导人，X 为拟开发的新工作项目。主张开发新工作项目的 P，若听到 O 赞同开发新工作项目，则其认知体系为平衡状态；当系统处于不平衡模式时，就必须有人发生改变，使系统重新回到平衡状态。在这个过程中，一般遵循最少付出原则，即为了恢复平衡状态，哪个方向的态度改变最少，就改变哪里的态度。

再比如，在商业银行客户服务中，如果客户（P）对业务员或客户经理（O）的态度是正面的，业务员（O）对商业银行（X）也做了正面的宣传，那么客户（P）对商业银行（X）的态度也应当是正面的，则这个系统就是平衡的；反之，则不平衡。这时客户（P）要么改变对商业银行（X）的态度，要么改变对业务员（O）的态度来达到平衡。因此，在客户服务过程中，业务员是改变客户服务的关键，给客户的良好印象是改变客户态度的第一步。

人们的认知系统中存在着使情感与评价趋于一致的压力，强调人际关系对认知平衡的影响。如图 3-1 所示，借助 P-O-X 模型，可以推知人们的感情及其平衡关系中包含八种状态。其中四种为平衡结构，四种是不平衡的。个体将尽可能少地改变情感关系以恢复平衡结构。在一定情景中，有许多解决不一致的途径。任何一种不平衡结构，都必须得到解决，以尽力维护其平衡。

在组织管理中，可以采取一定的措施来改变员工对某人或某些实施方案的态度，尽力使员工的心理平衡，从而以积极的工作态度投入生产中，提高生产效率。

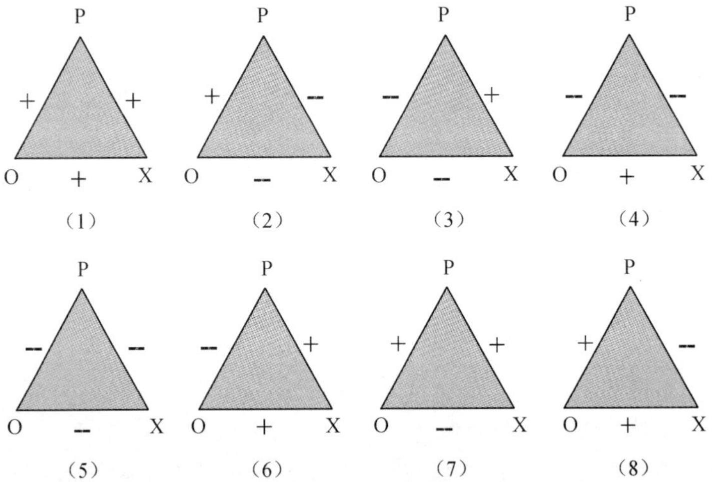

图 3-1　海德 P-O-X 图式

五、勒温的参与改变理论

德国心理学家库尔特·勒温认为,个体态度的改变依赖于他参与群体活动的方式。个体在群体中的活动方式,既能决定他的态度,也会改变他的态度。

勒温在群体动力研究中发现,个体在群体中的活动可以分为两种类型:一种是主动型的人,这种人主动参与群体活动,自觉地遵守群体的规范;另一种是被动型的人,他们只是被动地参与群体活动,服从权威和已制定的政策,遵守群体的规范等。

他通过实验研究个体在群体中的活动对改变态度的影响。第二次世界大战期间,美国由于食品短缺,政府号召家庭主妇用动物的内脏做菜。勒温以此为题,采用不同的方式对美国的家庭主妇进行态度改变实验。其方法是把被试者分为两组,一组为控制组,一组为实验组。对控制组采取演讲的方式,亲自讲解猪、牛等动物内脏的营养价值、烹饪方法、口味等,要求大家改变对杂碎的态度,把杂碎作为日常食品,并且赠送每人一份烹调内脏的食谱。对实验组,勒温则要求他们展开讨论,共同讨论杂碎做菜的营养价值、烹饪方法和口味等,并且分析使用杂碎做菜的困难,如丈夫不喜欢吃的问题、清洁的问题等。最后,由营养学家指导每个人亲自烹调,结果控制组有 3% 的人采用杂碎做菜,实验组有 32% 的人采用杂碎做菜。

由此可见,由于实验组的被试是主动参与群体活动的,他们在讨论中自己提出某些难题,又亲自解决这些难题,因而态度的改变非常明显,速度也比较快,而控制组的被试由于是被动地参与群体活动,很少把演讲的内容与自己相联系,因而,其态度也就难以改变。基于这个实验,勒温提出了“参与改变理论”,认为个体态度的改变依赖于其在群体中参与活动的方式。由勒温的观点和实验中我们可以看到,在组织管理中,如果想改变员工的态度、提高工作效率,就要努力让员工积极参与某些活动。

六、凯尔曼态度改变与形成三阶段论

凯尔曼(H. C. Kelman)曾指出态度形成及变化经历如下三个阶段。(1) 顺从(compliance)。指在社会影响下,个人仅仅在外显行为上表示与别人一致,这里还谈不上有多少深刻的认识或情绪成分。这种态度是表面的、外控的(受奖惩原则支配),一旦外因消失,它也就中止,因此是暂时的。(2) 同化(identification)。指由于喜欢某人、某群体或某件事,乐于与其保持一致或采取与其相同的表现。这种态度带有较多的情绪、情感成分,它虽然谈不上有多深刻的认识作为基础,但已比较主动了。(3) 内化(internalization),即把情感认同的东西跟自己已有的信念、价值观联系起来,给予理智上的辨认,做出是非判断。这是一种认知性成分占主导地位的态度,它已成为人格的一部分,因此一经产生就比较持久,不易改变。

七、说服劝导理论

美国心理学家霍夫兰德(Hovland)认为,说服是引起人的态度改变的有效途径,即通过给予一定诉求,引导接受者的态度和行为趋向于劝说者的预定方向。他把说服看做是信息交流的过程,并基于此在 1959 年提出了一个标准的说服模型(见图 3-2)。

分析这一模型,可以看出,说服者、说服对象、说服信息和说服情境构成态度改变所关联的四个基本要素,其中说服者、说服信息和说服情境构成了态度改变的外部刺激。在态度改变的作用过程中,被说服者首先要学习信息的内容,并在学习的基础上发生情感转移,把对一个事物的感情转移到与该事物有关的其他事物之上。当接收到的信息与原有的态度不一致时,便会产生心理上的紧张,一致性机制便开始起作用。一致性理论认为人们可以采用多种方式来减轻这种紧张,其中反驳就是减轻这种紧张的有效方式之一。按照认知反应论的观点,人们在接收到来自他人的信息后会产生一系列的主动思考,这些反应进而决定个体对信息的整体反应。这些信息所引发的反驳的数量及性质对态度的改变起着决定性作用,如果这种反驳过程受到干扰则产生说服作用,从而

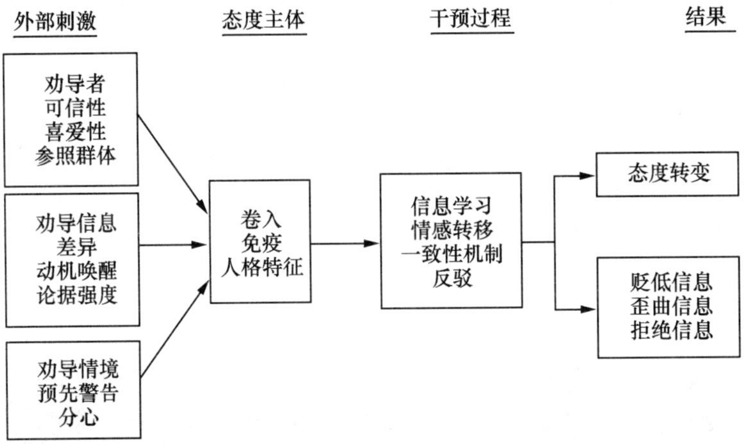

图 3-2 霍夫兰德的劝导模型

引起说服对象的态度改变；否则，说服对象就会通过贬低信息来源、故意扭曲说服信息和对信息加以拒绝、掩盖等方式来对抗说服，坚持自己原来的态度。

八、精细加工可能性模型

著名心理学家理查德·派蒂(Richard E. Petty)和约翰·卡乔鲍(John T. Caciopo)在20世纪80年代提出过一种很有影响的态度改变理论，即精细加工可能性模型(The Elaboration Likelihood Model)，简称ELM理论，探讨了受众态度转变的不同说服路径。这一理论诞生于广告心理学的研究。

ELM理论的基本假设是：信息接收者接受信息的目的是为了形成有用的态度，因此他们能够思考和评估说服信息，而说服者的目的是使个体或全体接收者的态度发生改变。此理论把态度改变归结为中枢说服和边缘说服两条路径。中枢路径认为，态度改变是受众认真考虑和整合说服信息的结果，即受众进行精细的信息加工，综合多方面的信息与证据，深思熟虑，然后形成一定的态度。其显著的特点是：它需要高水平的动机和能力去加工说服信息的核心成分，即用中枢路径加工的人将更深地考虑说服信息，需要较多的认知资源。但如果说服信息与受众关联性不高，不能引起人们的兴趣，或者因为个体的知识、经验有限，无加工能力，那么态度的改变就会通过边缘路径来完成。边缘路径认为，态度的改变不在于认真思考说服信息的内容，无需进行逻辑推理和深入思考，而是根据一些边缘线索得出结论来形成态度。个体使用边缘路径时将不会很深地考虑说服信息，但会形成一种基于信息情境成分的态度。此路径更多地依赖于情感迁移、直观推断或其他自动的信息加工过程，所需的认知资源也较少。因而根据使用产品的客户的群体特征去思考广告的角度和方案显得尤为重要。这也是为什么现在很多广告主打情感路线便能牢牢地抓住客户的心。

第三节　工作满意度

一、工作满意度的定义

工作满意度是组织成员态度的一个特殊成分，指的是个体对其工作所具有的积极情感的程度。一个人对工作有较高的满意感，意味着此人总体来说喜欢他的工作，对工作有较高的评价和积极情感。当人们谈论雇员的态度时，更多的是指其工作满意度。我们知道，一个员工的工作不仅仅是坐在流水线旁、开动机器等等这些显而易见的活动，而是要求员工与其同事和上司积极开展相互交往，遵守组织的规章制度，符合组织的绩效评价标准等等。这意味着员工对其工作的满意度是大量因素的复杂综合。

二、工作满意度的内容

员工工作满意度不仅仅是对任务，而且是对工作环境的一种态度和情感反应。它包括个体对以下环境因素的满意程度：

1. 工作背景的满意程度

工作背景满意程度包括：(1) 工作空间质量，即工作场所的物理条件、企业所处的地区环境的满意程度；(2) 工作作息制度，即是否按时上下班，是否经常加班，对加班是否满意；(3) 工作配备齐全度，即工作必需的条件、设备及其他资源是否配备齐全、够用；(4) 福利待遇满意度，即对福利、医疗、保险、假期、休假的满意程度。

2. 工作群体的满意度

工作群体的满意程度包括：(1) 合作和谐度，即上级的信任、支持、指导，同事的相互了解和理解，以及下属领会意图、完成任务情况；(2) 信息开放度，即信息渠道畅通，信息的传播准确高效等等。

3. 组织的满意程度

组织的满意程度包括：(1) 组织了解度，即对于组织的历史、组织文化、战略政策的理解和认同程度；(2) 组织参与感，即意见和建议能否得到重视，是否参加决策等等。

通过对员工工作满意度的测量和分析,组织可以了解员工的工作状态,反省组织管理状况,及时改进管理,增强组织凝聚力。

三、工作满意度对员工行为的影响

社会心理学认为,态度不能决定行为,但它却在很大程度上影响着行为。大量研究表明,员工工作满意度与其工作绩效、离职率、缺勤率有着密切的关系。

1. 工作满意度与工作绩效

20世纪初,有学者提出了"快乐即为生产力"模型,这是对工作满意度与工作绩效间关系的最初表述。然而,大量研究并未能证明工作满意度可以提高员工的工作绩效。工作满意度与工作绩效存在四种常见的关系组合:工作满意度高而工作绩效低;工资满意度低但工作绩效高;工作满意度低与工作绩效低;工作满意度高与工作绩效高。高工作满意度低工作绩效的情况在个别组织中会出现,这种组织气象生平,人人满意,但工作却不起劲。因为他们过去取得了辉煌的成就,感到心满意足,所以现在安于现状,员工不思进取。

2. 工作满意度与离职率

离职率是指一定时期内离开组织的员工人数占总人数的比例。研究证明,工作满意度与离职率间呈负相关关系,也就是说,满意度较低的员工由于对工作缺乏兴趣或工作得不到认可,或与上司、同事不断发生冲突等,更容易辞职或产生离职意向。员工的离职会对组织产生巨大的影响,尤其是组织花费巨额成本培养起来的核心员工,他们有着较强的专业技术、丰富的从业经验以及杰出的经营管理才能,一旦离职必将影响到组织的正常经营活动。若找不到合适的人来代替,将会导致整个组织的较大损失。

3. 工作满意度与缺勤率

员工的缺勤不但不利于组织对员工的管理,而且从长期看,它会影响组织中良好企业文化的形成。工作满意度低的员工往往得不到良好的激励,对工作的积极性不高,因而其缺勤率较高。研究学者曾作过一项研究,其结果准确地说明了工作满意度与缺勤率之间的负相关关系。

四、工作满意度的测量

现代组织中最常见的对态度的调查主要集中在工作满意度上。测量工作满意度可以明确组织潜在的问题,找到出勤率、离职率波动等的原因,估计组织变化对员工的影响,促进上下级的沟通。下面简要介绍几个工作满意度测量常用的量表。

1. 职务描述指数量表

最常用的工作满意度测量量表是职务描述指数量表。该量表由史密斯(P. C. Smith)编制。量表要求描述五方面的内容,包括工作、监督、报酬、晋升、同事。每项内容包括若干问题,用“是”和“否”进行回答。

2. 明尼苏达工作满意度问卷

明尼苏达工作满意度问卷(Minnesota Satisfaction Questionnaire,MSQ)共100项调查内容。20个大项中每项包括5个小项。20个大项分别是:个人能力的发挥、能动性、成就感、公司培训和自我发展、权力、公司政策及实施、报酬、部门和同事的团队精神、创造力、独特性、道德标准、公司对员工的奖惩、本人责任、员工工作安全、员工所享受的社会服务、员工社会地位、员工关系管理和沟通交流、公司技术发展、公司的多样化发展、公司工作条件和环境。

3. 面孔量表

该量表是库宁(Kunin)创造的一种满意度评价方法。量表从五个方面评价,答题不用文字,要求在一系列不同情绪的面孔上进行选择,较为新颖。

工作满意度测量一般每年可进行一次,也可1—3年内做一次。采用量表评价工作满意度,具有简洁、高效、适用性强、信息量大等特点。但有时,人们在被调查过程中会自觉不自觉地扭曲他们认为有利的信息,夸大他们认为有益的信息,对量表内容的理解也不是完全一致。这些因素可能会影响调查结果的有效性。

五、影响工作满意度的因素

1. 组织形象的满意度

组织的外在形象、在社会群体中的评价、公众认可度等,直接影响着员工对组织的态度。社会评价度高的组织,如世界五百强的企业,员工在与人谈起工作单位时会感到被认可,自豪感油然而生。组织的管理制度也影响着员工的满意度,人性化的、公平的管理方式、组织结构明确时,员工工作的标准较为统一,对于规范和制度都有着较为一致的执行。员工在目标明确、管理规范的环境中工作,容易获得较高的满意度。

2. 领导的满意度

单位或部门的主管平易近人、比较友善,能与群众打成一片,能体察民情,有人情味,会对下属的态度与行为产生积极的影响,同时,员工通过对主管的高评价也会对态度行为产生积极影响,因此,领导的表率带头作用十分重要。领导的管理方式是工作满意度的又一个较为重要的来源。影响工作满意度的上级管理的风格有两个维度：一是员工中心性。员工中心性通常是通过考察员工的工作情况，给出建议来帮助员工，即通过上级对于员工个人的关注程度来测量。另一个是参与。即管理者允许其下属参与一些会影响下属本职工作的决策。在大多数情况下，二者都会带来较高的工作满意度。

3. 工作回报的满意度

组织给予员工的报偿和晋升是对员工工作最直接、最明确的肯定方式。这些制度或政策是否公平，极大地影响着员工的工作满意度。约翰·斯塔希·亚当斯(John Stacey Adams)用公平理论阐明了工作满意度的产生来自员工将自己的收益和他人相比较的结果。维克托·弗鲁姆(Victor H. Vroom)的期望理论表明，工作满意度来自于员工对个人工作的评估达到其期望水平。马斯洛的需求层次理论认为，从工作中获取需求动机的满足可以获得较高的工作满意度。

一个单位应该做到分配有章可循，分配公开透明，分配制度都能得到很好地执行，员工能够参与分配制度的制定过程，所有人在分配制度面前都是平等的，分配制度能够代表大多数人的意愿。做到了分配公平，便会对员工的态度与行为产生积极影响。

员工在工作中取得的报酬、福利是属于激励因素还是保健因素也会影响到员工的工作满意度。

在工作中，员工不仅要求有相应的物质回报，还要求自身能有所提升，有更高更好的发展空间，以体现自身的价值。这就要求有相应的培训机会和晋升渠道。除此之外，工作环境的舒适(适宜的温度、照明、低噪音、洁净)、从事工作的便利性(易操作的现代化工具，不太遥远的工作地点)，也是工作满意的助长因素。

4. 工作协作的满意度

从需求分析，员工在集体中均希望获得归属感，而自尊需求让人们希望得到尊重与支持。对员工来说，友好合作的同事或者团体成员带来了一定的工作满意度，工作团队能够提供支持、安慰。团队成员之间如果能相互尊重、沟通畅通，会给成员带来较高的工作效率和良好的工作氛围。在遇到困难时，彼此能相互支持、安慰、鼓励、建议和帮助，能使焦躁的心平静下来，利于问题解决，一个好的工作团队使工作变得愉快。

5. 工作本身的满意程度

人往往还希望能够成就独特的自我，发挥创造力，在工作中实现自我价值。工作本身的内容也是满意度的一个主要来源，包括工作内容的奖励价值、多样性、学习机会、困难性以及对工作的控制。具有挑战性的工作能使员工获得工作胜任感，从工作成绩中体会到成就感，从而增加自身的安全感；在工作中体会到自身的价值，被社会认可、肯定。这样的工作更能使员工满意。

6. 个体特质

个体不同的年龄、性别、文化价值取向、人格乃至基因遗传都会对工作满意度产生不同的影响。

（1）基因说。一项历时50年对个体工作满意度的研究发现，个体的满意度始终是稳定的，不随时间的推移而变化，甚至他们换了雇主和职业也是如此。该项研究还表明，个体对生活的态度倾向——无论是积极还是消极——是由其基因所决定的。

（2）性格说。研究表明，某些性格特征对解释人们的行为相当有价值，如内控与外控性格、乐观与悲观性格等。认为结果取决于内在原因的人被称为内控者，内控者认为人们的行为、个性和能力是事情发展的决定性因素。而外控者则更多地认为事情的结果是由机遇、运气、社会背景、任务难度、他人及超越自己控制能力的外部力量的因素所决定的。外控型的人更容易对自己的工作不满，出勤率差，对工作的投入相对较低。在同样情况下，内控型的人则倾向于把成绩归结于自己的作为，因此容易产生较高投入，容易对工作更满意。在乐观悲观性格方面，由于对事件的解释方式不同，会影响乐观主义者和悲观主义者对未来成就的动机水平及其心境与行为。乐观期望与业绩有密切的关系。缺少乐观期望，而光有能力和动机是不够的，尤其是在需要坚持以克服困难的情况下，比如销售工作。乐观的好处已经被证实：增强动机，在不同领域的更大成功（包括更好的销售结果）以及更健康的身体。

（3）心理资本说。心理资本是指个体积极的心理发展状态。主要内容包括：个体对挑战性的工作有信心并努力完成；乐观地对待现在和未来；面向未来，设定目标并采取措施实现目标；能够从逆境或挫折中恢复并坚持直至成功。具有较好的心理素质、处事沉着冷静、能够以积极的方式看待工作中的事情、对自己有信心、工作有明确目标的员工，更容易在工作中获得满意感。

六、如何提高员工的工作满意度

现代组织已经深刻认识到员工工作满意度的重要性，采取各种方式努力提高员工的工作满意度。比如，员工的需要同组织的目标有机地结合起来，尽量满足员工的需要；让员工参与组织决策，使其有主人翁责任感及对组织的归属感；鼓励员工提合理化建议，管理人员帮助实现，以满足员工实现自我的成就感；为员工营造一个良好的工作环境；管理人员实行走动管理，经常与员工自由交谈，保持上下级沟通，促进了解，消除误解；重视员工培训；建立精神激励机制等等。总之，了解员工工作不满意之处，有针对性地采取相应的解决策略，是提高员工工作满意度的最为有效的方法。

本章框架图

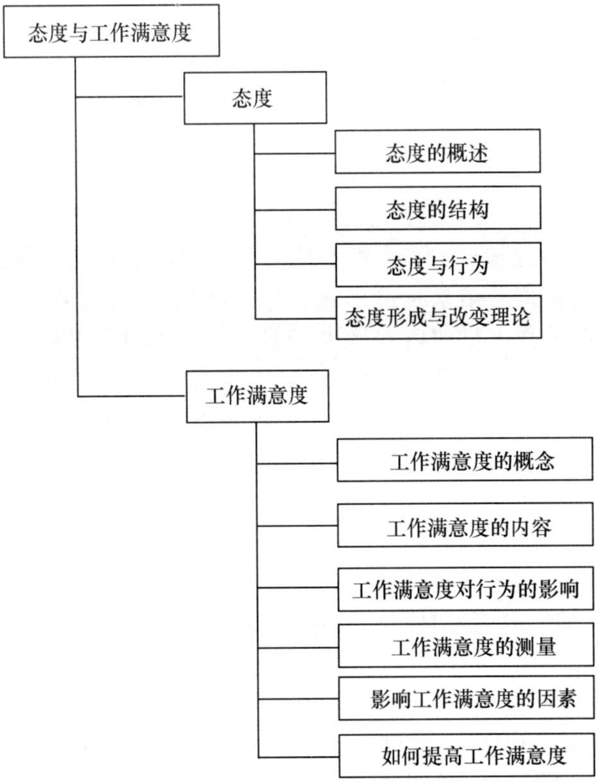

本章思考题

1. 什么是态度？态度的结构和特征是什么？

2. 简述态度形成和改变理论的内容。

3. 什么是工作满意度？工作满意度的内容是什么？影响工作满意度的因素有哪些？

4. 结合实际，谈谈如何提高员工的工作满意度。

案例分析 >>>

如何赢得员工的心

赛仕公司员工的工作环境是这样的：大理石铺成的地面，山清水秀的四周，豪华宾馆式的大楼；每周工作35小时，休病假没有限制，照顾家人可以请假；更有使NBA教练都羡慕不已的运动健身中心；定期的高尔夫、非洲舞蹈和太极拳学习班；免费的洗衣房和按摩中心；孩子可以上最好的幼儿园。

该公司在美国《财富》杂志评选的“全美国人最乐意为之工作的100家公司”中，1996年、1997年连续两年位居第三，在高科技公司中排名第一，超过了微软公司与英特尔公司。也许有人认为这样的福利太浪费了，但该公司却认为这是节省开支的最好途径。

赛仕公司对员工的重视，赢得了员工对公司的忠诚。与之相当的一家软件公司，每年约有1000名员工流动，而赛仕公司只有130人左右。这样就节省了招聘、面试、培训等方面的开支，更避免了因人才流动所造成的各种损失。据估计：重新雇一名新员工的成本是这份工作薪金的1—2.5倍。工作复杂性越高，其成本越高。公司员工的平均年薪是5万美元，仅此一项，赛仕公司就节省了6750万美元，这意味着每人可以得到13500美元的福利。用公司福利主管的话来说：“我怎么也没法花掉我们省下来的钱。”

赢得员工的心就等于留住了客户。1998年，美国《财富》杂志评选的全球100家最大企业中有98家在应用赛仕软件，而且都是长期稳定地使用这家公司的软件。

如果你认为赛仕公司的制度宽松，那就错了。它有一套严格的管理体制，在产品质量、工作伦理、产品标准等方面都十分严格。员工福利主管这样说：“如果你连续生了6个月的病，你将会收到卡片和鲜花，会有人来帮你做饭，但如果你每周的星期一都生病，你将会被公司解雇。”

思考题：

1. 列出员工对于工作满意的行为表现。
2. 联系案例，谈谈你对提高员工工作满意度的建议。

推广阅读

智慧老人与两个年轻人

一个年轻人翻山越岭来到桃花源,向智慧老人取经。智慧老人问他:“年轻人,你喜欢这里的风景吗?”

“喜欢,真是名副其实的世外桃源啊!”年轻人说。

“你的家乡如何?”智慧老人又问道。

“糟透了,我讨厌那地方,”年轻人回答。

“那你快走,这里同你的家乡一样糟。”智慧老人说完,便把这个年轻人赶走了。

不久,又一个年轻人来取经,智慧老人问了同样的问题。

当智慧老人问他的家乡如何时,这个年轻人回答说:“我的家乡很好,我思念我的家乡……”

智慧老人说:“年轻人,你留下来吧!”

旁听者深感诧异,问智慧老人为何前后说法不一致。智慧老人说:“你要寻找什么,你就会找到什么!心中没有桃花源,世上就没有桃花源了。”

实践操练

明尼苏达满意度问卷短式量表

下面你将看到一些关于你目前工作的陈述。仔细阅读这些陈述,确定你对句子中所描述的关于你目前工作的某方面是否满意,然后圈出与你的满意程度一致的方框。项目采用5点量表,其中1=对我工作的这一方面非常不满意;2=对我工作的这一方面不满意;3=不能确定对我工作的这一方面是满意还是不满意;4=对我工作的这一方面满意;5=对我工作的这一方面非常满意。

请自评:我对工作这一方面的满意度如何?

1=非常不满意　2=不满意　3=不确定　4=满意　5=非常满意

1. 能够一直保持忙碌的状态
2. 独立工作的机会
3. 时不时地能有做一些不同事情的机会
4. 在团体中成为重要角色的机会

5. 我的老板对待他/她的下属的方式
6. 我的上司做决策的能力
7. 能够做一些不违背我良心的事情
8. 我的工作的稳定性
9. 能够为其他人做些事情的机会
10. 告诉他人该做些什么的机会
11. 能够充分发挥自己能力的机会
12. 公司政策实施的方式
13. 我的收入与我的工作量
14. 职位晋升的机会
15. 能自己作出判断的自由
16. 自主决定如何完成工作的机会
17. 工作条件
18. 同事之间相处的方式
19. 工作表现出色时,所获得的奖励
20. 我能够从工作中获得的成就感

第四章　创造力与管理

本章学习目标

1. 掌握创造力的含义、基本特征和研究方法
2. 了解创造力研究的新进展
3. 能够列举出在管理中促进和阻碍创造力的因素
4. 熟悉创造力测试的方法
5. 结合企业管理，掌握创造力潜能开发的方法和具体应用

第一节　创造力概述

一、创造力的含义

什么是创造力或创造性？这是创造力研究中的核心问题，它不仅关系到创造力研究的理论建构，而且直接影响到创造力的测评问题。然而有关创造力的实质及定义，研究者长期存在争议。在创造力研究的历史上，不同的研究者试图从不同的角度来定义创造力。

1. 创造力研究历史上几种有代表性的定义

(1) 创造力的过程定义。

过程定义是一种较早提出的创造力定义。创造力的心理学研究初始，研究者在界定这一概念时主要着眼于创造活动的过程，并将一个创造过程所产生的所有事物都视为是有创造性的，这其中包括早期行为主义者、格式塔心理学家

和一些信息加工学派的研究者。相应的,这些心理学家致力于探讨与解释人类的创造过程。

(2)创造力的人格定义。

美国著名心理学家吉尔福特于1950年在美国心理学年会讲话时对创造力作了如下阐述:“从狭隘的意义上讲,创造力是指人们所特有的能力……换句话说,心理学家所研究的问题就是创造力人格的问题。我通常把个体的人格定义为其独特的特质模型,是把人们区别开来的相对持久的方式。心理学家尤其对人们活动表现出的这些特质即行为特征感兴趣。这些行为特征表现在个体的兴趣、态度以及气质、品质等诸多方面……由此,创造性人格是标志创造性人物的那些特质模式的核心。”①

心理学家不但探讨了不同类型、不同领域的创造性人格,而且对各类创造性人才身上所共有的人格特征也进行了深入研究。另外,一些研究发现创造性人格特征在青年时期以后具有跨时间和跨情景的一致性,因而能被用作区分创造性个体的一个标准,即创造性个体的行为在时间和空间上是一致的,用这种方法可以把创造性个体同其他人区别开来。

表4-1 教育家评定高创造力儿童的人格特征

人格特征	百分比
好奇心,不断提出问题	66%
思维和行动的独创性	58%
思维和行为的独立性、个人主义、自足	38%
想象力丰富、喜欢叙述	35%
不随大流、不依赖集体的公认	28%
探索各种关系	17%
主意多	14%
喜欢搞实验	14%
灵活性	12%
顽强、坚韧	12%
喜欢虚构	12%
对事物的错综性感兴趣,喜欢用多种思维方式探讨复杂的事物	12%
敢于幻想	10%

① 段培京:《吉尔福特论创造力》,载《心理发展与教育》1986年第2期。

（3）创造力的产品定义。

创造力的产品定义是一种最具影响力和代表性的定义。当前大多数心理学家都是从创造活动的产物或产品的特性来界定创造力的。这一取向的心理学家认为，创造力就是产生某种新颖、独特而具有个人或社会价值的产品的能力。大多数创造力的产品定义都包括适宜性和新奇性两个特征。

个体的创造力多是通过进行创造性活动、产生创造性产品得以体现的，而且产品看得见、摸得着，易于把握、评价。因此，与创造力的过程或人格定义相比，创造力的产品定义更为客观、信度更高。根据产品或成果来定义创造力，通常被认为是最切实可行的方法。

2. 我国学者对创造力的界定

近年来，创造力研究日益成为我国心理学研究的一个重要领域，我国学者也对创造力概念进行了诸多探讨，认为创造力是根据一定的目的，运用一切已知信息，产生出某种新颖、独特、有社会或个人价值的产品的智力品质。这里的产品是指以某种形式存在的思维成果。它既可以是一种新的概念、设想、理论，也可以是一项新技术、新工艺、新产品等。这一定义是根据活动的结果来界定创造力的，同时将其看做一种智力品质。其他学者将创造力界定为不受成规限制而能灵活运用经验解决问题的超常能力。创造力是人类特有的，利用一定条件产生新颖独特、可行适用的产品的心理素质。这一提法暗示了创造力不是一种单一能力或人格特征，而是一种复合能力或多种能力、心理品质的综合。

上述定义的内涵基本一致，大多基于创造力的产品定义法，把产品的新异独特和有价值作为创造力的基本特征。区别仅在于是将创造力视为一种智力品质、能力还是心理素质。

二、创造力的基本特征

美国心理学家吉尔福特主要从事心理测量方法、人格和智力等方面的研究。他也是美国著名的创造力研究专家，他认为创造力的主要特征是：敏感性，即容易接受现象，发现新问题；流畅性，即思维敏捷，反应迅速，对于特定的问题情境能顺利给出多种反应或应答；灵活性，即具有较强的应变能力和适应性，能从不同角度、不同方向灵活地思考问题；独创性，即产生新的非凡思想的能力，表现为产生新奇、罕见、首创的观念和成果；再定义性，即擅长发现特定事物的多种使用方法；洞察性，即能够通过事物的表面现象，认清其内在含义、特性或多样性，进行意义交换。

美国心理学家哈奇森通过对一百多项创造力的研究成果进行分析，提出创造力的主要特征是:首创性,即过去未有的不平凡的创造设计,这是创造力的主要特征;新颖性,即新的、不平凡的创造设计,该特征与首创性有相似之处,但是首创性指前所未有的,而新颖性侧重于新,不与一般相同;流畅性,即单位时间内反应观念的数量;灵活性,即对于客观环境中的事物或问题,敏于感知困难之所在,易于发现改进的需要,同时也善于找到解决的方法;精密性,即对一项正在进行的工作,采用精密的方法、详尽的程序,对于各部分与整体的关系有周密细致的考虑。

综上所述,创造力的主要特征是独创性、流畅性、灵活性。吉尔福特更强调从不同角度看待事物,发现事物的新用途和事物的内在联系等,而哈奇森则更强调创造性思维的新颖独特和周密细致。

三、创造力的研究方法

与研究思路密切联系的是研究方法问题,不同的研究思路会运用不同的研究方法。创造力研究中经典的研究方法是传记法、实验法和心理测量法,较新的研究方法有创造力的计算机模拟研究和跨文化研究等。

1. 创造力的传记研究

创造力的传记研究是指对确定无疑是创造性的人进行的研究,是人们进行创造力研究最早使用的方法。关于创造性人才与创造力的传记研究可以追溯到 1869 年高尔顿的研究。此后,传记研究沿着两条路线前进:一是聚焦于创造性成果产生的研究历程,着重考察创造性人才创造性观点的产生;二是对历史人物的传记资料进行定量分析,以检视创造性人才的成长规律。前一种方法以格鲁伯(Gruber)和他的同事首创的系统进化方法为代表,致力于在深层次上揭示出创造者在创造过程中是如何工作的。后一种方法以西蒙顿(Simonton)首创的历史测量法为典型,主要是定量化地研究创造者的经历与环境对其创造性表现的影响,从而揭示创造的一般规律。

2. 创造力的实验研究

创造力的实验研究主要指的是对个体行为与环境条件进行人为操纵,以期查明哪些因素影响创造力的表现水平。它包括实验室研究和准实验研究两种具体方法。这方面的研究主要包括个体的皮层唤醒与注意水平、去抑制性与反应性等,后者包括在问题解决中个体的内部动机、情绪等因素对创造力的影响,前者亦称为生物学研究法。对创造力实验室研究的争议主要存在于这种研究的预测效度与实证效度方面,人们怀疑在实验室情形下所表现的创造力在多大程度上代表了真实研究情境中的创造力。

3. 创造力的心理测量学研究

吉尔福特首先开发了创造力的发散思维测验，自此，创造力测量以及创造力研究才开始真正受到人们的重视。后来的创造力测验朝着两个方向发展：基于认知的技能测验和人格特质测验，或者称为创造性思维测验与创造性人格测验。大部分横断研究都是用测量法进行的。研究发现，创造力的测量标准多种多样，由于种种原因，许多量表的预测效度和实证效度并不理想。从思维技能上说，同一个人在不同的领域会有不同水平的创造性表现；从创造性人格测量的角度看，这种评分方法突显了个人的主观意识对自己创造力得分的影响。这种研究方法存在的主要问题是：是否所列举的创造性人格特征具备得越多越好？抑或创造力是某些人格特征的组合？针对大众的一般态度测验量表能够在多大程度上反映人们对待特定问题特别是创造性问题的态度？更致命的是，在这种测验中获得高分数的个体在实际创造活动中并没有表现出高创造性。

4. 创造力的计算机模拟研究

用计算机模拟的方式来研究人类的创造力，是对创造力研究的一种发展和补充。运用这一方法的研究者试图找到一些能够模拟创造力的算法规则，或者通过使用启发或特殊的程序指导在问题空间中探索，从而模拟创造力。例如，有一种叫做 BACON 的计算机模型，它备有各种行星运行的数据，包括行星与太阳的距离及其进化时期的数据，以及三种关于行星运行规则的启发式算法。计算机通过“研究”已有数据，最终“发现”了开普勒行星运行第三定律。后来，用于辅助音乐创作、建筑设计和诗歌创作的程序也已经问世。尽管还没有人声称计算机具有像人一样的创造力，但是计算机提供了另一种了解创造过程的途径，至少它使人们看到，思维的逻辑与规则、信息贮备与搜索在创造过程中起着重要作用。

5. 创造力的跨文化研究

创造力的跨文化研究是近年来才开始的，因为人们越来越明确地意识到，即使创造力不完全是文化的，它也大部分是文化的。创造的文化差异，首先表现在人们对创造进取心的价值判断上。其次，表现在文化对个体心理结构的塑造上。这种差异主要表现在社会化过程的自我建构方面：西方个人主义文化中的成员以独立的方式建构自我，他们认为自己是社会群体的一个独立个体，愿意用直接的方式表达个人的情感和观点；生活在东方集体主义文化中的成员则以一种互相依赖的方式建构自我，将自己看成是社会群体的一部分，服从群体规则。再次，不同文化对创造力本质的理解也不同。例如，西方文化强调产品导向、独创导向，而东方文化更多的是将创造力看成个体成长或自我实现的过程。创造力的跨文化研究关注不同文化环境中成长起来的创造性人才的特点，有助于从文化的角度了解创造力的共性与文化特殊性。

四、创造力研究的新进展

心理学的各分支学科都从不同的研究视野对创造力进行着深入系统的探究，尤其是生理心理学、心理测量学、认知心理学、社会心理学、管理心理学等对创造力的研究更显著,多学科相结合的创造力研究取向越来越明显了。

1. 创造力能否被测量?

大多数能力均可用心理测量学工具去评价个体在该能力上的差异，比如：智力可以用斯坦福—比内量表、韦克斯勒量表等工具进行评价，并且这些评价具有很高的信度与效度。相比而言，创造力有所不同。首先，尽管研究者已经提出诸多测验去评价个体在创造力方面的差异，但不得不承认，真正的、纯粹的“创造力测验”尚未存在。大量用以评价思维过程的工具被用以评价创造力，如联想测验、发散思维测验等。但事实上,测验结果的好坏与创造力行为的多少相关性不大。换句话说，通过这些测验对创造力进行测评是低效的。

研究者提出三种方案以改进对个体创造力差异的评价:有研究者认为，创造力或许具有领域特殊性，而不是斯皮尔曼所谓“G 因素”般的一般能力，因此,对创造力的测量应在具体领域中进行。结果表明，尽管在特殊领域内的创造力测量较之在广泛领域的测量具有更高的预测效度，但其效度系数依然太低而不具备测量学意义。另一些研究者假设创造力并非仅仅是一种认知能力，而是个体兴趣、动机、个性等特质的综合体，因此，对创造力的测量应涵盖对上述各特质的测量。但有研究者对此持批评态度，认为这种方法过于宽泛而不具科学意义。还有一些研究者认为，可通过评价某些预示创造力的行为来对创造力进行间接评价，如给被试呈现需提出创造性解决方案的问题情境，而后评价其反馈行为。但事实上，该方法也没有真正解决如何测评创造力的难题，因为创造性的行为亦可认为是一般能力的产出结果。故至目前为止，创造力并未能像一般智力一样获得科学测评，其似乎只是一种推论而出的、而非获得科学测评的心理结构。

2. 创造力可遗传吗?

高尔顿认为，能力在人群中的正态分布,说明其具有遗传性。就如同身高在人群中呈正态分布，且身高具有遗传性一样。尽管高尔顿的这种说法不甚具有说服力，但确实有些道理。现代行为基因学研究认为，能力具有遗传性，但不是某单一基因的结果，而是众多基因综合作用的结果，且每种基因均促进着智力某一侧面的发展。这种多基因性状的遗传特征使得能力在人群中呈正态分布：多数人具有大致相等数目的遗传基因，极少数人具有更多或更少的基因。现代行为基因学不仅解释了智力正态分布的现象，也提供了对创造力极度偏态的一些解释。这些解释来自于一种被称为“突现”的基因遗传方式。这种遗传方式认为，假如人类某种特质被遗传的话，则某种关键的基因必然已获遗传；而如果该种基因缺失，则无论其他基因是否遗传，这种特质都不会出现。行为基因学已发现众多证据证明，创造力可能正是这种突现式遗传的多基因性状特质，而不是类似于一般智力的以“加法模式”遗传的多基因性状特质。因此，从行为基因学角度来讲，创造力和能力的遗传机制也不相同，显然创造力不能简单归结为一种能力。

3. 创造力是否以胜任力为基础？

胜任力通常被定义为获得的技能，其构成执行、完成某领域行为的基本成分。获得任何一领域的成就，均需要掌握多种胜任力。例如，如果个体想获得交响乐作曲领域的成就，他必须具备音调感、和谐感、节奏感、旋律配合、管弦乐编曲、人物塑造以及编剧等胜任力；而如果想获得心理学领域的成就，则需具备文献研究、研究设计、数据收集、统计或数学分析以及与同伴合作等多种胜任力。每一种胜任力均以某些一般能力及特殊能力为基础，同时，需经过训练及练习才能获得。但需说明的是，具备某一领域胜任力的个体，确实意味着比新手具备更高水平的知识或技能，但并不必然意味着同该领域专家具备同样水平的知识与技能。我们认为，创造力以胜任力为基础，但胜任力只是创造力的必要条件，而非充分条件。原因如下：首先，即使是高超的创造者，在其创造生涯中也是成功与失败交织并存的。一次成功之后或许紧接着会出现失败，成功或失败的概率在整个创造生涯中没有增加或减少，而是呈随机模式。从这种意义讲来，对胜任力的掌握不能保证创造性成果的产出，胜任力并非创造力的基础；但另一方面，我们也应当看到，即便是高超创造者创作失败的产物，也要比新手花费很多心思创造出来的产物更专业，因此，从这种意义看来，胜任力确实对创造力具有基础作用。其次，创造性产物的核心特征是原创性与适应性。在某些情况下，创造者的产出结果不具备原创性，原因不在于创造者缺乏相应的胜任力，而可能在于斯滕伯格所谓的“过度训练”导致了创造力的僵化；在另一些情况下，创造者的产出结果不具备适应性，原因也并非胜任力的缺乏，而可能在于创造者总是试图打破旧规则、提出新假设、探讨新问题，从而过于偏离先前工作已获证实的工作程序或标准，超越了方法的可用极限。上述情况可说明，个体具备了某领域的胜任力，并不能表示已必然具备该领域的创造力。创造力以胜任力为基础，但是一种比胜任力更复杂的现象。

基于上述研究，目前创造力的研究取向应倾向于以下三方面：应进一步加强创造力的纵向研究；应进一步促进创造力的应用研究；提倡创造力的多学科、多视野协同研究。

第二节　管理中的创造力

美国《未来科学》中有一句话："创造力对于创新是必要的，公司文化应该提倡创造力，然后将其转变成创新，而这种创新将导致竞争的成功。"从中不难看出，创造力始终是企业的核心，无论是开办新企业，还是让优秀公司达到全球规模之后仍然保持卓越，这种能力都不可或缺。然而，也许是因为人们认为创造力虚无缥缈、难以捉摸、无法管理，也许是因为专注于创造力并不能像改善执行力那样取得立竿见影的成效，大多数企业高管都没有将创造力作为关注的焦点。

不过，创造力长期以来却一直是人类学和神经学等学术领域的热点，这也引起了管理学者的兴趣。领导者的第一要务，就是在合适的时间、让合适的人员以合适的程度参与创造性工作。这一管理工作始于领导人对员工角色的重新塑造。员工们不只是卷起袖子，执行自上而下的战略，他们必须发挥想象力，提出自己的创想。正如财捷公司创始人斯科特·库克所说："传统上管理者会排出项目的优先顺序，然后将人员分配到不同项目。但现在，越来越多的创意来自员工，而不是管理者。"管理者必须从各级员工那里发掘创意，鼓励并促进员工间合作，倾听各种观点。企业领导人应当筹划创造性工作的各个阶段，并确定每个阶段所需的不同流程、技能组合和技术支持。例如，以效率为重的管理"不能用于探索阶段"。管理者还必须建立合理的过滤机制，淘汰没有潜力的创意，同时妥善处理创新成果转化过程。另外，管理者还得扮演"牧羊人"的角色，保护从事创造性工作的员工，不让他们置身于充满敌意的环境中，并为他们扫清障碍，打通前行之路。

一、发挥创造力的影响因素

创造力的影响因素涉及个体、团队和组织三个层次，它们独立或协同作用于创造力的不同层次。这里分别从个体因素、团队因素和组织情境因素进行阐述。

（一）个体因素

基于创造力的特质观点，研究者对影响创造力的个人特征因素进行了研究，主要包括人格特征、动机和情感等因素。

1．人格特征

研究者大多以"五人格因素"模型为框架研究人格与组织内个体创造力的关系。研究发现，开放性与个体创造力之间存在较稳定的正相关；责任心在有些情况下却会导致低的创造力，例如，主管密切监控员工工作且同事对其工作不支持时，高责任心的员工创造力比较低。

2．动机

已有研究提出组织内个体创造力的内部动机原则，即内部动机（来自于工作本身的）促进创造力，而外部动机（来自于工作本身以外的）则有碍于创造力。还有研究考察内部动机在多大程度上能够有效解释个体创造力的内部过程。例如，员工保守价值观与变革型领导的交互作用通过内部动机影响员工创造力。另一项研究发现个体的内部动机通过风险态度的中介作用影响个体创造。自我效能感是构成个体动机的主要成分之一，也是激发个体创造力发生的重要的内部动力。研究发现，通过发挥个体的自我效能感能够改变领导行为，以及影响员工的学习导向。心理授权是个体动机的另一个重要方面，是促进个体创造力的一个重要因素。心理授权高的个体感受到自己是一个自主性的个体，较少受到"条条框框"的束缚，并且具有较高的自我效能感，因而在工作中表现出较高的创造力。

3．情感

根据乔治等的情绪—投入模型，个体的积极情绪和消极情绪既有可能对个体创造力产生积极影响，也有可能产生消极影响，其效应依赖于情境因素。当员工感受到一种支持性的情境因素时，负性情绪也有利于提高其创造力，因此，在今后的研究中应对影响情绪与创造力之间关系的情境因素进行研究，以更好地利用情绪的积极作用，避免其消极影响。

（二）团队因素

研究者对组织内团队创造力的研究，主要考察团队特征、团队过程及团队即时状态对团队创造力的影响。团队特征主要包括团队年龄和团队构成；团队过程即团队内部的认知过程和行为过程，主要指团队冲突；团队即时状态主要包括团队凝聚力和团队效能感。

1．团队特征

团队成员的工作年限对团队创造力的影响主要表现在两方面：一方面，团队成员在一起工作时间越长，员工之间的经验、观点等相似性就越大，因而新成员能为整个团队带来新的活力，从而有利于整个团队工作方法的改进，提高团队创造力；另一方面，团队成员在一起工作时间越长，越容易形成一种安全的心理氛围，以促进有效的沟通，形成对团队目标的认同，这有利于团队成员尝试新的解决问题的方法，提高团队的创造力。一般而言，团队成员的社会类别(如性别、年龄、种族)的多样性会对团队创造力产生消极影响；而与任务相关的(如教育背景、专业技能等)多样性则会对团队创造力产生积极的影响。也有研究认为,这种多样性特征的差异化作用还依赖于其他因素。如皮尔索尔(Pearsall)等发现,只有当性别裂痕(gender fault lines)被激活时，性别多样性才会不利于创造性观点的产生。未来这一领域的研究应多探讨相关的情境变量，找出研究结果不一致的原因。

2. 团队冲突

团队中各种类型的冲突对团队创造力有着不同的影响。适度水平的任务冲突有利于团队提高创造力；关系冲突则容易限制团队成员的信息处理能力，不利于团队创造力的提高；过程冲突会使团队成员相互争论谁应该做什么的问题，也不利于团队创造力的发挥；合作性冲突允许团队成员表达自己的想法和不满，有利于团队成员在决策时考虑更多的信息，从而有利于团队产生创新性的想法。未来需要进一步研究各种类型冲突之间的相互作用关系，以及对创造力的影响。

3. 团队即时状态

团队凝聚力是团队创造力的必要前提，但也有研究指出两者之间呈倒U型关系，即中等程度的凝聚力会导致最高的团队创造力。另外，虽然有研究显示团队的创造性效能感会促进团队的创造力，但总体而言，目前关于团队效能感和组织内团队创造力关系的研究还比较少，今后应加强此领域的相关研究。

(三) 组织情境因素

组织情境具有塑造成员行为的作用，影响组织内个体创造力和团队创造力。它主要包括任务情境、人际情境、组织结构和文化情境。

1. 任务情境

对于任务特征与创造力关系的研究,主要集中在任务的常规性、复杂性、挑战性、互依性，以及员工对任务的控制感等方面。高挑战性和高复杂性的工作会激发员工的兴趣，并且使员工感到任务是有意义的，进而促进员工的创造力；而常规化的任务会减小问题解决的变化性，进而阻碍员工的创造力，但任务的常规化也可以为员工节省认知资源,从而促进其创造力。这种不一致可能是源于对常规化的界定不同，有些强调重复性和缺少新意，有些强调自动性。另外，当员工自己能够控制任务的进度、顺序和过程时，其创造力水平较高。任务互依性和目标互依性会促进团队成员之间思想、观点的交流以及彼此之间的合作，进而对组织内团队创造力产生积极影响。相比任务互依性，目标互依性能够更加有效地促进团队成员的沟通与合作，进而对组织内团队创造力产生较大影响。

2. 人际情境

对于人际情境与创造力关系的研究，主要集中在领导行为、同事特征及与同事的关系方面。在影响创造力的情境因素中领导一直扮演着关键的角色。当领导具有开放性、鼓励性、支持性，没有严格限制员工的角色和任务时，会促进员工创造力的提高。领导的行为风格也会影响员工的创造力。例如，变革型的、展示互动公平的领导行为都有利于促进员工的创造力；当领导对员工进行严密监控时，将不利于员工创造力的发挥。同事特征以及与同事的关系也会影响员工的创造力。与创造力水平高的同事一起工作，员工会把该同事当做榜样，通过观察学习，获得提高创造力的策略，进而提高自身的创造力。团队成员之间的信任关系也有利于促进团队的创造力。还有研究发现，与同事的竞争关系也会使员工产生较高的创造力。

3. 组织结构与文化情境

概括起来，组织结构和文化情境因素主要包括报酬、反馈和文化氛围。报酬与创造力之间的关系没有明确的研究结论。一般来说，条件性报酬会破坏创造力，对报酬的承诺则会提高创造力。反馈包括反馈效价和反馈形式两个方面：前者包括积极反馈和消极反馈；后者指以何种形式进行反馈。当以信息的方式传递积极反馈时，员工的创造力比较高；以控制的方式传递积极反馈或以信息的方式传递消极反馈时，员工产生中等水平的创造力；以控制的方式传递消极反馈时，员工的创造力最低。另外，发展性的反馈会促进员工的创造力。组织文化和氛围对创造力有着极大的影响。如果组织本身的文化支持创新性行为，那么会使员工在进行创造性行为时感受到心理安全，进而提高员工的创造力。团队创新氛围有利于员工创新性行为的产生和提高团队的创新绩效。心理安全和知识分享是组织氛围的重要方面。员工的心理安全感能够促进其创造力，例如，有研究显示信息隐私权能够使员工不害怕批评，从而产生新的观点，也会使员工没有被监视感，进而提高员工的创造力。支持知识共享的组织氛围也可以有效地促进创造力。当组织成员能够积极加工所交流的信息时，团队内知识共享能够提高创造力。

根据以上回顾，归纳出创造力的一个综合研究框架（如图 4-1 所示）。

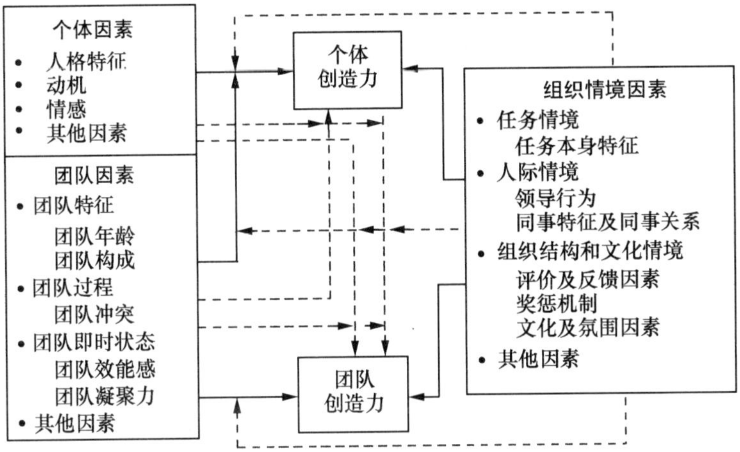

图 4-1　组织内创造力的综合研究框架

注:图中实线代表根据现有研究总结的研究框架,虚线代表提出的跨层次研究框架。

二、管理中阻碍创造力的因素

管理者要学会欢迎来自每个人的创新想法,找出阻碍创造力的因素,并设法排除这些障碍。大量调查研究表明,阻碍创造力的因素包括以下几种:

1. 组织结构僵化

组织结构僵化导致企业对社会、宏观经济、技术等环境的变化和发展趋势以及竞争态势反应呆滞,因此在运行过程中,不适应环境变化,显得老态龙钟,力不从心。它是阻碍企业创造力的第一“杀手”。

2. 官僚主义

官僚主义是阻碍创造力的第二“杀手”,它是一种不关心员工利益、只知发号施令而不进行调查研究的工作作风和领导作风。它的一个重要特征就是自我中心,使人自我膨胀,把自己的作用最大化,也过于迷信自己的资源。

3. 结构障碍

随着企业规模的不断扩大,“大企业病”将成为其发展历史上一个生死攸关的障碍。一旦落入“大企业病”的窠臼,将断送企业的前程。

4. 横向交流差

交流是有效管理的重要部分,当某个部门实施的想法不能在同一公司内部交流时,则将直接影响到其创造力的激发。

5. 斤斤计较

这是对公司内会计师和管理者行为方式的一种描述，没有人否认他们在公司内的重要位置，但创造力要求一定的智力冒险和经济风险，循规蹈矩不利于创造。

6. 不能维持奖励的公正合理

公司的创造力氛围很好，员工潜力得到一定程度上的激发，这就要求公司的激励机制也必须跟上，用来保护那些可以帮助企业获得成功想法的动力和热情，注意在不同创造者之间坚持奖励的公正合理。需要指出的是，这种激励系统绝非纯金钱性的。例如，从事创造性工作的员工更在乎管理层的态度，如公开对员工的工作予以真诚的认可，这种看似微不足道的小事要比现金奖励更管用。

7. 缺少良好的沟通系统

很多企业缺乏畅通的沟通渠道，这种情况主要表现为管理者思想认识上存在着偏差、企业缺乏一整套的沟通战略目标和规划、沟通渠道管理薄弱、企业内没有专门的管理沟通的组织机构等。沟通系统不畅通，创造力交流的效果就不会好，这对企业的影响是很大的。

三、创造力测评方法[①]

在此介绍一下在管理创新研究过程中常使用到的创造力的测试方法，尤其是从能力角度评价创造力的方法。需要注意的是，创造力与智力相似，但又有所区别。创造力是指个体产生新的和有用的想法的能力，而传统意义上的智力一般是指推理、判断、记忆和抽象的能力。两者都侧重于测量个体的一般性能力。但是，创造力侧重于提出新颖而有用的观点的能力，强调想法的新颖和有用；而智力则更侧重于逻辑思维方面的能力。

1. 交互效度技术

交互效度技术（Consensual Validation Technique）是由阿玛比尔（Amabile）提出的创造力的测量技术。交互效度是心理测量学中的一个概念，强调在主观化的测量中，如果不同的评估者对某个事物的评价一致性较高的话，这种评价就是有效的。交互效度技术的理论假定是，对某一领域熟悉的个体会充分了解该领域创造力的组成。因此，这样的评估者对于某领域产品的创造性的评价存在一些默认指标，并且通过他们的主观评判表现出来。在具体测量过程中，交互

① 本部分主要参考了曾平等：《创造力测量方法评述及其对企业管理的启示》。

效度技术通过给予受测者一个具体的情境中的任务，要求个体完成创造性的任务，产生产品。例如，福尔多(Fodor)的研究要求被试为因主人需要外出两天而独处家中的宠物狗设计一个供水装置；克斯特纳(Koestner)曾经使用类似于主题统觉测验(TAT)的图片，要求受测者讲出一个创造性的故事。受测者完成该任务之后，由若干名评估者对受测者任务的完成情况进行评估分析。

交互效度技术从创造性和复杂性两个维度评价创造力。创造性是指在符合实际的前提下，解决方法中包含不寻常的独特性和原创性的程度。而复杂性是指解决方法的结构复杂性以及解决方法所涉及过程的相互依赖程度。在诸如美术和诗歌等方面的创造力研究中，交互效度技术表现出了较高的可靠性。与其他主要的创造力测量方法不同，交互效度技术不强调创造力的认知属性，而是强调在现实的情境中考察个体的创造性反应。因此，更贴近于企业工作的具体情境。但是，交互效度技术实施的成败依赖于训练有素且经验丰富的评估者。因此，对评估者的筛选和培训就成为交互效度技术在实际使用中的关键问题。

2. 偏僻联结测验

交互效度技术有赖于评估者的评价，而有些企业需要比较简便的测量创造力的方法，可以直接按照答案的正确性来评估员工的创造力。偏僻联结测验(Remote Associates Test, RAT)就是这样一种测量创造力的方法。RAT由梅地尼克(Mednick)在联结创造力理论(Theory of Associative Creativity)的基础上发展而来。这个理论假定创造力就是通过联想将某些要素结合起来产生新成果的过程。因此，创造力的评判标准就是在彼此偏僻的元素(例如，词组)之间找到联系性的能力。个体越能够将彼此偏僻的词组联系起来，表明个体的创造力越强。RAT展现了不同于非创造力思维加工过程的三个特征：一是没有暗示；二是没有逻辑；三是瞬间产生的灵感。这三个特征被认为是考察创造力的核心标志。研究表明，RAT测验成绩与教师评定的研究创造力成正相关，与建筑设计新颖性测试的成绩也成正相关，显示出RAT对个体富有创造力的行为有良好的预测作用。

RAT的测量方法是给受测者呈现若干组词语，每组三个词，如“花朵”“幸福”“追求”，让被试想出与这三个词相关联的第四个词，如“爱情”。测量结果为记录受测者正确反应的个数和反应时间(用平均反应时间和个体反应时间的比较作为难度)，两者得分相加得到个体创造力的总分。RAT测验简单、易操作，是对于员工创新行为的有效度量手段。但是，在实际使用中，RAT测验遇到的问题是，在大多数情况下，创造力强调发散式地解决问题，而RAT测验对于答案的规定,会导致发散式的问题变成一个收敛式的解答过程;并且,若不限定RAT的结果为唯一,则对于RAT测验得到的不同答案的创造力程度的度量会存在一定的问题。

3. 开放式的创造力测验

顾名思义,这一类别的测验强调开放式的问题解决,典型的代表例子包括托兰斯创造性思维测验(Torrance Tests of Creative Thinking,TTCT;TTCT的成年人版本被称为ATTA)和Tel-Aviv创造力测验(Tel-Aviv Creativity Test,TACT)。这一类别的测验都强调个体对于每个题目给出尽可能多的答案。然后从思维的流畅性(conceptual fluency,即想法的多样性,产生想法的个数)、灵活性(flexibility,即各种想法从用途角度的类别数)和原创性(originality,即创造出不寻常、全新、独特构想的能力)几方面对受测者的创造力进行评定。

完整的TTCT测验包括两种题目:言语题目和图形题目。图形题目主要侧重于从精细性、流畅性、原创性、标题的抽象程度、对快速闭合的抵抗能力、创造力的强项这六个维度来评价被试的表现。在适用于企业的成年人测量工具中,主要涉及的是言语题目。典型的题目包括:假想,即描绘不可能的场景,请受测者想象可能的结果,如"把线系在云彩上会怎样";非常规用途,如"指出纸板箱的不寻常用途"等。TTCT测验结构简单,且计分方法清晰,易于新手操作使用,评价者间的信度在0.90左右,重测信度位于0.59—0.97之间(样本量88355)。此外,TTCT还显示出了良好的预测效度,在一项纵向的研究中,从TTCT到成年个体的创造性成就之间的标准化路径系数为0.60,而IQ测验对于相同指标的路径系数仅为0.19。更为重要的是,在招聘环节中企业对应聘者的知识背景和个人能力的了解可能不够充分,那么从能力角度考察创造力的TTCT,能够更加准确地反映个体的创新潜力,因此在企业管理中具有广阔的使用空间。在研发人员等依赖创新表现的岗位上,通过这种开放式的创造力测验筛选应聘者,可以达到优化人员配置的目的。

以上三种创造力测量方法各有其优劣,在企业的实际运用中,针对不同的情况,可以采用不同的方法,或者将不同的方法综合起来,以收到最好的效果。例如,在企业招聘中,可以主要使用TTCT等开放式的测验,这种测验操作简便,结果可靠,方便在应聘者中广泛使用,能够在短时间内分辨出具有高创造力的个体,有助于企业有效招聘。此外,还可以将这类测验与RAT测验结合使用,降低由于单独使用某种测验而造成的误差。而在企业培训中,由于有具体的内容和要求,培训个体某一领域的专门能力,则可以采用贴近企业情境的交互效度技术来测量员工的创造力。由企业相关领域的专家组成评估组,对员工的创造力在培训前后分别进行考察，以确定培训的效果，调整培训方案。同时，可以结合ATTA或RAT测验，考察员工的创造力是受到培训的影响还是自身本来的能力，既可以进一步验证培训的效果，又可以为以后企业的人才选拔和任用提供依据。

四、企业管理中创造力潜能的开发①

1. 创造性十二法

不要认为人天生就注定了是否富有创造力。诚然，一些人比另一些人更富创造力，但是，对那些自我感觉没有创造力的人来说，可以通过训练，使其更积极地响应创造性想法和感应外部刺激。美国创新协会主席、纽约布法罗大学创造性研究中心副教授R. L. 费尔斯汀认为，通过改变生活规律、知识结构、提问方式和生活方式，可以在日常生活中培养个体的创造性。

（1）养成创造性思考的习惯。

习惯会对人们产生很大的影响，面临创新任务时，习惯性思维总会起阻挠作用。许多人倾向于按第一感觉行事，从而错失了许多难得的机会。因此，应该认真对付那些阻碍创新的习惯性思维，用好的思维习惯去代替那些无用习惯。当我们遇到棘手的问题要解决时，可以问自己："对此我还能做些什么？""我怎样利用那些似乎不合适的东西呢？"……

（2）善于提问。

有人曾说："通过对一个人的提问（而不是回答这个人的提问）来判断一个人。"对领导者来说，提问题很重要。不幸的是，在许多组织中，越高层的领导者，越少接触实际，越喜欢单纯听汇报，也越少提问。所以领导者要善于提问，而且提问必须是真诚的、虚心的。因为问真实的问题可以获得更多信息，而提一些虚情假意的问题，将使下属以虚伪的回答来应付你。领导者所问的问题都应是坦诚的，这样才可能得到真实的答案。领导者的提问应该是虚心求教的，如果使被问的人觉得领导是在责备他（她），他（她）就可能不会说出真实的想法。

（3）抓住偶发的新想法。

不要忽略那些偶发的新想法。人们很难在工作繁忙的时候获得创造性的

① 本部分主要参考了中欧商学院"哈佛管理导师"选修课程中"创造力与创新管理"的相关内容；张燕等：《组织内创造力影响因素的研究综述》，载《管理学报》2011年第2期；欧阳洁：《企业激励机制研究与设计》，载《经济问题》2005第1期。

想法,但是在大脑完全放松时,新的想法就很容易出现。这时的关键就在于,当灵感浮现时,是否能随时抓住它们。随身携带一张纸、一个笔记本或一台小型录音机,随时记录下浮现的新想法,将会很有帮助。

(4)打破常规。

很多人在度假时找到了解决问题的办法,因为他远离了平常的工作环境。不要思考那些将在办公室中发生的事,而去关注你周围的自然环境,你会产生许多新的想法。或者改变你在家的工作习惯,做一些不需要语言的事,都可能对创造性思想的萌发大有裨益。

(5)了解各种资料。

在一项研究中,有三组研究对象。第一组是“创造性组”,这组的人都是有很高创造性的人;第二组被称为“高效力组”,这组的人都是著名的技术专家;第三组被称为“小人物组”,和前两组相比,他们无论在哪方面都更弱。研究发现,“小人物组”几乎不阅读任何资料;“高效力组”差不多只阅读本专业的资料;“创造性组”阅读几乎所有领域的现有资料,因此他们拥有丰富的信息宝库,并经常从中得到启示。换言之,扩大知识面可以增加创造的机会。

(6)交流。

除了阅读和搜集多种材料外,和那些有广泛兴趣、来自不同领域的人交往也很重要,虽然和熟人在一起可能会更舒服。关于交流沟通的研究显示,对我们最有用的信息并非源自身边的熟人,而是来自其他地方——那些和你生活在不同圈子里的人。因此,为了激发个人的创造性,加入到那些平时和你没有多少联系的人中去是非常重要的。

(7)发展人际支持系统。

有私人的或职业上的某种关系网,是非常重要的。这种关系网是一种“社会支持系统”,会在你遇到困难时给你提供支持。所以,作为一名领导者,需要可以倾诉的知己,可以分享快乐和分担挑战的人。这些人无论来自家庭还是朋友,对领导者都很重要。

(8)停止行动。

在我们的文化中,当将自己从习惯性的行为中解放出来时,就可以有新的自我理解。任何形式的独处都会产生效果。花 30 分钟静静地坐。前 10 分钟你的思维会不断跳跃式地告诉你该做的事。千万别在这时站起来行动!度过第一个痛苦的 10 分钟,坐在那儿会变得容易起来,新的想法会浮现。最重要的是,能从生活中抽出时间。特别是需要新主意的时候,应该留出时间,以便于这些新主意的产生。要通过停止行动来为新主意的产生提供时间和空间。

(9) 选择一个有利于创造性思考的环境。

如果领导者希望自己做出有创造性的想法和决定,就需要一个能让自己静心思考的地方。选择一个有利于创造性思考的环境,不仅可以提高创造性,而且可以提高效率。

(10) 创造健康的生活方式。

大脑工作需要荷尔蒙和神经递质,有了这些物质,大脑才能工作。改变饮食,增加碳水化合物的摄入量,减少脂肪的摄入量,可以提高认知功能。运动是健康生活的另一个重要组成部分。定期的、有节奏的体育锻炼方式是非常必要的。日常运动释放的生物肽对清晰的思维很有帮助。

(11) 唤醒幽默。

幽默和创造性和谐相关。在某种程度上,它们本来就是一样的。幽默和创造性都是将原本无关的事物联系起来。在创造性活动中,这种联系产生新思想;在幽默中,这些不相关观念的联系产生了笑话。因此,培养创造性的一个间接途径就是培养幽默感。

(12) 切合实际地幻想未来。

根据现实生活,开拓思想,幻想未来。

2. 组织激发创造力潜能的开发

领导者必须为组织设定一个对未来的构想,为它制订计划并坚持下去。这些构想必须根植于公司的实力和所要完成的目标。例如,要带给客户什么样的价值,希望有怎样的产品或服务,员工应该怎样合作。要和员工一起将这些变成可以衡量的目标,再给他们必要的条件去实现目标,帮助他们达到目标;在他们需要时,随时给予指导和支持,并让他们自己去完成。在具体的实践操作中步骤如下:

(1) 创造氛围。创造力只存在于能够营造出这样氛围的公司:公司的氛围总是从上面开始,有的领导者爱出主意,或者对他人的想法表现出真正的热情,这会推动公司培养成适宜的氛围。因此,管理者要设法创造出有利于创造力出现的氛围,这是最基本的也是从始至终都要贯穿的一项前提。

(2) 作为形成创造力氛围的一部分,高级管理者必须找出并排除抑制创造力的障碍。尽管每个公司都应该诊断自身的障碍,但列出最典型的障碍还是有用的。阻碍创造力的典型表现上文已经提到,这里不再赘述。

(3) 创造规划过程。创造力所必需的整体推动力,必须来自于领导层。他们关于创造力和创新的承诺会在公司愿景展望、使命、共同价值观和目标中心有所体现,这可在创造规划过程中表现出来,可通过“头脑风暴”的方法来解决。

(4) 发掘想法来源。高级管理者也应该注意想法来源,创新是需要很多想法支持的。

(5) 激励机制。假如一公司氛围很好,也充满各种新想法,激励机制也必须配套跟上,以维持那些可以帮助企业获得成功想法的动力和热情。

(6) 沟通过程。提高一个公司的创造力最大的问题就是人们知道该向谁表达想法。如果缺少沟通想法的清晰思路,那么部门间的创造力就达不到想要的效果。

(7) 管理创新。激发创造力的最好办法就是知道哪些想法能不断实现,管理创新和监控其成功代表了整个循环的逻辑高潮,因此,管理创新的重要部分就是系统列出一段时间内能够成功实施的想法的数量。

本章框架图

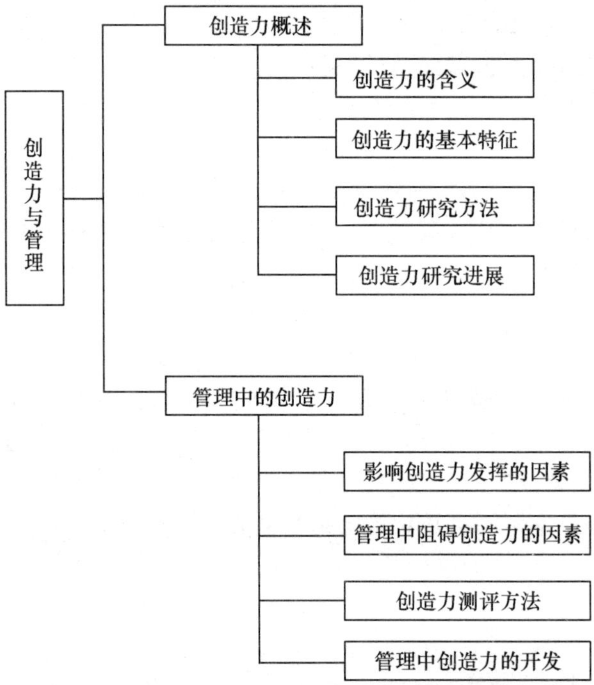

本章思考题

1. 什么是创造力？创造力的基本特征有哪些？
2. 简要说说创造力的研究方法。
3. 分别列举出在管理中促进和阻碍创造力的因素有哪些？
4. 常用的创造力测试方法有哪些？
5. 结合具体案例，谈谈在企业管理中如何更好地激发创造力？

推广阅读

你可以通过以下方式来试着激发你的创造力。

(1) 假如你想同一位陌生人单独交谈，请列出六个令人感兴趣而又不会引起纠纷的进入正题的交谈方式。

(2) 请创造一个词(每次只能创造一个词)来代替下列待用语：用残汤剩菜准备的一顿晚餐……晚间留下的带有烟蒂和烟灰的烟灰缸……一张床上的面包屑……在一场足球比赛结束之前，人们涌入足球场……10个男孩同一个女孩度过的一次晚会。

(3) 请编写一段推销下列产品的广告：小型的体育设备，不留痕迹的毒药，制作床的机器。

(4) 假如你有一个正值青春期的孩子，你是他父亲，你能想出什么样的办法使他每天晚上在10点钟之前上床睡觉？

(5) 你周围大部分的商业中心都是通过广告和提供免费存放汽车、提供方便等条件来吸引顾客，以销售他们各式各样的优质产品。如果你是他们中的一员，你还能提出什么样的优厚条件来吸引更多的顾客？

实践操练

下面有50道并不复杂的问题供你回答，但千万不要企图去猜测一个富有创造力的人可能会怎样回答这些问题，而是根据本人的实际，尽可能准确、坦率地回答。在每道题后用字母如实地说明你同意与否的程度。

A. 非常赞同

B. 赞同

C. 犹豫，没有看法或不知道

D. 反对,不同意

E. 坚决不同意,坚决反对

1. 工作时如果遇到一些特定的问题,我总认为自己是按着正确的步骤去解决的。

2. 如果提问不可能得到回复,那么,我认为提问就是浪费时间。

3. 对于问题最好的办法是按逻辑步骤去解决。

4. 在小组会上,我偶尔会提出一些不受欢迎的意见。

5. 我花大量时间考虑别人是如何看待我的。

6. 我感到我可以为人类作出特殊的贡献。

7. 对我来说,做我认为正确的事比企图赢得别人的赞赏更为重要。

8. 我瞧不起那种缺乏信心和犹豫不决的人。

9. 对难题,我能旷日持久地顶住不放。

10. 偶尔,我对有些事过分热情。

11. 我经常在无所事事时冒出好主意。

12. 我能凭直觉去判断一个问题,从而得出是对还是错的结论。

13. 在解决问题时,我分析问题较快,而综合所收集的资料较慢。

14. 我有收集所有东西的癖好。

15. 我的好多重要发明来自于幻想和刺激。

16. 除我的本职工作外,如要我在两种职业中进行选择的话,我宁可当医生而不愿当侦探家。

17. 如果一些人与我的社会地位相同而又是同行,我比较容易与他们相处。

18. 我的审美观特别强。

19. 我认为单凭直觉去解决问题是靠不住的。

20. 我对提供新的建议比企图把这些建议介绍给他人更感兴趣。

21. 面临不利的局面,我倾向于回避的态度。

22. 在评价信息的过程中,我对资料的来源比对内容本身更为重视。

23. 我喜欢遵循“工作第一,休息第二”的原则。

24. 一个人的自尊比得到别人的尊重更为重要。

25. 我认为争做完人的人并不聪明。

26. 我喜欢做能对他人施加影响的工作。

27. 我认为“物有其位、物在其位”是十分重要的。

28. 那些喜欢出怪主意的人是不切实际的。

29. 一些新建议即使没有实施价值,我也愿意思考和推敲一番。

30. 当解决问题受阻时，我常能迅速重新考虑其他方案。

31. 我不愿意提出显得无知的问题。

32. 我能较容易地改变我的兴趣去适应工作或职业的发展，而不是去改变工作来适应我的兴趣。

33. 无能力去解决问题常常是由于提出了错误的问题。

34. 我经常能预见到事态的发展结果。

35. 分析一个人的失败原因是浪费时间。

36. 唯有迷迷糊糊的思想家方求助于隐喻和类推。

37. 有时我很欣赏骗子的独创性，因此希望他免于受刑。

38. 我经常对问题只能意会而不能言传时就着手工作。

39. 对于人名、街名、路名和小镇名等类似问题我常常会忘记。

40. 我觉得努力工作是成功的基本要素。

41. 我很看重各方面把我看做一名好的工作人员。

42. 我知道如何控制自身的冲动。

43. 我是一个完全信得过而又有责任心的人。

44. 我不满那些靠不住和无法预料的事。

45. 我喜欢在大家的努力下一起工作，而不愿意单干。

46. 与众人一起的麻烦事就是这些人把事情看得太认真了。

47. 纵使不少问题缠身，我对其中每一个问题的解决都抱有兴趣。

48. 暂时的胜利及由此带来的欣慰丝毫不会影响我对已确立目标的追求。

49. 假如我是一位教授，我宁愿去讲授与实践有关的课程，而不愿去教那些理论课程。

50. 我为生活的各种秘密所吸引。

计分指导：对每个问题都必须作出回答。利用下表，根据你对每道题所给予的字母评价，找出与其相应的数值；然后把每行的数值相加，计算你应得的分值。在表后可以根据此分值找到关于你的创造性程度的说明。

	A	B	C	D	E		A	B	C	D	E
1.	−2	−1	0	+1	+2	11.	+2	+1	0	−1	−2
2.	−2	−1	0	+1	+2	12.	+2	+1	0	−1	−2
3.	−2	−1	0	+1	+2	13.	−2	−1	0	+1	+2
4.	+2	+1	0	−1	−2	14.	−2	−1	0	+1	+2
5.	−2	−1	0	+1	+2	15.	+2	+1	0	−1	−2
6.	+2	+1	0	−1	−2	16.	−2	−1	0	+1	+2

7.	+2	+1	0	-1	-2	17.	-2	-1	0	+1	+2
8.	-2	-1	0	+1	+2	18.	+2	+1	0	-1	-2
9.	+2	+1	0	-1	-2	19.	-2	-1	0	+1	+2
10.	+2	+1	0	-1	-2	20.	+2	+1	0	-1	-2
21.	-2	-1	0	+1	+2	36.	-2	-1	0	+1	+2
22.	-2	-1	0	+1	+2	37.	+2	+1	0	-1	-2
23.	-2	-1	0	+1	+2	38.	+2	+1	0	-1	-2
24.	+2	+1	0	-1	-2	39.	+2	+1	0	-1	-2
25.	-2	-1	0	+1	+2	40.	+2	+1	0	-1	-2
26.	-2	-1	0	+1	+2	41.	-2	-1	0	+1	+2
27.	-2	-1	0	+1	+2	42.	-2	-1	0	+1	+2
28.	-2	-1	0	+1	+2	43.	-2	-1	0	+1	+2
29.	+2	+1	0	-1	-2	44.	-2	-1	0	+1	+2
30.	+2	+1	0	-1	-2	45.	-2	-1	0	+1	+2
31.	-2	-1	0	+1	+2	46.	+2	+1	0	-1	-2
32.	-2	-1	0	+1	+2	47.	+2	+1	0	-1	-2
33.	+2	+1	0	-1	-2	48.	+2	+1	0	-1	-2
34.	+2	+1	0	-1	-2	49.	-2	-1	0	+1	+2
35.	-2	-1	0	+1	+2	50.	+2	+1	0	-1	-2

得分

1. 80—100　　经常有创造力
2. 60—79　　创造力超出一般水平
3. 40—59　　创造力一般
4. 20—39　　创造力低于一般平均水平
5. -100—19　创造力极少

第五章　激励理论

本章学习目标

1. 了解激励的概述
2. 了解激励机制
3. 掌握内容型激励理论的内容
4. 掌握过程型激励理论的内容
5. 掌握行为修正型激励理论的内容

第一节　激　　励

一、激励的概念

激励是以满足个人的某些需要为条件而使其产生去做某事的意愿。通俗地讲,激励就是激发鼓励。管理中的“激励”,就是日常所说的调动人的积极性、主动性和创造性的问题。激励作为管理过程中不可或缺的环节和活动,在管理过程中起着非常重要的作用。激励可以调动员工的积极性,挖掘员工的潜能,使员工形成团队精神,使员工的力量凝聚在一起,从而可以提高管理水平,使企业更具竞争力。

美国著名研究学者斯蒂芬·罗宾斯(Stephen P. Robbins)提出,激励就是解决个体在实现目标过程中努力的强度、方向与持续期的过程。在这里,强度是指人们的努力程度,但高水平的努力不一定能带来高的工作绩效,除非努力指向有利于组织的方向。努力程度只有与组织方向一致才具有实际意义,才有利于提高组织绩效。因此,方向反映了努力的质量。持续期指的是积极性能够持续多久。所以,激励水平是要不要为此目标而努力、应为此目标花费多大努力以及此努力应维持多久这三项决策的函数。

根据人本主义的观点,人们工作的动机是满足自己的需要,因此,激励的过程也是满足需要的过程。从这个角度讲,激励就是管理者通过采取各种能满足需要的措施,激发员工的工作动机,挖掘其潜力,调动其积极性与创造性,高效地实现组织目标的过程。激励的概念可以从以下三方面理解:

第一,激励是一个过程。激励过程包含了解人的需要,通过诱因引发动机,再由动机推动人的行为实现目标的全过程。实现了目标,满足了需要,人们又会产生新的需要,又开始需要设置诱因……这是一个循环往复、持续不断的过程。

第二,激励过程受内外多重因素的制约。激励从管理者设置满足员工需要的诱因开始,最终表现为通过员工的积极行为实现管理目标。这一过程受多种因素的影响,如员工的需要、理想、兴趣、价值观、责任感等内在心理因素,当外在诱因与这些因素相吻合时,激励的外力才能与员工的内驱力整合为强大的驱动力,从而强化激励的效果。

第三,激励具有时限性。管理者采取的满足员工需要的激励手段有利于激发员工的工作动机,调动其积极性。但每一种激励手段的作用都有一个时间限度,超过时限其作用就会减弱甚至完全消失。因为随着人的需要的逐步满足,追求满足的愿望就会逐渐减弱,动机强度自然就逐渐变弱,原来的优势动机也在逐渐弱化为辅助动机。因此,激励不能一劳永逸,应该根据不同的时间、环境、人员采取不同的激励手段。

二、激励的过程

没有被满足的需要会使人产生紧张的心理状态,紧张带来个人的内在驱动力,进而产生寻求特定目标的行为。如果目标达到,需要得以满足,紧张情绪状态就会降低。随之,人们又会产生新的需要,在新的未被满足的需要推动下产生新的行为。需要、动机、行为、目标四者的紧密关系构成了激励的简单过程模式(参见图 5-1)。

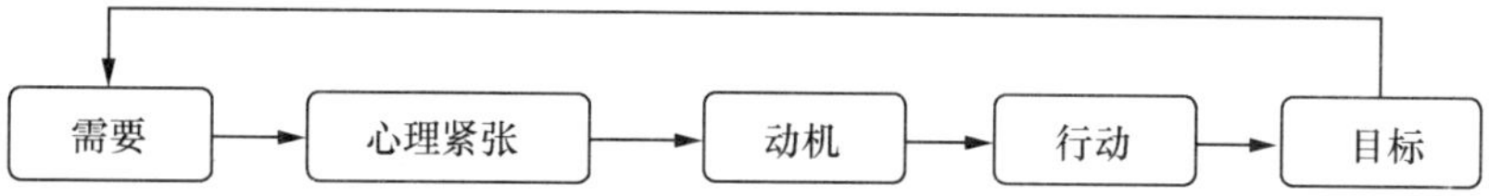

图 5-1　激励过程模式图

三、激励的原则

1. 物质激励与精神激励相结合的原则

"经济人"假设认为人生来是自私、懒惰的,其一切行为都是为了最大限度地满足自己的私利,都是为了追求最大的经济利益,工作的动机就是为了获得经济报酬。所以对员工要采取"胡萝卜+大棒"式的物质激励方式,即用金钱等物质来刺激员工的劳动积极性。而对消极怠工者采取严厉的惩罚制度。这种激励机制调动了员工的积极性,提高了生产效率,克服了管理的无序状态,但物质激励方式片面强调人的物质欲望和享乐主义,忽视了人的社会心理需求。而"社会人"假设认为工作的动机是社会心理需求而非经济需要,人际关系是影响工作效率的最主要因素;非正式组织更有利于满足人的社会心理需求,应该重视员工的社会心理需要,要更多地采取精神激励方式,如重视营造融洽的人际关系,培养员工的归宿感,增强员工的主人翁精神;注意倾听员工意见,让其参与管理。因此,在激励的过程中,应该善于把物质激励和精神激励紧密地结合起来,更好的激发员工工作积极性。

2. 坚持实事求是的原则

激励要从实际出发,经过调查研究,将员工的需要弄清楚;针对员工的需求采取相应的激励手段,激发员工的积极性。同时,要以发展的观点分析问题,事实是发展变化的,激励的方式、方法、标准条件也应随之变化;再则,要用实践检验,激励手段的使用是否正确,激励效用如何,应该注重运用激励手段后所产生的效果,在激励的过程中坚持实事求是的原则。

3. 内在激励与外在激励相结合的原则

外在激励指各种形式的收入,如薪金、津贴、福利、职业培训机会、安全舒适的工作环境、领导的鼓励和对成绩的肯定、良好的工作氛围与人际关系等;内在激励指产生的工作荣誉感、成就感和责任感,如新知识和新技能的学习与实践、参与决策的权力、能够发挥潜力的工作机会、较多的职权、有兴趣的工作、多元化活动等。管理者应注意将内在激励与外在激励有机结合起来,才能更好地激发员工的积极性和创造性。

4. 奖励与惩罚相结合的原则

在激励的过程中,组织采用奖励和惩罚手段时,应该以奖为主,以惩为辅。奖励可以使员工具有光荣和责任感,激发其更积极地挖掘潜力,也有利于创造和谐人际氛围,使员工产生愉快、向上和主动的精神风貌。惩罚对于员工所产生的是一种心理上的强制,使人有所约束和控制。此激励原则比较符合人们正常的心理和行为规律。

5. 激励适度与及时的原则

激励手段的运用要掌握好时机。激励手段是否及时与激励预期效果有着直接的关系。一般情况下,激励手段越及时,收效越大;反之,效用就会减小。因为激励手段与相关行为间隔的时间越长,二者的联系就会变得模糊不清,采用相应的激励手段,其作用就会减弱。所以,激励要适度及时才能保证激励的最佳效果。

第二节　激励机制

一、激励机制的含义

激励机制是激励和机制两个含义的有机组合。机制是指系统内各子系统、各要素之间相互作用、相互联系、相互制约的形式和运动原理以及内在的、本质的工作方式。所谓激励机制是指激励赖以运转的一切办法、手段、环节等制度安排的总称。有效的激励机制实质上要处理好三类变量之间的相互关系,即刺激变量、机体变量和反应变量(见图 5-2)。

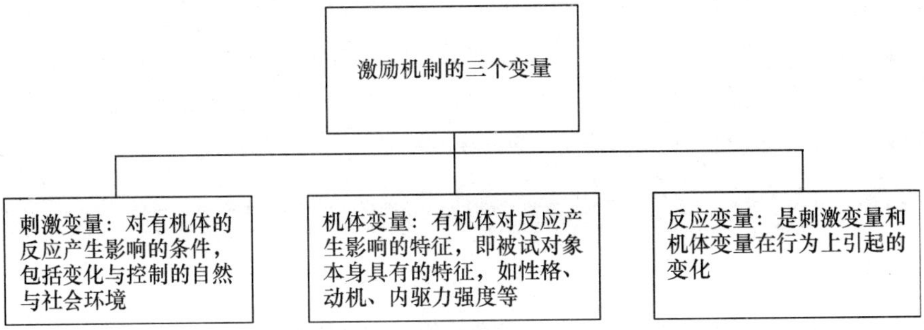

图 5-2　激励机制的三个变量

二、激励机制的作用

组织的激励机制一旦形成,它就会内在地作用于组织系统本身,使组织机能处于一定的状态,并进一步影响组织的生存和发展。科学的激励机制,有利于调动员工的积极性,有利于发挥员工的创造力,有利于培养员工对组织发展的责任感和使命感。所以,只有通过建立科学的激励机制,才能组织使组织充满活力,组织的持续发展才有科学的管理制度作保证。

1. 激励机制的助长作用

激励机制的助长作用是指一定的激励机制对员工的某种符合组织期望的行为具有反复强化的作用,在这样的激励机制作用下,组织不断发展壮大。比如,在企业中,如果经济收入对员工来说很重要,并且工资和奖金的分配与员工的工作绩效紧密挂钩,那么涨工资和奖金对员工来说就具有激励效果,员工能从经济收入中得到很高的满足感,他们就会继续努力工作。在这种情况下,只有工作绩效不佳的员工才会缺勤或辞职。这种良好的激励机制对企业的发展具有促进作用。在良好的激励机制之中,需要有负强化和惩罚措施对员工不符合组织期望的行为起约束作用。激励机制对员工行为的助长作用能够帮助管理者努力探寻员工的真正需要,并将满足员工需要的措施与组织目标的实现有效地结合起来,在激发员工积极性的同时,促进组织目标的最终实现。

2. 激励机制的致弱作用

激励机制不健全等因素会导致对员工的部分工作积极性产生抑制作用和削弱作用,这就是激励机制的致弱作用。组织对不该奖励或应该反对的行为给予奖励,就会对员工工作积极性起致弱作用。如果导致致弱作用的因素长期起主导作用,就会极大地降低员工的工作积极性,降低其工作满意度,组织发展就会受到阻滞,甚至走向衰败。因此,对于存在致弱作用的激励机制,必须将其中的去激励因素根除,代之以有效的激励因素。对去激励因素的识别和根除,不是一件容易的事。对管理者来说,在正式使用激励机制之前,应设法进行模拟实验,将去激励因素排除在起负面作用之前。

3. 组织目标和个人目标相统一

在激励管理中,激励所采用的手段都是从个体自身的目标和需要出发的,而个体之所以能从组织中得到其需要,是因为组织目标的实现。也就是说,激励的最终目标是组织目标的实现。个体投入自身的知识、能力、经验等资源给组织,使组织的目标得以实现,个体再从中实现个人的目标。组织目标和个人目标是相互依存、不可分割的。在实际工作中个人目标与组织目标之间既有矛盾冲突的一面,也有一致的一面,组织管理者通过建立灵活、多样、高效的激励机制,可以把个人目标与组织目标合二为一,协调发展。

4. 促进思想政治工作和组织文化建设

良好的组织文化是组织生存与发展的基础,而良好的组织文化的培养,则离不开正反两方面的强化。交替运用激励中的奖惩手段,能不断规范员工的思想行为,提高员工自身素质,促进组织文化的不断发展。

5. 提高组织管理效能

通过完善的激励机制,创建一支高素质的组织管理队伍,形成有责任、有激励、有约束、有竞争、有活力的组织管理新机制,充分调动和发挥组织管理者的主动性、积极性和创造性,对于组织主动适应国际化的市场竞争,促进组织事业的健康、可持续发展有着极其重要的意义。

激励机制的理论模型如图 5-3 所示,包含三个支点和三条通路。激励机制理论模型中的三个支点分别是:(1) 组织目标体系。组织成员将实现组织目标作为达到个人目标的手段和途径,即如果组织目标表现出对个人的有用性,组织成员就会通过其日常工作连续地关注那个目标,赏识那个目标的重要意义和价值。这样组织目标就能逐步得到实现,从而也给组织成员带来个人价值的实现。(2) 诱导因素集合。个人参加到组织中来是因为组织能提供个人所需要的各种奖酬,而这些奖酬就成为产生某种行为的刺激因素,组织可将这些刺激因素作为引发员工符合期望行为的诱导因素。(3) 个人因素集合。个人因素包括个人需要、价值观等决定个人加入组织的动机的一些因素。

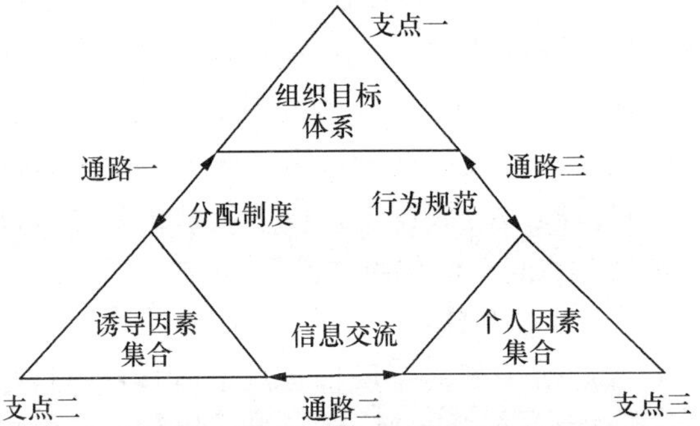

图 5-3 组织激励机制的设计

三、激励机制的方式

组织激励机制包括多种方式，这里简要介绍三种基本方式，即经济福利激励机制、绩效考核激励机制和价值满足激励机制。三种方式分别从不同的角度激起员工积极向上的力量，缺少任何一个方面，都会使组织激励机制的激励效用大打折扣，降低激励机制建设的投入收益。

1. 经济福利激励机制

经济福利激励机制包括基础工资、奖励工资、附加工资、福利保险等的设计。本质上讲，经济福利激励机制是通过薪酬管理的规范化激发员工的积极行为。要使经济福利的给予和剥夺能对组织成员的行为产生激励作用，组织薪酬设计必须与员工的行为结果和过程稳定相挂钩；并且，薪酬结构需根据组织的不同发展阶段而进行适时适度的调整。例如，创业阶段可适当增加基础工资和福利的比重，进入稳定发展期后要适当增加奖励工资的比重。

2. 绩效考核激励机制

绩效考核激励机制是通过确定员工的工作业绩贡献，使之在组织内部通过横向比较形成独有的“人无我有”结构，以实现员工的自我价值。绩效考核要有明确的标准，并且这个标准要具体化、定量化。绩效考核中要尽可能避免以个人好恶为依据，要公正地评价每一个下属员工的业绩贡献。

3. 价值满足激励机制

对自我价值实现和价值判断实现的追求是人的主要特征。俗话说的“人活一张脸，树活一张皮”，便体现了人对自我价值实现和价值判断实现的重视和追求。价值满足激励机制主要是通过尊重人、信任人、关怀人三条途径为员工提供自我价值实现和价值判断实现两种满足，并由激发员工的信心和决心，诱导影响员工的意志行为，使之为组织的生存和发展贡献其全部智慧和力量。例如，企业举办各种竞赛，对员工实现横向比较，以提升其自我价值的实现感。

总之，激励机制是为了激励员工而采取的一系列政策、规章制度、行为准则、道德规范、文化理念以及相应的组织机构、激励措施的总和。激励机制的设计应以实现组织工作的整个目标为核心，要求管理者通过理性化的制度来规范员工的行为，调动员工的工作积极性，谋求管理的人性化和制度化之间的平衡，以达到有序管理和有效管理。

第三节　内容型激励理论

需要是激励过程的起点。内容型激励理论主要从人的各种各样的需要出发,探讨工作动机激励的规律性。

一、需要理论

1. 马斯洛的需要层次理论

人类的需要是多种多样、千差万别的。不同的个体,其需求模式或结构是不尽相同的。在关于需要的相关理论研究中,最著名的是美国人本主义心理学家亚伯拉罕·马斯洛提出的“需要层次理论”。马斯洛于 1943 年的《动机激发论》中提出了“需要层次理论”。该理论认为,人的需要由低级到高级可以分为五种类型,即生理需要、安全需要、社交需要、尊重需要和自我实现需要。

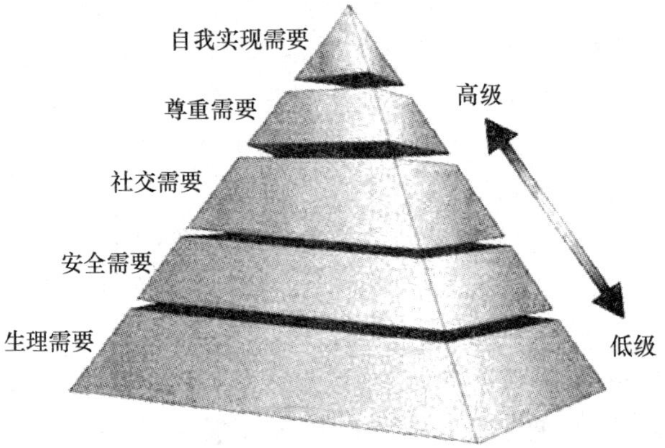

图 5-4　马斯洛需要层次论

(1) 生理需要。

生理上的需要是人们最原始、最基本的需要,包括衣、食、住、行、饥、渴、性等方面的生理机能需要。日常生活中人们吃饭、穿衣、住宅、医疗等都属于生理需要。生理需要如果得不到满足,生命就会受到威胁。也就是说,生理需要是人类最强烈、最迫切、最不可避免的最底层的需要,具有强大的动力去推动人们行为,是人们行为的最根本原因。生理需要具有自我保护和种族保护的意义,以饥渴为主,是人类个体为了生存而必不可少的需要。当一个人存在多种需要时，例如，同时缺乏食物、安全和爱情时，缺乏食物的饥饿需要占有最大的优势；当一个人为生理需要所控制时，其他一切需要都被推到幕后。也就是说，人们在转向高层次需要之前，总是尽力满足自己的生理需要。

管理过程中，如果员工在为生理需要忙碌，他们真正关心的问题就与他们所做的工作无关。只要能满足生理需要，任何职业、工作他们都可以接受。管理者可以通过增加工资、改善劳动条件、给予更多的业余时间和工作休息、提高福利待遇等措施激励员工的工作积极性。

(2) 安全需要。

安全需要的含义是很广泛的，小到个人生活安危，大到世界和平，人人都追求生活在一个有秩序的、可控制的、可以预测的环境中。物质安全需要，如操作安全、劳动保护和保健待遇等；经济安全需要，如失业保险、意外事故、养老等；心理安全需要，如希望解除严酷监督的威胁，希望免受不公正待遇，工作有应付能力和信心。对于组织内的员工而言，安全需要体现在劳动安全、职业安全、生活稳定、希望免于灾难、希望未来有保障等方面。安全需要比生理需要较高一级，当生理需要得到满足以后就要保障这种安全需要。

在管理过程中，如果员工最需要安全，管理者就应该强调规章制度、职业保障、福利待遇，并保护员工不会因为自动化而失业。处理问题时，不标新立异，避免或反对冒险，员工将会循规蹈矩地完成工作。但是，如果员工过分强调工作的安全性，他的进取心、创造性就可能会受到限制。

(3) 社交需要。

社交需要也叫归属与爱的需要，是指个人渴望得到家庭、团体、朋友、同事的关怀、爱护、理解，是对友情、信任、温暖、爱情的需要。社交需要比生理和安全需要更细微、更难捉摸。人们具有社交欲，希望和同事保持友谊与忠诚的伙伴关系，希望得到互爱；人们需要归属感，希望有所归属，成为团体的一员，在个人有困难时能互相帮助，希望有熟识的友人能倾吐心里话、说说意见，甚至发发牢骚。社交需要与个人的性格、经历、生活区域、民族、生活习惯、宗教信仰等都有关系，有时是难以察悟，无法度量的。

组织管理中，社交需要的缺失可能会导致员工精神不振，产生较高的缺勤率，低生产效率，工作满意度低，情绪低落等。因此，当员工的社交需要成为主要激励源时，工作就会被员工视为是寻找和建立和谐人际关系的机会，管理者就应该经常组织员工开展各种有组织的比赛、野餐、聚会等集体活动，使员工在组织中充分得到关心与爱护。

(4) 尊重需要。

尊重需要可以划分为内在尊重和外在尊重。内在尊重指自尊心、自主权、成就感等需要;外在尊重指地位、认可、受重视等需要。尊重需要也可划分为自尊、他尊和权力欲三类,包括自我尊重、自我评价以及尊重别人。另外,尊重的需要也可划分为渴望实力、成就、适应性和面向世界的自信心,渴望独立与自由,渴望名誉与声望。满足尊重需要会产生自信、价值能力体验、力量及适应性增强等多方面的感觉。而尊重需要得不到满足时,人就会产生自卑感、虚弱感和无能感。基于尊重需要,员工愿意把工作做得更好,希望受到别人重视,借以自我炫耀,希望有成长的机会、有出人头地的可能。

在组织中,颁发荣誉证书徽章、在公司刊物上发表表扬文章、公布优秀员工光荣榜等方式,都可以提高员工对自己工作的自豪感,满足员工的尊重需要。尊重需要很少能够得到完全满足,但基本的满足就可产生推动力。而且,这种需要一旦成为推动力,将会产生持久的激励作用。

(5) 自我实现需要。

自我实现需要是最高等级的一种需要,是指人们希望使自己的潜力能够最充分地发挥,理想变成现实,成为自己所期望的人。有自我实现需要的人,在竭尽所能地使自己趋于完美。自我实现意味着充分地、活跃地、忘我地、集中全力、全神贯注地体验生活;成就感与成长欲与他人不同,追求一定的理想,废寝忘食地工作,把工作当成一种创造性活动,希望为人们解决重大问题,完全实现自己的抱负。

在组织管理中,管理者在设计工作时就应该考虑到工作尽量丰富化,给员工留下充分实现理想的空间,在设计工作程序和制订执行计划时为员工留有余地。

马斯洛认为,人类价值体系存在两类不同的需要。一类是沿生物谱系上升方向逐渐变弱的本能或冲动,称为低级需要,包括生理需要和安全需要。另一类是随生物进化而逐渐显现的潜能或需要,称为高级需要。社交需要、尊重需要和自我实现需要都属于高级需要。需要的层次排列表明,需要层次由低到高呈递进性。当低层次需要在一定程度上得到满足后,个体才会追求高层次的需要。在组织中,当员工低层次的需要得到一定程度的满足后,公司仍以原来的激励方式来激励员工,激励效用甚微;但如果满足员工较高层次的需要,激励效用就会明显提高。一般来说,越低层次的需要,越为大多数人所拥有;越高层次的需要,拥有的人越少。基于马斯洛需要层次论,如果想要激励员工,首先需要了解员工目前的需要处于哪一个层次水平,从而提供相应的激励措施。

另外,马斯洛认为,在同一时期内,人都潜藏着这五种不同层次的需要,因为人的行为是受到多种需要支配的。但是,在每一个时期内,人表现出来的各种需要的迫切程度是不同的。人的最迫切的需要才是激励人行为的主要原因和动力。任何一种需要并不会因为下一个高层次需要的发展而消失,各层次的需要相互依赖与重叠,高层次的需要发展后,低层次的需要仍然存在,只是对行为的影响力度降低了而已。高层次的需要比低层次的需要具有更大的价值。热情是由高层次的需要激发的,人的最高需要即自我实现就是以最有效和最完整的方式表现他自己的潜力,唯此才能使人得到高峰体验。马斯洛需要层次论得到了广泛的认可,具有一定的理论科学意义和实践指导意义。

2. ERG 理论

美国耶鲁大学教授克莱顿·阿尔德弗根据对工人进行大量调查研究的结果,提出把人的需要归为三类:生存需要、关系需要和成长需要。该理论被称为ERG 理论。

(1) 生存需要。

生存需要指的是人全部的生理和物质上的欲望,如吃、住、睡等。组织中的报酬、对工作环境和条件的基本要求等也包括在生存需要中。它与马斯洛需要层次论中的生理需要和安全需要相对应。

(2) 关系需要。

关系主要强调了人们之间的相互关系、联系。这一类需要类似于马斯洛需要层次论中的部分安全需要、社交需要和部分尊重需要。

(3) 成长需要。

成长需要指一种要求得到提高和发展的内在欲望。人不仅要求充分发挥个人潜能、有所作为和成就,而且还有开发能力的需要。它与马斯洛需要层次论中的部分尊重需要和自我实现需要相对应。

ERG 理论的特点在于,当人的某一需要仅得到了较少满足,一般会产生更强烈的需要,要求得到更多的满足;较低层次的需要满足得越充分,则对较高层次的需要往往就会愈强烈;较高层次的需要满足得越少,也往往会导致较低层次的需要更为强烈地表现出来。

ERG 理论假设需要是具有一定的层次的,在这点上与马斯洛需要层次论相似,但它对各层次需要之间内在联系的阐述更具说服力。

ERG 理论与需要层次论的比较:需要层次论是基于“满足—上升”的逻辑,

即个体较低层次的需要相对满足后，会向更高层次的需要前进。而 ERG 理论不仅承认“满足—上升”逻辑，还提出了“挫折—后退”的逻辑。“挫折—后退”表示，在高层次的需要没有得到相应满足或受到挫折时，需要的重点可能会转向较低层次的需要。ERG 理论认为，在任何时间里，多种层次的需要会同时发生激励作用。例如，人可能同时受赚钱、友谊或新的工作机会等多种需要的激励。从这一意义来说，ERG 理论更符合实际，比需要层次理论更具完整性和严密性。

3. 成就需要理论

成就需要理论是由美国哈佛大学心理学家大卫·麦克利兰提出的。该理论的研究对象更侧重于高层次管理者，如各级经理、政府部门的官员以及科学家、工程师等高级人才。麦克利兰把高层次的需要划分为三种类型：成就需要、权力需要和归属需要。

(1) 成就需要。

成就需要指追求卓越、实现目标、争取成功的愿望。对一般人而言，奖励可以成为行为的目标，所以奖励可以提高人们的工作效率。但是对于某些人来说，努力工作的目的并不是为了追求成功之后的奖励，而在于追求成功的过程。这就是麦克利兰提出的“成就需要”。高成就需要的人的特征是：有承担责任、解决问题、寻求答案的欲望；寻求挑战，趋向于寻求具有适度挑战性的目标；需要具体的即时的反馈；对工作热忱，执著于所从事的任务。

(2) 权力需要。

权力需要主要指影响或控制他人的欲望。高权力需要者对发挥影响力和控制力特别重视。高权力需要人的行为特征表现为：追求领导地位，希望取得、行使并保持权力或影响他人；喜欢竞争性和地位取向性的工作环境；性格坚定，喜欢承担责任，爱教训别人，敢于在公开场合发表意见。

(3) 归属需要。

归属需要指建立友好的亲密的人际关系的欲望。高归属需要者通常从受到别人喜爱中得到乐趣，感到被社会、集体排斥是莫大的痛苦。高归属需要人的特征是：寻求建立并保持与他人的友谊和亲密的感情关系；希望获得他人对自己的好感；乐于主动关心和帮助有困难的伙伴；希望彼此之间有良好的沟通，以便于相互了解。相关研究表明，成功的领导者往往具有较高的权力需要和成就需要，而归属需要相对较低(参见表 5-1)。

图 5-1 美国总统的成就需要

姓名	成就需要	权力需要	亲和需要(归属需要)
克林顿	高	中	高
布什	中	中	低
里根	中	高	低
肯尼迪	低	高	高
罗斯福	低	高	中
林肯	低	中	中
华盛顿	低	低	中

二、双因素理论

双因素理论又被称为“激励—保健因素”理论,它是由美国心理学家弗雷德里克·赫茨伯格(Frederick Herzberg)在20世纪50年代提出的。赫茨伯格通过对200多名工程师和会计师进行的访谈调查,深入研究人们希望从工作中得到些什么。他询问被调查者诸如“什么时候你对工作特别满意?”“什么时候你对工作特别不满意?”“满意与不满意的原因是什么?”通过对调查结果的分析,赫茨伯格发现,员工对各种因素满意与不满意的回答十分不同。他指出,满意的对立面并不一定是不满意,消除了工作中的不满意也不一定能使工作令人满意。比如,“低收入”通常被认为会导致不满意,然而,“高收入”却不一定被归结为满意的原因。所以,他对传统理论认为的满意的对立面是不满意的观点提出了修正。他认为,满意与不满意并不是非此即彼、相互对立的关系。“满意”的对立面是“没有满意”,“不满意”的对立面是“没有不满意”。也就是说,令人满意的因素虽然被去除,但并不一定会导致员工不满意,仅仅是导致员工没有满意;同样,令人不满意的因素虽然被去除,但并不一定会导致员工满意,仅仅是导致员工没有不满意。

图 5-5 弗雷德里克·赫茨伯格(1923—2000)

1. 双因素理论的内容

双因素理论认为,激发人的动机的因素有两类:一类为保健因素,一类为激励因素。

保健因素,又称维持因素,主要指一些与外界工作环境有关的因素。这些因素没有激励作用,但却带有预防性,具有保持人的积极性、维持工作现状的作用。这些因素只能消除员工的不满,使其安心工作,但不能激励员工的积极性。如果这些因素较差,就会引起员工不满;改进了这些因素,只能消除员工不满,不能使其变得满意,不能调动员工工作积极性。

激励因素是指使人得到满足感和激励作用的因素。这些因素能激励员工的积极性和热情,从而提高劳动生产率。例如,工作成就感、工作成绩得到认可、工作本身具有挑战性、责任、工作具有发展机会等。当这些因素缺乏时,员工处于较低或没有工作满意感的状态;改进这些因素时,员工可以获得高度满意感,可以充分、持久地调动其工作积极性。

从表面上看,双因素理论与马斯洛的需要层次论差别很大,但实际上二者密切相关,只是侧重点不同。需要层次论针对人类的需要和动机,双因素理论侧重于满足人的需要的目标或诱因。良好的保健因素,可以满足需要层次论中的低层次的需要,防止不满情绪的产生或消除不满情绪。良好的激励因素可以满足需要层次论中高层次的需要,起到激励作用。

2. 关于双因素理论的争议

双因素理论在实践中引起了许多争议。以泰勒为代表的管理学家,大都认为激发人的积极性主要靠外部条件,靠金钱。赫茨伯格的双因素理论认为,调动人的积极性主要是从内部,从工作本身来调动人的内在积极性。双因素理论开创了激励的新观点。

双因素理论虽然为广大管理者所接受,但也受到很多批评和质疑。如研究方法的可靠性令人怀疑;研究对象都是会计师、工程师等专业人员,代表性较差。此外,人们在回答问题时倾向于做出合乎大家习惯的回答,倾向于把良好的工作绩效归功于自己的努力,而认为绩效不良的原因在于他人,使人怀疑该理论的可靠性。另一种主要的批评意见是怀疑满意与不满意是否真的可以衡量出来。尽管存在很多质疑,但是双因素理论解释了对工作满意和不满意的决定因素,对企业实行工作内容丰富化、工作扩大化、弹性工时起到了很大作用,对管理实践具有一定的影响和指导意义。

四种内容型激励理论彼此之间有相似性,也有一定区别,关系如图 5-6 所示。

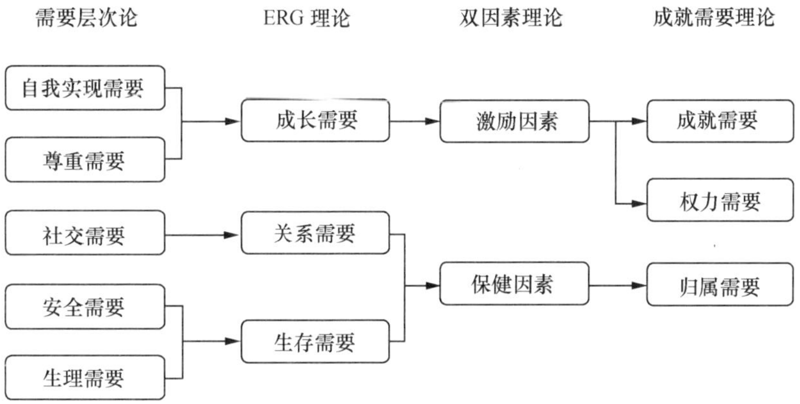

图 5-6　四种内容型激励理论的比较

第四节　过程型激励理论

一、期望理论

1. 期望理论的基本内容

弗鲁姆于 1964 年在《工作与激励》一书中提出了期望理论。该理论假设，人都是决策者，要在各种可供选择的行动方案中选择对自己最有利的行为。但从另一方面看，人在智力上和认知备选方案的能力上是有局限性的，因此人只能在备选方案的有利性和自己认识能力有限的范围内进行选择。期望理论正是在该假设基础上提出的。

期望理论认为，激励力量的大小取决于个体所要达到的目标的效价及其期望值的大小。也就是说，一种行为倾向的强度取决于对该种行为可能带来的结果的期望强度以及这种结果对行为者的吸引力。

期望理论模型是通过效价、期望值和工具性三个概念建立起来的，因此也称为 VIE 理论。用公式表示即为：激励力量 = 效价 × 期望值（参见图 5-7）。

（1）激励力量。

激励力量指一个人受到激励的程度。

（2）效价。

效价指个人对某种结果效用价值的判断，即一个人对某项活动可能产生的结果的价值的主观评价，或者说，效价是某种结果对个人的吸引力。同一种目标、同一种结果对于不同的人来说，其效用价值是不相同的。有人认为该目标、该结果对自己非常重要,因此效价为正值;有人认为这些对自己无意义,效价就为零;有人认为对自己非常不利,效价就为负值。只有效价为正值时,才能对人起到激励作用;正值越高,对人的激励效用也会越大。

(3)工具性。

工具性是与效价有关的另一个因素。个人所预期的结果,有两个层次,即一阶结果(也称第一输出水平)和二阶结果(也称第二输出水平)。一阶结果是指与工作本身有关的行为结果,如绩效水平、出勤率以及工作品质等;二阶结果是指由一阶结果所产生的回报,也是个体在某一行动中希望达到的最初结果,如提拔、加薪或惩罚等。一阶结果是达到二阶结果的工具或手段。工具性就是对这两种结果之间相关性的主观认识和判断。比如,一阶结果是工作绩效,二阶结果可能是各种各样的,如加薪、晋升、好评、表扬等。如果一个人希望得到提升,他认为工作有突出表现是达到这一结果的重要因素,那么他就会努力工作,希望能以出色的成绩得到提升。这里提升是二阶结果,工作成绩是一阶结果,对工作成绩与得到提升之间关系的认识就是工具性。

(4)期望值。

期望值指个人通过特定的努力达到预期成果的可能性或概率。期望值是一种主观概率,数值范围是0与1之间。个人认为某种行为将不会得到某种结果,则概率为0;如果肯定某一行为会得到某种结果,则概率为1。概率越接近1,则对人的激励水平越高。期望值与工具性的区别在于,期望值是对努力与一阶结果之间关系的估算,而工具性是对一阶结果和二阶结果之间关系的认识。

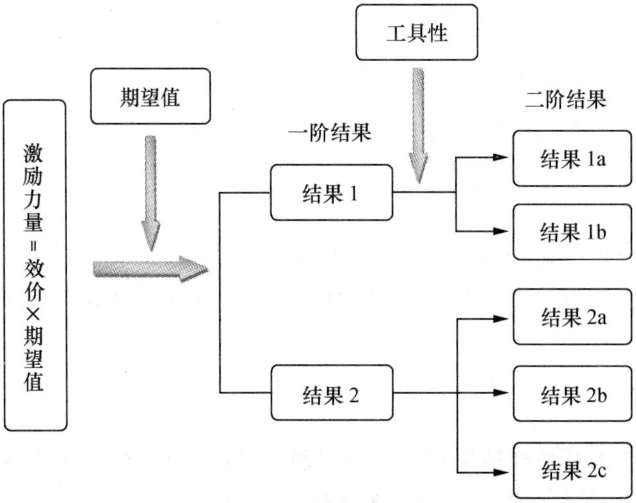

图5-7 期望理论模式图

总之,如果一个人认为某种目标或结果对他有重要的价值,而且通过自己的努力有很大概率达到该目标,那么就会激发他的积极性,使其努力去实现这一目标。而尽管效价很高,但个人估计达到目标的可能性很低,或者尽管个人估计有很高的达标概率,但该目标对自己毫无意义,则都不能激起人的积极性。

2. 期望模式

根据期望理论的模型,要使得激励力量达到最高,就要有效地激发人的工作动机。弗鲁姆提出了一种期望模式,该模式认为,要激发人的工作积极性,需正确处理好以下三种关系:

(1) 努力与绩效的关系。

人总是希望通过努力达到预想的结果。如果他(她)认为通过努力可以达到目标,个人主观上认为达到目标的期望值很高,就会信心倍增,激发出强大的力量。如果他(她)认为目标太难,高不可攀,或者目标太低,唾手可得,都会导致缺乏内部动力,激励力量甚微。因此,努力与绩效的关系取决于个人对目标的期望值。期望值是个体对实现目标概率的一种主观估计,它受到个体知识、个性、情感、态度、兴趣、动机、能力、信仰、经验等主观因素的影响,也受到个体的社会地位、外界环境、别人对他的期望等社会客观因素的影响。因此,要提高员工的期望值,管理者就要与员工共同设置切实可行的目标,同时,通过培训和教育,提高员工的工作能力。

(2) 绩效与奖励的关系。

人总是期望达到预期的绩效后能够得到适当的合理的奖励。奖励是一个广义的概念,包括物质奖励和精神奖励。奖励对员工的行为可以起到强化作用,使员工继续努力工作。如果组织没有行之有效的物质或精神奖励制度,员工被激发的内部动力便会逐渐消退。

(3) 奖励与满足需要的关系。

人总是希望得到的奖励能满足个人的某种需要。由于人与人之间在年龄、性别、资历、社会地位、经济条件等方面存在差异,其需要也存在明显的个体差异。因此,对同一种奖励,不同的人体验到的效价不同,也就是说,同一种奖励对不同人的吸引力是不同的。因此,为了提高奖励的吸引力,只有根据人的需要,采取多种形式的奖励,才能满足人的不同需要,最大限度地挖掘人的潜力,提高其工作效率。

3. 期望理论的实践应用

在组织管理实践中,期望理论具有一定的指导意义。首先,它可以帮助管理者建立科学的目标。科学的目标具有正确的效价和较高实现的可能性。其次，提高员工期望值水平。管理者可以根据员工的个性特征，安排合适的工作，做到人职匹配，提高员工的期望值；也可以通过培训、训练和教育等方式提高员工实现目标的能力，从而增加实现目标的期望值。最后，树立正确的效价。效价是一种主观感受，有些目标对某些人是有效价的，对某些人是没有效价的。管理过程中，管理者应该将组织奖励与满足个人需要相结合，还应在组织中努力树立共同的效价目标，也就是组织价值观。组织价值观是组织建立组织文化的核心和基础。

二、目标设置理论

1. 目标设置理论的主要内容

目标设置理论是马里兰大学管理学兼心理学教授洛克于 1968 年提出的。目标设置理论提出，目标是行为的最直接的动力，设置合适的目标会使人产生希望达到该目标的成就需要，因而对人有强烈的激励作用。任何目标都可以从三个维度来进行分析：

(1) 目标的具体性，指目标能够精确观察和测量的程度。

(2) 目标的难度，指目标实现的难易程度。

(3) 目标的可接受性，指人们接受目标、承诺目标和认可目标的程度。

研究表明，从激励效果出发，有目标比没有目标好，有具体的目标比空泛的目标好，能被执行者接受而又有较高难度的目标比简单易行、唾手可得的目标好。另外，给予员工工作情况的即时反馈，使得员工对自己工作的完成情况有更清楚的认识，有助于目标的最终实现。

2. 目标设置理论的实践应用

目标设置理论是一种相对较新的激励理论，提出了合适的目标设置是管理过程中最直接和最有效的激励手段，对管理实践具有重大的指导意义。

首先，目标是一种外在的可以观察和测量的标准，管理者可以直接设置、调整和控制目标，作为激励员工的重要手段和技术。其次，管理者在为员工设置目标的过程中，应该尽量使员工参与目标设置，了解并且认同组织目标；帮助员工设立具体的、有相当难度的目标；对目标的实现应该采取各种形式的激励和肯定，以激发和调动员工实现目标的积极性。再次，积极做好目标的反馈。信息反馈可以增强员工实现目标的积极性，并且使员工及时发现问题，调整方向，从而更好地实现目标。最后，该理论可以促进目标管理的实现。目标设置理论为管理中采用目标管理技术提供了心理学的理论依据，促进了目标管理的可实现性和可操作性。

第五节　行为修正型激励理论

行为修正型激励理论是从行为的角度来研究激励问题，代表理论包括公平理论、强化理论和挫折理论。

一、公平理论

1. 公平理论的基本内容

1965年，亚当斯提出了公平理论。该理论主要是探讨劳动付出与劳动报酬的比值关系，即个人所作的投入或贡献与其所取得的报酬或结果之间的平衡关系。

公平理论认为，人们对自己所获得的报酬是否满意，不是只重其绝对值，而是进行社会比较和历史比较，重视其相对值。社会比较是指员工在本组织中将自己的付出和报酬与其他人进行比较，也包括与其他组织员工的付出和报酬进行比较。历史比较是指员工在同样组织中把自己的收入和付出与过去相比较，也包括员工将自己在不同组织中的待遇进行比较。亚当斯用公式标示了公平关系，如下：

$$\frac{O_A}{I_A}=\frac{O_B}{I_B}$$

报酬相当，感到公平

$$\frac{O_A}{I_A}<\frac{O_B}{I_B}$$

报酬不足，感到不公平

$$\frac{O_A}{I_A}>\frac{O_B}{I_B}$$

报酬过高

其中：A 为存在公平或不公平的个体；B 代表与 A 有某种关系或 A 与之比较的个体；O 代表所获得的报酬；I 代表工作的付出。

变量 O 代表报酬（收入、结果、收益），包括物质性的和非物质性的。例如，经济报酬、住房、奖金、领导赏识、人际关系提升、进修、荣誉等。个体会以何种报酬进行比较，是由个体主观决定的，无客观通用标准。

变量 I 代表付出（投入、贡献）。包括与其工作相关的环境因素，如责任、风险、劳动条件、时间等；还包括个人性因素，如知识、能力、经验、学历、技能、过去的功劳等。当个体感到其所获得的报酬与付出的比值，与作为比较对象的他人的这项比值相等时，就有了公平之感；如果二者比值不相等，就会产生不公平之感。由此可见，一个人所获得的报酬的绝对值与其积极性高低并无直接的必然联系，只有所付出的劳动与其所获得报酬的比值，与同等情况下其他人相比较，主观上感到是否公平合理，才会真正影响人的积极性。

从公平理论的基本内容可以看出，当员工主观上感到公平的时候，就会带来激励作用。相反，当员工主观上感到不公平时，就会产生心理不平衡、紧张、苦恼、不安等负面情绪，进而产生许多消极作用。当员工感到不公平时，为了消除负面感受，就可能产生心理和行为上的改变，采取一些方式来减少自己不满意的程度。

2. 程序公平与互动公平

公平理论中更多探讨的是分配公平，但组织中除了分配公平外，还存在两种公平，即程序公平和互动公平。

所谓程序公平，是指员工对规则与程序所知觉到的公平感。它主要探讨的是决策形成过程的公正性对员工工作积极性的影响。相关研究发现，某些情境下，程序公平比分配公平对员工更具有持续效应。在组织管理中，要使得员工感到程序公平，就应该在处理不同的人和在不同的时候处理时保持一致性；没有偏见；确保在决策时收集并运用准确的信息；有改正错误决策的机制；符合伦理道德标准；确保受决策影响的群体对决策具有发言权等。

所谓互动公平，是指在决策执行过程中人们感受到人际对待的公平性。互动公平包括人际公平和信息公平。人际公平反映了在执行程序或决定结果时，权威人士或上级对待下级是否彬彬有礼；是否考虑到对方的尊严；是否尊重对方。信息公平是指是否给当事人传达了应有的信息。

3. 公平理论的应用问题

公平理论在组织管理中运用时，应该注意以下几方面的问题：

(1) 不公平的产生可能受绝对报酬和相对报酬两种情况的影响。

绝对报酬是指纵向对比的报酬，与过去对比的报酬。比如，今年和去年相比，今年得到的奖金没有去年多，如果是相同的岗位，就会产生不公平之感。相对报酬是横向对比的报酬，与他人对比的报酬。同样的岗位，别人得到了晋升，自己没有得到晋升，别人的奖金多，自己的奖金少，就会产生不公平之感。不公平之感的产生，可能更多、更大程度上源于相对报酬的影响。

(2) 公平是相对的，没有绝对的公平。

员工的不公平之感产生之后，作为管理者来讲，其目标是使之变得公平。但是，在管理中，没有绝对的公平。公平是相对的，不是绝对的；公平是主观的，不是客观的。管理实践中，只能做到相对的公平，不可能做到绝对的公平。

（3）报酬和投入不吻合将使当事人产生不公平的压力。

所获得的报酬少于付出，当事人肯定会觉得不公平；但当其所得报酬高于付出时，当事人同样会感到压力。因为员工心理上会产生一种负担，体会到来自团体的压力。这种压力可能导致其行为发生变化，比如，一个人因为获得了比其该得的报酬更多的报酬，所以他更加努力地工作，努力提高其工作效率和工作质量；或者他会降低自己的工作效率或工作质量，导致报酬的减少，以避免受到他人的非议和压力。所以，在组织管理中，报酬和投入应该遵循吻合的原则。

二、强化理论

1. 强化理论的基本内容

强化理论是以美国著名行为主义心理学家斯金纳的操作条件反射理论为基础而发展起来的一种激励理论。强化理论认为，人的行为是其结果的函数。如果这种结果对他有利，则这种行为就会重复出现，称为“强化”；若对他不利，则这种行为就会减弱直至消失，称为“弱化”。

强化过程包含三种要素：一是刺激，指所给定的工作环境；二是反应，指工作中表现出的行为和绩效；三是后果，指奖惩等强化物。三种要素的相互关系对被强化者未来的行为模式有显著的影响。

2. 强化的类型

强化的类型分为正强化、负强化和惩罚三种。三种类型的强化方式可以单独使用，也可以结合使用，前两种强化可以增强或保持某种行为的持续，后一种强化会减弱或减少某种行为。

（1）正强化。

正强化是指组织奖励那些符合组织目标的行为，以使这些行为得到进一步加强，从而有利于组织目标的实现。正强化的刺激物包括物质奖励和精神奖励，比如奖金、住房、表扬、晋升、荣誉等。正强化虽然是一种较为有效的行为刺激方式，但过于频繁地使用正强化，一种后果是导致人们对它形成越来越高的期望，在强化力度不变的情况下，会出现行为减弱的现象；另一种后果是导致人们认为这种正强化是理所应当的，给予时不会起到很大的正面刺激作用，不给予时会出现行为弱化倾向。因此，强化可分为连续的、固定的强化和间断的、时间和数量不固定的强化。管理者根据组织的需要和个体行为在工作中的反映，可将两种强化方式结合使用，间断强化更有利于组织目标的实现，不定期、不定量地实施强化，可以使每次强化都能起到较好的效果。

（2）负强化。

负强化是指为了使某种行为不断重复，减少或消除施于其身的某种不愉快的刺激，如批评、惩戒等。应用负强化的前提是，事先存在不利的刺激。比如，公司对员工的处分使员工开始采用正确的行为，如果员工表现良好，就会解除处分。因此解除处分是为了使该员工继续其正确的行为，因此解除处分就是一种负强化。

（3）惩罚。

惩罚是指在消极行为发生后，组织给予其不愉快的刺激，并使这种行为以后尽可能少地发生。比如，减少奖酬、罚款、降级、开除等。惩罚可以与强化方法配合使用。

3. 强化理论的应用

强化理论在管理实践中的应用日益广泛，在运用时应遵循以下原则：

（1）奖励与惩罚相结合。

对正确的行为进行奖励，可以使这种行为持续发生。行为者看到行为导致成绩，成绩导致奖励，会更加努力，以取得更好的成绩，得到更多的奖励。同时，还对周围的人起到示范作用。对于不良行为，应给予及时惩罚，使该行为消退，同时，也能使周围的人受到教育，引以为戒，避免类似的不良行为出现。因此，在管理实践中，奖励和惩罚并用是十分必要的，它可以帮助个体清楚地了解什么行为可以受到奖励，什么行为会受到惩罚，从而在消除不良行为的同时培养良好的正确的行为。

（2）以奖为主，以罚为辅。

强调奖励和惩罚相结合，不等于奖励和惩罚并重。有时，惩罚造成的效应往往是负面的。它只告诉人们不应该做什么，而不能告诉人们应该做什么。人们为了逃避惩罚，有时会出现新的不良行为。斯金纳曾说："受过惩罚的人，并不会就此改弦易张，充其量是学会了如何免于惩罚而已。"再有，过度的惩罚容易使人产生挫折感，损伤人的自尊心，降低人的自信心，从而丧失独立性和灵活性。因此，在管理实践中，应该以奖为主，以罚为辅。

（3）及时而正确地强化。

及时强化是指及时地对行为按其结果的好坏或进展给予相应的奖励或惩罚。正确的强化是要"奖罚分明"，出现好的行为给予及时相应的奖励，出现不良行为及时给予相应的惩罚。同时，还要注意奖励和惩罚的程度应该与行为结果相匹配。

(4) 因人而异,形式多样。

根据不同的对象,采用不同的强化手段;强化内容丰富化,可以采用多种形式的表扬和批评来实现激励效用的最大化。

三、挫折理论

1. 挫折的含义

在通向目标的道路上人们会遇到各种各样的障碍,个体可能会改变行为,绕过障碍,达到目的;当障碍不可逾越时,就会改变目标,进而改变行为方向;又或者在障碍面前无路可走,不能达到目标。在这种情况下,个体就会产生挫折感。因此,所谓挫折,是指个体在从事有目的的活动中,遇到障碍或干扰,致使个人目的不能实现,需要得不到满足时的情绪状态。

2. 挫折产生的原因

挫折产生的原因包括客观因素和主观因素两方面。

客观因素是指自然环境和社会环境的影响因素。自然环境因素是指个人能力无法抗拒的自然因素,如天灾人祸、生老病死等。社会环境因素指个人在社会生活中所遭遇到的政治、经济、道德、宗教、风俗习惯、人际关系等人为因素的限制。

主观因素包括生理因素和心理因素。生理因素指个人的智力、容貌、身材、某些生理缺陷所带来的限制,这些缺陷导致个体不能胜任某种工作,或者在工作中遭遇失败等。心理因素较为复杂,如需要的冲突、抱负水平等等。

人经常会遇到挫折。面对挫折,有些人百折不挠,意志坚定;有些人意志薄弱,心灰意冷。这是由于人的挫折容忍力存在差异。挫折容忍力就是对挫折的适应能力。当然,挫折容忍力的高低与个体生理和心理等主观因素有关,也与挫折本身的强度密切相关。

3. 挫折后的行为表现

挫折可能导致个体产生心跳加速、出汗、失眠、头痛、消化系统和神经系统紊乱等生理反应,也会出现一系列外显行为反应。受挫后的行为表现主要有攻击、回归、固执和妥协等。

(1) 攻击。

个体在受到挫折后,会产生强烈的委屈感,容易引起愤怒情绪,进而产生攻击行为。攻击行为可能表现为直接攻击阻碍个体达到目标的人或物。比如,一个人受到同事无端的谴责,他可能会怒目而视,反唇相讥,甚至对这位同事发动身体攻击。他也可能表现为间接攻击,把愤怒情绪发泄到其他人和物,采取寻找“替罪羊”的形式。比如,他可能回家骂家人、打孩子、摔东西等。

(2) 回归。

回归是指个体在受到挫折时表现出与自己年龄、身份很不相称的幼稚行为。比如,受挫后的哭闹、耍赖、装病等。还有一种典型的回归表现形式是易受暗示。易受暗示性的表现是在受挫之后盲目地相信他人、盲从地执行某人的指示等。在组织中,回归行为表现为不能控制自己的情绪,盲目地追随某个领导人,缺乏责任心,无理取闹,毫无由来地担心和轻信谣言。某些管理者在受挫之后不愿承担责任,难以做出简单的决策,敏感性降低,不能区分合理与不合理要求,盲目忠于某个人或某个组织等。

(3) 固执。

固执指被迫重复某种无效的动作。尽管反复进行某种动作并无任何结果和意义,但仍要继续重复该动作,不容易被改变。固执与习惯不同,习惯在受到惩罚时行为会改变和消失,但固执行为在受到惩罚时,不仅不会改变,而且会变得越发强烈。

(4) 妥协。

个体在受到挫折时会产生心理或情绪的紧张状态,这种紧张状态称为“应激”。人们长期处于过度应激状态会引起各种心身疾病,因此需要采取妥协性的措施来减轻紧张状态。妥协性措施常有以下几种表现形式:

① 文饰。也称为“合理化”,是指人们在受到挫折后为维护个人的自尊和减少失败所造成的焦虑、痛苦情绪,会想出各种各样的理由原谅自己,为自己的失败辩解。这些理由并非真正合理,只不过是文过饰非,寻求自我心理安慰。例如,“阿Q精神”“酸葡萄效应”“甜柠檬效应”都是典型的文饰。

② 投射。一个人把自己身上存在的不良品质强加给别人就是投射行为的表现。把自己的不良品质投射到他人身上,会减轻自己的内疚、不安和焦虑情绪。例如,贪污腐败的官员,经常怀疑、指责别人也有贪污行为;经常迟到早退的员工往往认为每个人都是会偷懒的。

③ 表同。表同与投射完全相反。表同是将他人具有的、令自己感到羡慕的品质加到自己身上,经常表现为模仿别人的举止言行。例如,一个人想当演员,但条件不够,于是模仿演员的穿着打扮;有人把自己和获得成功的人或有名望的集体单位联系在一起,求得一些间接光荣感,以减少挫折感受。

④ 冷漠。当一个人受到挫折后,用意志力压抑自己的愤怒、焦虑情绪反应,

表现为无动于衷,这就是冷漠。这种方法虽可以暂时减轻焦虑,获得暂时安静,但并不能从根本上解决问题。长期压抑负面情绪,对人的身心健康会造成很大危害。

⑤ 逃避。逃避是指个体不敢面对挫折,消极地避开挫折情境。这种情况下,个体往往倾向于逃往另一个现实,或逃向幻想世界,或逃向生理疾病。

4. 挫折管理

在组织管理实践中,挫折无处不在,无时不在,管理者应该采用正确的科学的方法应对挫折,以便减轻或消除挫折给员工所带来的负面情绪状态。

(1) 正确地面对挫折。

挫折是人生不可避免的,人生逆境十之八九,因此,对于生活和工作中可能遇到的困难和失败应该抱有充分的心理准备。面对挫折,应冷静地分析失败原因,总结经验教训,继续前行。挫折可能带给人许多负面情绪,但也能磨炼人的意志,使人更加成熟、坚强。组织中,管理者首先应该正确对待挫折,同时要教育和帮助员工树立百折不挠的精神,锻炼克服困难挫折的意志力,增强挫折容忍力。

(2) 对受挫者采取宽容的态度。

受挫者的行为是形形色色、千奇百怪的。一般来讲,面对受挫者的行为,不应该采取针锋相对的攻击措施,这会导致受挫者再度受挫,使矛盾升级激化。管理者应该对受挫者抱有正确的态度,理解受挫者的心情,持以宽容和忍让的态度,将其看做是一个急需帮助的人,方能营造出一种解决问题的氛围。

(3) 改变情景。

改变引起挫折的情境也是应对挫折的有效方法之一。比如,将受挫者调离造成其不幸的环境,以免触景生情。组织中,对于犯错误的员工,要营造一种和谐氛围,使其感受到集体的温暖,使其不会因为受挫而感受到集体的排斥,增加挫折感。

(4) 采取精神发泄方法。

精神发泄法是一种心理治疗方法。这种方法是要创设一种情境,使受挫者可以自由表达其受压抑的情感。因为人们受挫后会以紧张的情绪反应代替理智行为,因此,只有将紧张情绪发泄出来,才能恢复理智状态。

本章框架图

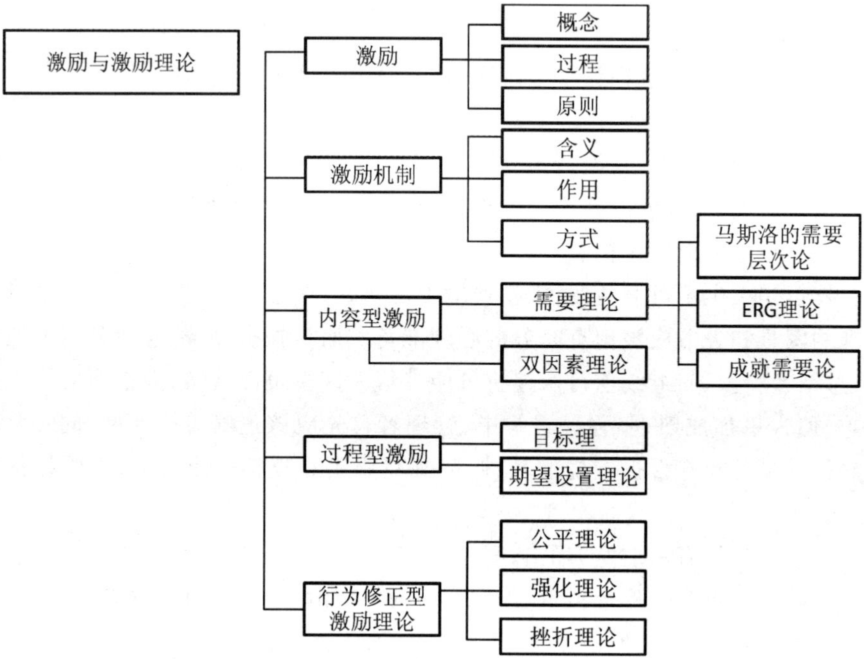

本章思考题

1. 掌握激励的概念及激励机制。
2. 掌握马斯洛的需要层次理论和ERG理论。
3. 简述双因素理论的基本内容和局限性。
4. 结合实践,谈谈内容型激励理论如何在管理实践中应用。
5. 期望理论中提出的需要处理好的三种关系是什么?
6. 结合实践,谈谈目标设置理论如何应用。
7. 简述公平理论的基本内容,并理解什么是分配公平、程序公平和互动公平。
8. 管理实践中运用公平理论应注意哪些问题?
9. 简述强化的几种类型。
10. 管理实践中如何运用强化理论,激发员工积极性?

实践操练

施迪闻是富强油漆厂的供应科科长，厂里同事乃至外厂的同行们都知道他心直口快，为人热情，尤其对新主意、新发明、新理论感兴趣，自己也常在工作里搞点新名堂。前一阶段，常听见施科长对人嚷嚷说："咱厂科室工作人员的那套奖金制度，是彻底的'大锅饭'平均主义，我看，到了非改不可的地步了。奖金总额不跟利润挂钩，每月按工资总额拿出5%当奖金，这5%是固定死了的，一共才那么一点钱。说是具体每人分多少，由各单位领导按每人每月工作表现去确定，要体现'多劳多得'原则，还要求搞什么'重赏重罚，承认差距'哩。可是谈何容易，'巧妇难为无米之炊'呀！总共就那么一点点，还玩得出什么花样？理论上是说要奖勤罚懒，干得好的多给，一般的少给，差的不给。可是你真的不给试试看？不给你造反才怪呢！结果实际上是大伙基本上拉平，皆大欢喜；要说有那么一点差距，确定分成三等，不过这差距也只是象征性的。照说这奖金也不多，有啥好计较的？可要是一个钱不给，他就认为这简直是侮辱，存心丢他的脸。唉，难办！一个是咱厂穷，奖金拨的就少；二是咱中国人平均主义惯了，爱犯'红眼病'。"

最近，施科长却跟人们谈起了他的一段有趣的新经历。他说："改革科室奖金制度，我琢磨好久了，可就是想不出啥好点子来。直到上个月，厂里派我去市管理干部学院参加一期中层管理干部培训班。请来一位美国教授，他提出一个新见解，说是企业对职工的管理，不能太依靠高工资和奖金。钱并不能真正调动人的积极性。能影响人积极性的因素很多，按其重要性，最要紧的是'工作的挑战性'这个洋名词。他解释就是指工作不能太简单，轻而易举地就完成了；要艰巨点，得让人动点脑筋，花点力气，那活才有干头。再就是工作要有趣，要有些变化，多点花样，别老一套，太单调。他说，还要给自主权，给责任，要让人家感到自己有所成就，有所提高。还有什么表扬啦，跟同事们关系友好融洽啦，劳动条件要舒服安全啦什么的，我也记不准、记不全了。可有一条我是记准了：工资和奖金是摆在最后一位的，也就是说，最无关紧要。你想想，钱是无关紧要的！闻所未闻，乍一听都不敢相信。可是我细想想，觉得这话是有道理的，所有那些因素对人说来，可不都还是蛮重要的吗？我于是对那奖金制度不那么担心了，还有别的更有效的法宝呢。那教授还说，这理论也有人批评，说那位学者研究的对象全是工程师、会计师、医生这类高级知识分子，对其他类型的人未见得合适。他还讲了一大堆新鲜事。短训班办完，回到科里，正赶上年末工作总结讲评，要发年终奖金了。这回我有了新主意。我那科里，论工作，就数小李子最突出：大学生，大小也算个知识分子，聪明能干，工作积极又能吃苦，还能动脑筋。于是我把他找来谈话。别忘了，我如今学过点现代管理理论了。我于是先强调了他这一年的贡献，特别表扬了他的成就，还细致讨论了明年怎么能使他的工作更有趣，责任更重，也更有挑战性……我们甚至还确定了考核他明年成绩的具体指标，最后才谈到这最不要紧的奖金。我说，这回年终奖，你跟大伙儿一样，都是那么多。可是，小李子竟发起火来了，真的火了。他蹦起来说：'什么？就给我那一点？说了那一大堆好话，到头来我就值那么一点？得啦，您那套好听的请收回去送给别人吧，我不稀罕。表扬又不能当饭吃！这是怎么一回事？美国教授和学者的理论听起来那么有道理，小李也是知识分子，怎么就不管用了呢？把我搞糊涂了。”

试分析：

1. 案例中所提到的激励理论，是指管理学中的哪个激励理论？试用该理论分析此案例。

2. 科长用美国教授介绍的理论去激励小李，结果碰了钉子，问题可能出现在什么地方？根据案例提示的情况，说出你的理由。

第六章　社会认知

本章学习目标

1. 了解社会认知的概念
2. 了解印象形成的原则及基本模式
3. 掌握印象管理及策略
4. 掌握归因理论

人们每天都要从外部世界获取许多信息，通过对这些信息的加工与认知，才会清楚准确地感知周围的环境，进而做出判断，大脑指导个体做出适合当时情景的反应。所以，人类行为的产生有赖于知觉的作用，其直接影响着人的心理状态和行为。社会认知是一个相对较新的概念，指个体对他人、对自己的认识。管理的对象就是每个不同的个体，所以研究社会认知在社会交往和归因中的作用，就显得尤为重要。

第一节　社会认知概述

一、社会认知的涵义

社会认知是认知心理学和社会心理学相结合的产物，现已成为社会认知心理学的一个重要研究领域。1947 年，布鲁纳(J. S. Bruner)首次提出“社会知觉”概念，开启了社会认知研究的大门。社会知觉是指个体对他人的心理状态、行为动机和意向做出推测与判断的过程。这种推测和判断不仅取决于被感知的个体、群体本身,也取决于感知者的目的、态度、价值观和过去的经验。之后随着认知心理学研究的日益兴盛,社会知觉逐渐被社会认知所取代。1970 年以后,社会认知的概念逐步确立。

对于社会认知的定义,不同心理学家理解的角度不同,各有侧重。伊森和黑斯托夫认为,对于认知过程的理解是认识复杂社会行为的钥匙。戴蒙认为,社会人有两个相互联系的方面。第一,社会认知的"组织方面",是指构成个体的社会知识、制约其对社会现实的认识的范畴和原则;第二,社会认知的"过程方面",是指通过社会互动而发生的沟通和变化。科斯林和卡根指出,社会认知通常指两种认知:第一种是关于个人和群体的认知;第二种是具有情感、动机态度和情绪色彩的认知。尚茨则认为,社会认知通常是指对于人、自我、人际关系、社会群体、角色和规则的认知,以及对于这些观点与社会行为关系的认识。克鲁斯和利顿认为,社会认知研究的是他人和自己的心理事件,以及人们对社会关系的思考。

目前,被学者们普遍接受的社会认知涵义是:以人以及人的活动为研究对象,考察个体对他人和社会的了解、理解以及概念化的过程。简言之,社会认知是指个体如何看待他人,以及对自我的认知。社会认知包括个体对他人的态度、情感、意向、能力、特质等心理事件的观察和推测,也包括对有关自我及他人、社会团体等的认知,还包括对人际关系中重要心理特质的认知。可以通俗的说,社会知觉与社会认知最大的区别就在于社会认知还包括对自己的认知,这是社会知觉之前的概念所没有的内容,所以社会认知的研究范围比社会知觉要更广一些。

二、社会认知的分类

按照意识的参与程度,类似于内隐记忆和外显记忆,社会认知可以分为外显社会认知和内隐社会认知两种。

1. 外显社会认知

外显社会认知,是指社会认知的外显性,即在明确的意识监控下或按照严格的逻辑规则对社会刺激进行组织和解释。其中,意识和语言在社会认知中具有核心作用。意识参与社会认知的整个过程。比如,研究者在用问卷量表测量被试的某些心理特质时,一般会让被试根据自己的主观感受,对相应的项目做出选择。在这个过程中,被试通过有意识地观察自己的实际状态做出选择。

卡特尔16种人格因素问卷（16PF）

本测验共有187道题目，都是有关个人的兴趣和态度等问题。每个人对这些问题是会有不同看法的，回答也是不同的，因而对问题如何回答，并没有对与不对之分，只是表明你对这些问题的态度。请你要尽量表达个人的意见，不要有顾虑。

请注意：1、每一测题只能选择一个答案；2、不可漏掉任何测题；3、尽量不选择B答案；4、本测验不计时间，但应凭自己的直觉反应进行作答，不要迟疑不决，拖延时间。一定要在一个小时以内完成整个测验；5、有些题目你可能从未思考过，或者感到不太容易回答。对于这样的题目，同样要求你做出一种倾向性的选择。

1. 我很明了本测试的说明：
(A) 是的　(B) 不一定　(C) 不是的

2. 我对本测试的每一个问题，都能做到诚实地回答：
(A) 是的　(B) 不一定　(C) 不同意

3. 如果我有机会的话，我愿意：
(A) 到一个繁华的城市去旅行　(B) 介于A，C之间　(C) 浏览清静的山区

4. 我有能力应付各种困难：
(A) 是的　(B) 不一定　(C) 不是的

33. 多数人认为我是一个说话风趣的人：
(A) 是的　(B) 不一定　(C) 不是的

34. 如果人们知道我内心的成见，他们会大吃一惊：
(A) 是的　(B) 不一定　(C) 不是的

35. 在公共场合，如果我突然成为大家注意的中心，就会感到局促不安：
(A) 是的　(B) 介于A，C之间　(C) 不是的

36. 我总喜欢参加规模庞大的晚会或集会：
(A) 是的　(B) 介于A，C之间　(C) 不是的

图 6-1　卡特尔 16 种人格因素问卷（片断）

2. 内隐社会认知

20世纪90年代中期，美国心理学家格林沃尔德（A. G. Greenward）提出“内隐社会认知”的概念，社会认知研究开始从信息的意识性加工转向对其内隐层面的探讨。就像弗洛伊德所说的冰山理论一样，我们对于自己的认识和对于他人的认识大多处于无意识状态下，好多我们本身并不知道。

内隐社会认知，是指在社会认知过程中，虽然个体不能回忆起某些过去的经验，但这些潜在经验会对他的行为和判断产生影响，即无意识成分参与了有意识的社会认知加工过程。内隐社会认知是一种深层次的、复杂的社会认知过程，是认知主体不需努力的、无意识的操作过程。内隐社会认知的研究范围很广，涉及内隐自尊、内隐态度、内隐刻板印象等。内隐社会认知的研究方法是间接的测量技术，其中内隐联想测验（IAT）以其创新性和有效性成为内隐社会认知研究的新范式。

三、社会认知的研究范畴

目前，社会认知的研究日渐多元化、具体化，涉及社会生活的方方面面。其研究范畴不仅涉及对个体的认知，还包括对人际关系的认知；既包括对团体之间各种社会关系的认知，也包括对社会角色的认知。具体来说，社会认知的研究范畴主要有社会刻板印象、社会态度、社会偏见、自我认知四个方面。

1. 社会刻板印象

现实生活中，我们常常认为北方人粗犷豪爽，南方人细腻委婉，虽然这并不完全正确，但人们还是会形成这样一种观念，这就是刻板印象。即人们往往根据年龄、性别、地域、种族、职业等群体类别特征对他人进行知觉和判断，使个体

与其所属群体的特征保持一致，从而忽视了个体的具体特征，出现类似的知觉偏见。这个过程被称为“刻板印象”，即对某个群体形成一种概括而固定的看法。

从社会认知的角度分析，刻板印象是一种涉及知觉者的关于某个人类群体的知识、观念与预期的认知结构。它往往不以直接经验为依据，不以事实材料为基础，也不考虑个体的差异性，而是依赖存在于人们头脑中的某些固定看法。刻板印象显著的特点是按照非常明显的自然特征区别不同的群体，如性别、种族、年龄、地域等，把一系列特征归为某一个群体的个体所有，并且某一群体的所有个体都具有该群体所具有的全部特征。比如：按年龄来说，我们常认为年轻人充满朝气，初生牛犊不怕虎，做事容易心浮气躁；而老年人则办事牢靠，经验丰富，同时又墨守成规，缺乏进取心。按性别来说，我们常认为男性独立性强、果断勇敢、自信而有抱负，但粗心大意；而女性则依赖性强、爱干净、细心体贴。秦启文和余华在 2001 年进行了一项研究，让所有被试者对男人和女人的正负刻板印象按选出的形容词排序。结果显示，对男人的刻板印象，正向的形容词前五位依次是：有创造力的、有幽默感的、自立的、乐观的和精干的；而负向的形容词前五位是：斤斤计较的、目光短浅的、欺软怕硬的、优柔寡断的和自卑的。对女人的刻板印象，正向的是：自立的、善良的、娴熟的、温柔的和文雅的；而负向的是见钱眼开的、依赖性强的、斤斤计较的、自卑的和挥霍的。

刻板印象是一种固定的印象，主要被用来表示社会认知的偏向性和凝固性。因此，刻板印象一旦形成就具有较高的稳定性，较难发生改变。它往往会阻碍人们接受新事物，极易导致社会偏见的产生，给人们的社会认知和人际交往带来不良影响。20 世纪 20 年代到 90 年代，研究者们初步揭示了种族刻板印象、性别刻板印象、年龄刻板印象、职业刻板印象的原因及其影响因素，对于修正人们的社会认知偏差，矫正管理活动中的误区，维护社会的和谐稳定具有重要的现实指导意义。

2. 社会态度

目前，社会认知研究领域对社会态度的概念的理解和界定尚未取得一致，但普遍认为社会态度包括认知成分、情感成分和意向成分三种心理成分。社会态度是对于社会对象的持续性评价或情感，是有关社会重大事件的某些特定刺激与个体反应之间的强化联系而形成的行为倾向性。这种倾向性往往以对社会现象的好坏评价表现出来，它是通过学习强化而习得的。比如人们对于慈善的态度。最初人们对于慈善的态度是积极的，然而近年随着“郭美美事件”的曝光，公众对红十字会的公信力产生了信任危机，这就使得人们对于红十字会的社会态度发生了较大改变。

社会态度能够影响个体对客观对象的选择判断、反应模式，也会影响个体的行为效率。社会态度的结构并非一成不变的，它会随着社会态度体系化的程度、分化程度以及复杂性等方面的变化而变化，但这种变化只是大小、强弱程度的变化，并不会影响对社会态度结构的总体研究。研究社会态度的结构，不仅有利于揭示社会态度本身的心理过程与特征，而且有利于解释、说明和预测人类的社会行为。对社会态度的发生机制、社会需要与社会态度的关系以及个体的社会态度及其管理等问题进行深入探讨，有助于人们把握社会认知中的社会态度问题，预防消极社会行为的出现。

3. 社会偏见

社会偏见是人类社会生活中产生的一种社会心理现象，关于它的研究最早源于20世纪30年代对种族歧视和种族偏见的研究。偏见是指人们不以客观事实为根据建立的对人、对事的态度。偏见包含的认知成分比较少，情感成分比较多，因而较大地受到情感因素的影响。

随着认知心理学的兴起，有关偏见的社会认知理论开始出现并持续发展。由于人类在推理能力上存在局限性，因而在不同程度上都会存在某些认知偏见，认知偏见会对决策行为造成负面影响。当人们遇到一个他们喜欢的假设时，就会去寻找对这个假设有利的证据，而忽视那些对这个假设不利的证据。

社会偏见的种类主要包括首因效应、晕轮效应、近因效应和投射。

(1) 首因效应是指最先的印象或第一印象对人的认知具有强烈的影响。它一般发生在陌生人之间。比如，招聘面试的第一印象至关重要。如果第一印象良好，就会使得人们容易从好的方面看待他今后的行为，即使表现差一点，也容易得到谅解；反之，第一印象不好的话，就要花费很大精力才能改变。在管理中既要充分利用首因效应，以利于工作的开展，又得避免首因效应造成的偏见。

(2) 晕轮效应，又叫光环效应，是指对一个人某种特征形成好的或坏的印象之后，人们倾向于据此推论他其他方面的特性，因为人们倾向于把有关的特质联系起来形成对他人统一的认识。所以，当我们知道了一个人的某种特征时，就会不自觉地联想到与这一特征相关的其他特质，就像日晕一样，从中心逐步扩大到整个圆圈。美国心理学家阿希做过一个实验，他给被试一张列有五种品格的表格（聪明、灵巧、勤奋、坚定、热情）要求被试者想象一个具有这五种品格的人，结果被试者普遍把这个人想象为一个友善的人。然而，当他把表格中的“热情”换成“冷酷”，再要求被试者想象时，结果发现被试者普遍推翻了原来的形象，产生了一个否定、完全不同的形象。

(3) 近因效应,是指最后给人留下的印象有强烈影响。它一般产生于熟人之间。

(4) 投射是指由于自己具有某种特征,因而判断他人也一定会有与自己相同的特征。在谈论别人或与自己没有利益瓜葛的事情时,人们更乐于从自身的角度来推测别人这样做的原因。许多投射测验,正是运用了这一原理。

社会认知理论在对偏见进行研究的过程中,初步形成了关于偏见内涵的稳定解释机制,提出"那些通常缺乏理性基础或充分证据的观念簇构成了偏见的认知内容或认知根源"。由于采用了社会认知的研究方法,研究者更为注重从社会文化历史变迁的背景中研究微妙的内隐认知水平的偏见反应。社会认知中存在的偏见给人们的社会生活带来了一定的负面影响,如容易造成社会歧视,扭曲人们对某一事件或群体的认知解释和记忆,使个体的认知判断出现偏差,导致"自我实现预言"效应,进而可能影响到社会成员之间的心理和谐等问题。在社会认知和人际交往的过程中,人们需要了解和消除偏见带来的负面影响。

4. 自我认知

自我认知是将自己作为认知对象,对自己的心理状态、自己与他人的关系、自己在社会或群体中的地位和作用的认知过程,也可以说自我认知就是自己对自己的认识。一个人能正确地认识自己是有效地从事社会活动的前提,是心理健康的保证,也是社会化程度较高的标志。自我认知是自我认识的过程,从自我观察、自我体验和他人对自己的态度评价中获取信息,进而进行分析和判断,形成自我意识和自我概念。

自我认知不是与生俱来的,而是在社会化过程和社会交往、社会实践活动中逐渐形成的,并经历了生理自我、心理自我和社会自我三个发展阶段。生理自我是指个体对自己的生理属性的认识,如身高、体重、长相;心理自我是指个体对自己心理属性的认识,如心理过程、能力、气质、性格等;社会自我是指个体对自己社会属性的认识,如自己在各种社会关系中的角色、地位、权利等。自我认知在社会生活和实践中,通过以人为镜、角色扮演、社会比较、对自我心理活动分析等方式实现自我认知和自我评价。通常来说,一个人的自我认知是随着个体的成熟而不断改变的,在改变过程中倾向于保持相对稳定的、积极的自我认知。其影响着个体对他人的认知、对人际关系的认知、对角色的认知、对周围世界的认知,本质上讲影响个体的社会认知,影响个体行为的基本方式和生活态度。

第二节　社会认知过程

一、社会认知的过程

社会认知的过程实质上就是人们根据周围环境中的社会信息进行推理的过程。社会认知的过程可以划分为搜集、选择信息和整合信息两个方面。

1. 信息搜集和选择过程

个体在社会信息的搜集中,会受到主客观因素的影响。客观方面的影响因素有刺激的物理强度,刺激与刺激背景之间的差异,刺激的重复出现和运动特征等;主观方面的影响因素有认知者的需要、兴趣、动机、认知风格以及刺激的情境等。除此之外,在社会情境中,个体获取社会信息的途径还有很多,如他人的言谈举止、表情、声调,扮演的社会角色,所处群体中成员之间的关系,群体气氛等,都是信息的来源。

认知者搜集到许多信息后,需要对其加以选择,以便获取足够的信息进行社会判断。社会信息的选择,主要受人们先前经验(即原有生活经验)的影响。先前经验可以帮助个体快速选择他所需要的信息,节省大量的认知资源,但如果先前经验本身有偏差,那就可能在选择过程中忽略一些有用信息,得出不合适的结论。导致先前经验出现偏差的原因,可能是在信息选择过程中个体会忽略现有信息与先前经验的差别——先前经验往往是从少数人身上得到的,是一个人在短时间内的行为表现,并不能代表一个群体或一类人的总体特征,从而存在一种“以偏概全”的倾向;也可能是个体往往喜欢抓住那些最显著的个案信息,而忽略基于多数人的统计信息,把特殊事例总结成了普遍规律。例如,很多人都认为到沿海地区可以发大财,他们总拿某人去南方一年赚了300万元等作为根据,却忽视了大多数人都在沿海地区辛苦打工的事实。

简而言之,社会信息的搜集和选择过程是社会认知的第一阶段,这一过程不仅受个体本身主观因素的影响,而且还受刺激物等客观因素的影响,同时还受个体先前经验的影响。

2. 信息整合过程

完成了信息搜集、选择之后,人们就将信息放在一起,对被知觉者进行判断和推测,以便形成关于人和事的完整印象。社会认知过程中的信息整合方式很独特,首因效应、近因效应、晕轮效应、刻板印象、投射效应、对比效应等都是社会认知信息整合过程中常见的偏差。

二、社会认知阶段

社会认知主要包括社会知觉、社会印象和社会判断三个不同加工水平的认知阶段。社会知觉是对社会对象的直接反映，是社会印象和社会判断的基础。社会知觉容易被复杂纷纭的表面现象所迷惑，从而产生社会错觉；社会印象则是在社会知觉素材的基础上，经过一定的加工概括而在记忆中保持下来的主观印象，是人对社会对象的一种间接反映，如第一印象、晕轮效应和刻板印象等都是这样的社会印象；社会判断是社会认知的高级阶段，是对某种社会对象定性或定论的过程。

比如，你们公司新来了一位同事。首先你会打量他的穿着、言谈举止、外貌等信息，这就是社会知觉的阶段；然后，你会根据这些信息，在你脑海中加工形成一个整体或好或坏的印象，这一过程就是社会印象阶段；然后，在这个基础之上，你就会形成一个自己的判断——这个人是好还是坏，是否容易相处，这一过程即社会判断。这一判断的形成会直接影响到你今后对这个新人采取的态度和行为方式。

三、社会认知过程中的分类与图式

尽管人们会收集和选择许多相关信息，但是，在处理这些信息时并非全部加以处理。麦硅尔(McGuire)认为，人是一个认知的吝啬者，在知觉他人时，常常试图去掉琐碎的信息，以节省精力；人们并不去知觉或记下所有信息，而只是从发生的事件中挑出对形成印象所必要的信息。这也符合人类的最小省力原则。菲斯克和泰勒认为，人的社会认知过程是根据环境中的社会信息形成对他人或事物推论的过程。在社会认知过程中，分类与图式是较为重要的。

1. 分类

在认知他人的时候，人们并不是把某个人当成独立的个体，而总是立刻并自动地将之归到某一类当中，这一过程就是分类。分类是自发的、立即的。这样可以保证人们快速地加工外界信息，按照经验分类，以判断是否对自己有害，这样就节省了大量的精力。在分类的时候，人们采用什么标准呢？心理学家坎特(Cantor)等人指出，人们在分类的时候往往以他人或事物与原型的相似性来分类。也就是，将被分类的物体与该类物体的一个典型或理想的范例相比较，这个范例就是原型。“原型”是心理学家卡尔·荣格提出的名词，指神话、宗教、梦境、幻想、文学中不断重复出现的意象，它源自民族记忆和原始经验的集体潜意识。这种意象可以是描述性的细节、剧情模式或角色典型，它能唤起观众或读者潜意识中的原始经验,使其产生深刻、强烈、非理性的情绪反应。换句话说,原型就相当于我们对一些事物最笼统的看法,之后的具体形象是在这一原型基础上的进一步加工。如:对于他人的分类,我们最初的分类标准是性别,也就是说,当我们看到一个陌生人的时候,我们首先会把其归入男性或女性,然后才对其做进一步的分类。通过简单的分类,我们对他人或事物的认识就大大地被简化,加之认知过程中的图式,可以使人节省很多认知资源和心理能量。

2. 图式

"图式"(Schema)的概念是由泰勒与克洛克提出的。图式是指一套有组织、有结构的认知现象,它包括对所认知物体的知识,有关该物体各种认知之间的关系及一些特殊的事例。比如,人们对20世纪60年代产生于美国的嬉皮士的图式就是:他们是白人大学生、穿牛仔裤、梳着各式各样的发型等等。

为了节省时间与精力,人们常常用图式化的方式去处理大量的信息。图式的重要性就在于它有助于我们快速而经济地处理大量信息,它能帮助人们解释新信息,从而获得有效的推论;提供某些事实,填补原来知识的空隙;对未来可能发生的事的预期加以结构化,以便将来有心理准备。但是图式化的处理也有不足之处,它使人们觉得不需要去详细分析与解释特质。

心理学家根据不同的内容把图式分为:

(1) 个人图式,指我们对某一特殊个体的认知结构。比如,我们对项羽就有一个个人图式,这个图式是:项羽有勇气、自信、冲动等。

(2) 自我图式,指人们对自己所形成的认知结构,它与自我概念密切相关。比如,你可能认为自己聪明、有同情心、乐于助人等,这些都是自我图式的内容。

(3) 团体图式,指人们对某个特殊团体的认知结构,也称为"团体刻板印象"。团体图式使得人们将某些特质归于一个特殊团体的成员所共有。比如,人们常常认为南方人勤劳、精明、头脑灵活等;认为美国人乐观、冒险、爱助人等。

(4) 角色图式,指人们对特殊角色者所具有的有组织的认知结构。比如,人们常常认为教授的特点是知识渊博、满头银发等。

(5) 剧本,指人们对事件或事件的系列顺序的图式,尤其是指一段时间内一系列有标准过程的行为。就像电影剧本一样按照顺序呈现。比如,我们到餐厅就餐的事件就符合一个剧本,什么时候点菜,什么时候买单,就是一个剧本。如果这个剧本的顺序发生颠倒——你刚到餐厅还没有点菜,服务员就要让你结账,你还会在这个地方吃饭吗?

心理学家基洛维奇(Gilovich)用实验证明了图式能左右一个人对当前外交

政策的偏好。他让两组被试研究两个假想的事件,这两个事件均描述一个小的民主国家遭到极权主义的邻国的威胁。唯一不同的是,在一组中提到类似慕尼黑事件及二次世界大战前的象征(丘吉尔、有盖卡车),另一组则提及与越战有关的事物(当时的国务卿鲁斯克、直升机、小艇),其他条件都一样。结果:听到与二战有关事件暗示的被试比较支持小国挺身对抗邻国的行动,而得到与越战有关暗示的人则与其相反。

总之,社会认知是一个复杂的过程,这个过程中有许多问题需要注意。比如,在社会认知过程中刚刚获得的信息与认知者原有认知结构之间的关系,信息的重要性,信息的易获得性以及认知者的期望、动机、情绪和情境等,都会对社会认知过程和结果产生影响。

第三节　社会认知结果

一、印象

个体社会认知的结果就是在头脑中形成一个关于该认知对象的印象。所谓印象,是指认知主体对他人外部特征、内在性格的判断和认识,是留在记忆中的关于认知客体的形象。这个形象可以是人像,也可以是物象。

二、印象形成的原则

1. 一致性规则

所谓一致性规则,是指认知主体对客体的印象应该是一致的,而不是矛盾的。当认知主体收集到的信息前后矛盾时,主体就会根据一致性规则把各种矛盾的信息整合起来。在对一个人进行社会认知时,认知主体倾向于将其看做是一个整体,认为其各方面都是协调一致的。一个目标不会被看成既是好的又是坏的,既是善良的又是邪恶的。如果有关某个目标对象的信息前后出现了矛盾,个体就会采取各种措施,来尽量消除或减少这种冲突,把目标看成是多种特性相融合、一致的人或事物。比如你的一个同事,他做事一直很认真负责,工作每回都能保质保量地完成,而突然有一次他的工作没有按时完成,大家便会倾向于认为这个员工可能有什么特殊情况而没有完成工作。人们会采取诸如此类的理由来解释这种前后矛盾的信息,消除认知冲突。

2. 评价中心性

所谓评价中心性,就是指个体在评价客体时,由于对方具有很多种特性,为了节省认知资源和心理能量,个体只会记住其中一些比较重要的特性,而忽略一些无关紧要的特性,按某种重要的中心特性来形成对该客体的整体印象。比如我们对于《水浒》中的英雄都有一些最显著的印象:李逵的中心特质就是莽撞,武松的中心特质就是忠义等。

三、印象形成的基本模式

印象形成过程中,认知主体把接触到的各种具体信息综合起来,按照保持逻辑一致性和情感一致性的原则,形成有关认知客体的总体印象。信息整合模式包括以下几种:

1. 加法模式

加法模式指的是人们在形成总体印象时,参考的是各种品质评分的总和。这是安德森于 1962 年提出的。他认为,人们在评价一个人时,是把他的所有特性价值的总和作为依据的。个体被评价的积极特征越多,强度越大,给人的印象就越好;相反,个体被评价的消极特征越多,强度越大,给人的印象就越差。

2. 平均模式

平均模式认为,印象形成的过程其实是对认知对象的各种特性求平均值的过程。也就是说,有些人在总体印象的形成上,并不是简单地把他人的多种特征的评分进行累加,而是将各种特征的分值加以平均,然后根据平均值的高低来形成对他人的总体印象。平均模式可以很好地解释,为什么我们开始对某人的总体印象不错,可随着交往的深入,越来越觉得此人并没有开始认为的那么好了。

安德森于 1968 年又提出了加权平均模式。加权平均模式是指许多人在形成对他人的总体印象时,不仅考虑其积极特征与消极特征的数量与强度,而且从逻辑上判断各种特征的重要性。对他人的总体印象依据的不是简单平均分数,而是依据信息的权重来形成一个加权平均分数。比如领导评价员工时,经常会说,该同志有一些粗心大意,不过人缘好,会办事,总体来说是个好同志。

3. 中心品质模式

中心品质模式是指在印象形成的过程中,人们往往忽略一些次要的、对个体意义不大的特征,仅根据几个重要的、对个体意义大的特征来形成总体印象。一般来说,中心品质模式更接近于大多数人日常生活中社会认知过程的真实情况。比如让我们评价一些人时,我们会觉得有的人热情,有的则冷漠。这里的“热情”和“冷漠”,就是这些人的中心品质。

四、印象管理

1. 印象管理的涵义

印象管理是指个体努力操纵或控制他人对自己形成某种印象的过程。例如,教师在授课时经常引经据典,努力使自己表现得知识丰富渊博;推销员总是面带微笑,极为耐心,努力博得客户的好感;应聘者在应聘时总是刻意打扮,以赢得招聘者的好感,等等。这些都属于印象管理。印象管理是个体适应社会生活的一种方式。现实生活中,每个人都承担着许多社会角色,个体要被他人、公众、社会所接受,其行为表现必须符合社会对他的角色期待和角色要求。印象管理可以使人自觉地约束与调节自己的言行,自我监控,进而加强人际交往,维持和塑造自身良好的形象,影响他人的评价。印象管理本身没有好坏之分,关键在于运用印象管理的目的。印象管理的积极意义在于可以用来调节人际关系,使人们的人际交往能够顺畅地持续下去,增强人际关系的和谐性。但如果为了自身不可告人的目的而运用印象管理,则可能会有损于他人和社会利益。

2. 印象管理的策略

(1) 留下良好的第一印象。

第一印象是指两个互不相识的人第一次见面时所形成的印象,即初次印象。构成第一印象的重要成分往往是被知觉者的性别、年龄、身材、发型、容貌、表情、目光、服饰、言谈、态度等信息。个体往往通过联想、想象和推理等多重心理过程对这些信息进行加工处理,从而形成关于被知觉者的第一印象。

第一印象是牢固而持久、鲜明而强烈的,一旦形成,不太容易改变。第一印象强烈地影响着知觉者在以后的时间里对知觉对象的总体印象和总的看法,也影响着对知觉对象的行为的解释及与知觉对象的进一步交往。印象管理策略中,给他人留下良好的第一印象显得至关重要,这会使人处在一个有利的位置上,在以后的交往过程中受益匪浅,正所谓"良好的开端是成功的一半"。

(2) 角色扮演。

角色扮演是指站在他人的立场上,体验他人的角色,了解他人在特定情境下的情感与期望。当人的行为符合角色期望时,他人就会产生好感,并愉快地接纳;当不符合他人的角色期望时,就会产生不良印象,进而产生拒绝反应。通过角色扮演,个体可以了解他人对自己存在何种角色期望,如何自我表现是恰当合适的,知己知彼,才能良好地控制自身行为,使自身表现符合他人期望,进而留下良好的印象。比如师范生的实践课教育,就是通过不断地扮演老师和学生，来更好地了解老师这一角色的要求，并且学会从学生的角度授课。

（3）相互支持。

社会生活中，个体行为只有于人有益、于己有利、相互支持，才能让别人感到愉悦和信任。在他人面临艰难或危机时，主动给予帮助和支持，可以使一般关系加以稳固，使双方友情进一步发展。这种性质的社会支持，实质上是一种较高水平的印象管理策略。

（4）由衷地赞美他人的优点。

真诚的赞扬和欣赏他人容易博得他人好感。在工作和生活中，要善于发现他人身上的优点，并由衷地赞扬。这会给对方带来快乐，同时也为自己带来一份心理满足；由衷地赞扬他人的优点，可以迅速拉近彼此的距离。恰到好处的赞美是有一定技巧的，需要不断了解、练习和领悟其中的奥妙。

（5）自我显示。

自我显示是个体有意识地将自己的正面形象主动展示给他人的印象管理策略。如广泛的同情心、正直的品德、良好的信誉等。该种策略往往可以使他人在内心感受到与其的差距，进而引发倾慕或内疚。组织管理中，有效的领导者经常会使用合适的自我显示策略来确定自身形象，赢得员工的尊重与爱戴，增加自身影响力。当然，如果自我显示不当，也会导致事与愿违的负面结果。

总之，在动机善良纯正的前提下，合理地使用印象管理策略可以提高个人魅力，影响他人的社会认知；但是，如果目的不纯，或使用不当，可能会导致他人的蔑视或厌恶，形成负面印象。

第四节　归因理论

一、归因的概念

在社会交往中，人们不仅要对别人的行为形成印象，而且还要探究其行为发生的原因。因此，根据人的外部特征对他的内心状态所作的解释和推论叫做归因。

对于归因的研究最早是在社会知觉的实验中提出来的，现如今已远远超出了社会知觉的范围。归因理论如今研究的问题主要包括：心理活动的归因，即人的心理活动产生的原因是什么；行为的归因，也就是导致人产生某种行为以及行为成败的心理原因;归因偏见,即归因过程中的非合理性问题。

归因的结果不仅会影响自己的情绪和行为,而且会影响对别人的知觉。对他人的喜爱或厌恶,接近或回避,尊敬或鄙视,很多是归因的结果。一个管理者面对下属的错误,如果他认为造成错误的原因是客观原因,就会对他谅解,帮助他排除障碍。如果他认为这是下属自身的问题,就会对他批评教育,或调职,或予以处分。因此,组织行为学不仅要求管理人员要有正确的知觉,还要有正确的归因。

二、归因理论

1. 海德的归因理论

海德(F. Herder)是最早研究归因理论的学者,被公认为归因理论的奠基人。他的研究开始于20世纪50年代。他在《人际关系心理学》中提出,通过知觉和观察有关行为所掌握的信息,可以从人的内部倾向因素和环境倾向因素做出行为原因的判断。他认为,人们需要控制周围的环境、预见他人的行为,才能在复杂多变的环境中生活。为了预见他人的行为并有效地控制环境,关键在于对他人的行为或事件进行归因分析。

海德认为,人的行为是有原因的,其原因或者决定于外界环境,或者决定于个人的自身因素。外界环境包括个体周围的环境、与个体相互作用的其他人对个体行为的强制作用、外部奖赏或惩罚、运气、任务的难易等,个人的自身因素包括人格、品质、动机、情绪、心境、态度、能力、努力及其他一些个体所具备的特点等。海德试图从人们的内外归因中去解释一个人的行为,特别是强调人为的内部因素。如果某种行为是由内在的个人因素所引起的,那么这个人将来在同样情况下发生的行为不会有太大的变动。如果控制好周围环境,就能够预知他人在该环境中会如何行动。

任何人的行为可能既有外部原因,也有内部原因,是内外两方面原因共同作用的结果,但在某一特定时刻,总有其中某一种原因起主要作用。只有首先搞清楚其根本原因是内在的还是外在的,才能有效地控制个体的行为。例如,一个员工工作绩效较差,可能是其能力不足(内部原因),也可能是工作条件太差(外部原因)造成的。只有弄清楚绩效差的具体原因后,才能采取措施,改善其绩效水平。

2. 维纳的归因理论

维纳(Weiner)认为,在对他人行为进行归因分析时,除了把行为的原因归为环境因素与个人因素外,原因的稳定性是第二个重要的问题。这样,个人的行为可以根据这两个维度归入内在—外在、稳定—不稳定的四个范畴之中。维纳根据海德的归因理论,研究了人们对于成功与失败的归因倾向。

个人对成功和失败作何种方面的归因,会影响到其情绪状态及今后的工作积极性。维纳认为,如果把成功归因为能力和努力等内部因素,会使人产生自豪感和满意感;如果把成功归因为外部因素,如任务容易或运气好,容易使人产生意外和感激;当把失败归因为内部因素,如能力差或没有尽力时,则使人感到内疚和无助;如果把失败归因为外部因素,则容易使人产生愤怒和敌意。

如果把成功归因为稳定因素,如任务较容易或能力较强,会提高个体以后工作的积极性;如果把成功归因为不稳定的因素,如运气较好或比较努力,则个体以后工作的积极性可能提高也可能降低。如果把失败归因为稳定的因素,如任务太难或自己能力不足,则会降低个体以后工作的积极性;而如果把失败归因为不稳定的因素,如这次失败是由于运气不好或没有努力,则可能会提高个体以后工作的积极性。

维纳认为,能力、努力、运气和任务难度是分析个体工作成败的主要因素。根据归因方式的不同,可以把人分为两类:追求成功的人和避免失败的人。一般来说,追求成功的人在对自己的行为进行归因分析时,往往把成功归因为自己能力强,而把失败的原因归结为自己还不够努力,认为今后如果更加努力,肯定会取得成功。而避免失败的人则通常把成功的原因归结为运气好或任务比较容易,失败的时候则认为是由于自己能力太差造成的。对于避免失败的人来讲,无论是成功还是失败,都是由自己无法控制的因素造成的,因此,对于今后能否取得成功没有信心,他们选择任务时,往往走两个极端,要么选择非常容易的任务,要么选择难度很大的任务。追求成功的人把成功归结为自己能力强,把失败归结为自己不努力,自信通过努力能够获得成功,因此,他们下一次选择任务时,仍然会选择有相当难度的任务。

在管理过程中,了解了员工的归因倾向,掌握其归因规律,就可以进一步按一定的规律对其进行归因训练,使其形成正确的归因倾向。这有助于员工正确地总结工作中成功的经验和失败的教训,调动其工作积极性,提高工作效率。

3. 凯利的归因理论

美国社会心理学家凯利(Kelley)认为,在对人的知觉过程中,可以把个人的行为归结为三方面的因素:或者归结为知觉者本人的特点,或者归结为知觉对象的特点,或者归结为知觉者与知觉对象进行交往时所处的情境。究竟归结为何种因素,要按三个标准来决定:第一,一贯性,即人们的行为在不同的时间内是否前后一贯;第二,普遍性,即观察某个人是否与周围其他人有相同的反应;第三,差异性,即一个人在另一种情况下是否也以同样的方式作出反应。

例如,一个工人非常赞赏他的厂长。这种行为应归因于工人本身,还是归因于厂长或工人与厂长当时所处的情境呢?这就要从上述的三个标准来考虑。首先,要看这个工人是一贯地称赞这位厂长还是这种称赞只是他偶然心情变化的结果。其次,要看是厂里的多数工人都称赞这位厂长,还是只有这个工人称赞这位厂长。再次,要看他在日常生活中对所有其他厂级领导干部都是称赞的,还是只对这个厂长抱称赞的态度。如果这个工人对所有的厂级领导干部都抱称赞态度,那么,就要把他对厂长的称赞归结为他的内部心理特点。如果他经常称赞这个厂长,而且厂里的多数工人都称赞这位厂长,那么,就应把他对这位厂长的称赞归结为外部原因,即厂长本人的特点。

4. 常见的归因偏差

(1) 观察者与行为者的归因不一致性。

行为者本人对自身行为的归因不同于他人的归因。虽然双方认识到的是同一行为,但行为者往往把自己失败的行为归因于情景,而他人则归因于其个人倾向。当取得成功时,行为者本人倾向于把成功的行为归因于个人倾向,而他人则可能归因于情境。

(2) 涉及个人利益与否导致归因不一致。

当他人的行为触犯自己利益时,观察者对其行为常作消极的归因分析;当行为者的行为对自己的利益不会造成损害时,观察者对其行为的归因可能相对客观一些。

(3) 忽视普遍性的偏见。

表现为很在意一些具体细节和特殊偶发事件,根据别人一时一地的行为表现,对其行为做出归因分析,而常常忽视概率统计资料。

(4) 情感因素的影响。

表现为情感因素对归因的扭曲影响。对自己喜欢的人的行为进行归因时,常作对其有利的归因,而对自己不喜欢的人的行为进行归因分析时,则常作出对其不利的归因分析,从而产生归因偏见。

本章框架图

- 社会认知概述
  - 社会认知的涵义
  - 社会认知的分类
  - 社会认知的研究范畴
- 社会认知过程
  - 社会认知的过程
  - 社会认知的阶段
  - 分类与图式
- 社会认知结果
  - 印象
  - 印象形成的原则
  - 印象形成的基本模式
  - 印象管理
- 归因理论
  - 归因的概念
  - 归因的种类
  - 归因理论
  - 归因偏差

本章思考题

1. 什么是社会认知？社会认知的种类有哪些？
2. 社会认知过程划分为哪些阶段？社会认知过程中的图式包括哪些类别？
3. 印象形成的原则及基本模式是什么？
4. 什么是印象管理？结合实际谈如何利用印象管理的策略。

实践操练

谁之过?①

昨天下午四点左右，一辆满载乘客的有轨电车在接近车站附近转弯时，脱轨撞墙。车上有乘客30人，其中5人伤势较重。

有轨电车公司经理罗某说，这次事故显然是由于该车超速行驶所致。罗某认为，事故发生时电车正驶过一段弧线，刚要进入车站，车速达30公里/小时，比转弯处规定行驶速度高2—3倍。据经理罗某介绍，昨天发生事故的电车以前也曾脱轨三次，最近一次也是昨天那位司机开的。经理罗某在此次事故发生后，立即赶到现场，初步断定这次事故的原因是车速过快，认为电车司机应负有主要责任。他说，一旦查明真相，将对司机作停职处理。

有轨电车工会领导人就本次事故有一些不同的看法，认为事故的原因不能完全归咎于电车司机，有轨电车线路设计和车辆维修上的问题更难辞其咎。工会主席乔某对此提出警告："如果这些问题不能解决，这车我们是没法开下去了。"乔某表示，尽管他还不清楚这次事故的具体原因，但是希望公司领导不要武断地认为这是个人的得失，这些车辆本身就有毛病。

有轨电车发言人董某说，公司的技术人员对事故发生地点进行了详细的勘察，认定线路状况良好，符合运行条件。有轨电车公司对转弯处的车速有明确规定，不得超过每小时10公里，但据一些当事者和经理罗某说，这辆车速度已经远超规定。

有轨电车公司的一些工作人员认为，多亏车撞到铁轨右侧的院墙才免于翻车，否则会造成更大的伤亡。另一位工作人员说，他在事故后与电车司机谈过，司机说他当时并没有给车加速，他开的很慢，速度只有每小时3公里，可以肯定

① 胡雨辰等:《组织行为学》，经济管理出版社2002年版。

地说这次事故不是由于司机加速造成的。

据资料显示，自有轨电车投入使用以来已经发生了三十多起脱轨事故。当初，有轨电车公司共订购25辆新车，而现在只有十二三辆还能正常运行，其余的都已入库待修。

思考题：

1. 你认为这次事故的原因是什么？
2. 仔细分析一下每个人的归因特点。

心理测验

归因方式测验①

请回答，以下每个陈述在多大程度上符合你的情况？

1 = 非常不符合；2 = 不符合；3 = 有点不符合；4 = 介于符合与不符合之间；5 = 有点符合；6 = 符合；7 = 非常符合。

1. 你能够得到想要的东西是因为自己努力。　1 2 3 4 5
2. 订计划的时候，相信自己能够让它发挥作用。　1 2 3 4 5
3. 喜欢带有运气的游戏，而不是单纯需要技术的游戏。　1 2 3 4 5
4. 只要下定决心，就能学会几乎所有的东西。　1 2 3 4 5
5. 自己的专业成就完全取决于努力工作和能力。　1 2 3 4 5
6. 通常不设定目标，因为自己很难最终实现它们。　1 2 3 4 5
7. 竞争不能使人变得优秀。　1 2 3 4 5
8. 人们通常靠运气获得成功。　1 2 3 4 5
9. 在所有的考试或竞争中，想知道自己比别人做得怎样。　1 2 3 4 5
10. 干一些对于自己来说太难的事情，没有意义。　1 2 3 4 5

计分：将第3、6、7、8、10题进行反向计分（即1 = 7，7 = 1），然后将所有分数相加，得到一个总分。

解释：该测验常模男生平均分是51.8，女生52.2，标准差均为6。58分以上为高得分，得分越高，表明你是内控的，越相信自己能够把握自己的成功。如果远远高于平均值，说明你会奖励自己的成功，并为自己的失败负责。46分以下

① 《你的自控能力如何》，载《人力资源》2003年第12期。

者为低得分，低分表明你是外控的，你倾向于相信外在因素决定你的成功，比如机遇或运气等。

推广阅读

内隐联想测验

内隐联想测验（Implicit Association Test，IAT）是由格林沃尔德（A. G. Greenwald）在1998年首先提出的。内隐联想测验是以反应时为指标，通过一种计算机化的分类任务来测量两类词（概念词与属性词）之间自动化联系的紧密程度，继而对个体的内隐态度等内隐社会认知进行测量。

IAT的原理是：内隐联想测验在生理上是以神经网络模型为基础的。该模型认为信息被储存在一系列按照语义关系，分层组织起来的神经联系的结点上，因而可以通过测量两概念在此类神经联系上的距离来测量这两者的联系。在认知上，内隐态度测验以态度的自动化加工为基础，包括态度的自动化启动和启动的扩散。依据唐德斯减数法的原理，反应时的不同阶段对应着不同的加工过程，反应时越长，心理加工过程越复杂。在社会认知研究中，由于所呈现的刺激多具有复杂的社会意义，其必然引起被试心理的复杂反应，这些刺激可能与内在需要或内隐态度相一致，也可能与之相矛盾。刺激所暗含的社会意义不同，被试的加工过程的复杂程度就会不同，从而反应时的长短也会不同。相容任务中，概念词和属性词的关系与被试的内隐态度一致或二者联系较紧密，此时辨别任务更多依赖自动化加工，相对容易，因而反应速度快，反应时短；不相容任务中，概念词和属性词的关系与被试的内隐态度不一致或二者缺乏紧密联系，这往往会导致被试的认知冲突，此时辨别任务更多依赖复杂的意识加工，相对较难，因而反应速度慢，反应时长。所以，两种联合任务的反应时之差可以作为概念词和属性词的关系与被试的内隐态度相对一致性的指标，即上述的内隐联想测验效应。如：格林沃尔德的花—虫内隐联想测验就发现两种联合任务间反应时有显著差异，内隐联想测验效应显著，“花＋褒义词”的联合明显快于“虫＋褒义词”的联合，这表明“花＋褒义词”的联合与被试的内隐态度更一致，被试对花的态度更为正向。

内隐态度测验的步骤：

1. 呈现概念词，让被试对花的名字（如，郁金香）和昆虫的名字（如，蜘蛛）归类并做出一定的反应（看到花的名字按F键，看到昆虫的名字按J键）。

2. 呈现属性词，让被试对积极的词汇（如，可爱的）和消极的词汇（如，丑陋的）做出反应（积极词汇按F，消极词汇按J）。

3. 联合呈现概念词和属性词，让被试做出反应（花的名字或积极词汇按F，昆虫的名字和消极词汇按J）。

4. 让被试对概念词做出相反的判断（花的名字按J，昆虫的名字按F）。

5. 再次联合呈现概念词和属性词，让被试做出反应（昆虫的名字或积极词汇按F，花的名字或消极词汇按J），最后使用5减去3就能得出内隐态度。

第七章　员工援助计划

本章学习目标

1. 了解员工援助计划的概念和作用
2. 掌握员工援助计划的内容
3. 掌握员工心理保健的方法
4. 了解员工心理咨询的概念和步骤

第一节　员工援助计划概述

一、什么是员工援助计划

员工援助计划(Employee Assistance Program,EAP)是为工作场所中的个人和组织提供系统的、长期的心理咨询服务项目。通过应用心理学专业人员对组织的诊断、建议和对员工及其直属亲人提供的专业指导、培训、咨询,帮助解决员工及其家庭成员的各种心理和行为问题,提高员工个人工作绩效和组织整体效能。

1. 国际 EAP 的现状与发展

早在 1917 年,美国企业就开始实施员工援助计划,为员工提供支持以提高工作绩效,这些得到支持的问题往往来源于员工的个人生活。R. M. Macy 公司和北洲电力公司最早意识到对 EAP 的需要,并建立了 EAP 服务体系。到了 20 世纪 40 年代,大多数的 EAP 服务主要是针对当时一些企业白领员工的酗酒问题,后来,还专门建立了职业酒精依赖项目(Occupational Alcoholism Program,

OAP)。这可以视为员工援助计划的雏形。20 世纪 50 年代,美国开始为二战老兵实施 EAP;20 世纪 60 年代,EAP 转变为劳动力提升项目,开始被企业广泛采用,并逐步走向成熟。随着全球化带来的跨国公司在世界各地的发展,以及各国驻外军队、国际学术交流和留学生的交流,EAP 被引入欧洲及其他地区。据统计,在世界 500 强企业中,有 80% 以上的企业建立了 EAP 服务体系,美国本土有近四分之一的企业员工享受到了 EAP 服务。

经过几十年的发展,EAP 服务已经远远超出了原有的 OAP 模式,服务内容涉及工作压力、心理健康、灾难事件、职业生涯困扰、健康生活方式、法律纠纷、理财问题、减肥和饮食紊乱等方面,全方位地帮助员工解决个人问题。据美国通用汽车公司的一项调查结果表明,该企业使用 EAP 后,工时损伤降低了 40%,疾病及意外事故的补助减少 60%,员工申诉案件减少 50%,职业灾害降低了 50%。EAP 的发展还有赖于专业机构和专家的推动。目前,已经成立了 EAP 的国际学术组织,在一些国家还成为一个新的就业领域。在美国、英国等 EAP 发展较快的国家,已成立不少的专业服务机构,其规模已经相当可观,而且不乏有完整服务体系的跨国 EAP 服务公司。

2. EAP 在中国的发展

20 世纪 90 年代初,香港一些非营利机构以"社会工作"(Social Work)的形式开始 EAP 服务。台湾最早从事劳工辅导工作的是天主教会的"天主教职工青年会",它以促进青年劳工人格发展为目的,来引发社会对青年职工的关爱。其初期的服务内容包括休闲娱乐、工作技能与生活知识的普及,主要通过座谈会、演讲及联谊等活动的方式来进行,帮助青年劳工了解人生、婚姻真谛和生活适应等。最先在企业实施 EAP 的则是台湾松下电器公司 1972 年成立的大姊妹组织(Big Sister),该组织的主要职能是协调新员工适应工作环境,在新员工与主管之间的沟通中发挥桥梁作用。此后,许多企业也陆续在公司内部开展类似的员工服务,甚至聘请专业人员来帮助员工。1997 年台湾出版了第一本关于员工援助计划的教材。可见,EAP 在港台地区也是近年来的一件新事物。

中国大陆地区的企业很早就有关注员工身心健康的意识,尤其是最近 20 年来,开始强调用科学方法解决员工管理问题,改进思想政治工作等。在企业家的邀请下,心理咨询专家开始走出校园,为企业员工的心理健康和心理卫生问题提供帮助。不过,这些帮助多集中在个体辅导的水平上。从组织行为的角度,采用 EAP 服务模式只是近 10 年才开始的,而且主要是从进入中国市场的外资企业开始的。外资企业带来了包括 EAP 在内的现代管理理念和方法。在此背景下,惠普、摩托罗拉、思科、阿尔卡特、诺基亚、爱立信、北电网络、可口可乐、杜邦、宝洁和亨斯曼等一大批外商投资企业,尤其是 IT 行业,纷纷启动在中国境内的 EAP 项目。为了保障员工的个人隐私,大多数企业采用外部专业咨询机构提供 EAP 服务的模式。境外的 EAP 服务机构也开始进入中国市场,如澳大利亚国际心理服务有限公司、香港亚太天力人力资源发展有限公司等。

我国引入员工援助计划服务,除了受到跨国公司和港台地区的影响之外,主要是由于改革开放以来,组织自身变革发展的需要。目前,我国正处于人均 GDP 1000 美元至 3000 美元的发展阶段,是经济容易失调、社会容易失序、心理容易失衡、社会伦理需要调整的关键时期。与国外员工援助计划的明显不同在于,我国的员工援助计划更多的是针对由于这种社会经济转型所带来的心理行为问题,这些服务内容包含个人家庭、婚姻、工作压力、职业心理健康、生涯发展困扰、职场人际关系、健康生活方式、法律纠纷、理财等问题。近些年,本地的 EAP 服务机构也相继出现,如上海德慧企业管理咨询公司、北京易普斯咨询公司等。他们的咨询服务对象也逐渐由外资企业转入国内企业,如联想集团、国家开发银行和上海大众集团等。国内的高等院校、研究单位也逐渐开展相关的学术研究,相关的 EAP 行业协会、研究组织也成立起来。2003 年 10 月 23 日在上海举行了首届中国 EAP 年会,2004 年 8 月在北京举行了第二届中国 EAP 年会,并正式成立了中国健康型组织协会。中国社会心理学会和中国劳动学会也正在商议将“员工援助和组织健康”学会作为其下属分会组织。人力资源和社会保障部职业技能鉴定中心正在审定“EAP 员工援助师”这一新职业,以便推进我国企事业的 EAP 服务模式,促进和谐社会的建设。

二、EAP 的作用

EAP 的主要作用在于,通过向企业或组织内部的员工提供关注员工个人心理和行为健康的各种服务来提升员工个人的生活质量,提高工作绩效并促进其职业生涯发展。企业则可以通过实施 EAP 来降低员工流动率,提高生产率,减少企业整体福利成本支出,促进劳资关系和谐等。EAP 的作用可分为以下两方面:

1. 个体方面

EAP 帮助解决个人问题,主要有压力、情绪、人际关系及心理困扰等。具体来说,表现在以下八个方面:减轻工作压力,改善工作情绪,提高工作积极性;学会有效调节工作与家庭生活的关系,提高心理健康水平;改善沟通和人际关系;增强员工自信心,提高适应能力;克服不良嗜好;促进家庭和睦;预防过激事件的发生;掌握解决下属个人心理困扰的实用技术。

2. 组织管理方面

EAP对企业的帮助主要表现在七个方面:建立有效的员工心理管理机制;提高员工士气,增强员工对企业的认同;降低缺勤和病假率,增加留职率,降低企业运营成本;提高组织的公众形象,树立良好企业形象;促进各部门、各层次员工间的沟通,改善组织气氛;改进生产管理,提高生产效率;提升管理者员工心理管理技能,实现从传统管理者向教练型管理者的转变。

三、EAP的内容与实施

(一) EAP的内容

EAP的内容主要包括工作环境设计与改善、心理压力应对、沟通和人际关系改善、职业心理健康问题、职业生涯规划和心理危机干预等六个方面。

根据实施时间长短,分为长期EAP和短期EAP。EAP作为一个系统项目,应该是长期实施的,但有时企业只在某种特定状况下才实施员工帮助,比如并购过程中由于业务再造、角色变换、企业文化冲突等导致压力和情绪问题;裁员期间的沟通压力、心理恐慌和被裁员工的应激状态;又如空难等灾难性事件,部分员工的不幸会导致企业内悲伤和恐惧情绪的蔓延。这种时间相对较短的员工帮助措施能帮助企业顺利度过一些特殊时期。

根据服务提供者的不同,分为内部EAP和外部EAP。内部EAP是在企业内部,配置专门机构或人员,为员工提供服务。大型和成熟的企业会建立内部EAP,而且由企业内部机构和人员实施,能更贴近和了解企业及员工的情况,能更及时有效地发现和解决问题。外部EAP由外部专业EAP服务机构操作。企业需要与服务机构签订合同,并安排EAP专员专门负责联络和配合。一般而言,内部EAP比外部EAP更节省成本,但员工由于心理敏感和保密需求,对内部EAP的信任程度上可能不如外部EAP。专业EAP服务机构往往有广泛的服务网络,能够在全国甚至全世界提供服务,这是内部EAP所难以企及的。在实践中,内部和外部的EAP往往结合使用。

(二) EAP的组织实施

1. EAP的引入流程

EAP的实施是一项系统而复杂的工作。企业在实施EAP项目时,一般遵循以下导入程序,以便于EAP更科学地执行。

(1) 明确负责EAP项目的职能部门。作为一套系统的、长期的项目,EAP本身涉及诸多环节,且环环相连,彼此互为支持和呼应。同时,考虑到EAP与组织现有资源的匹配和融合,因此需要企业根据自身情况和项目本身的定位,明确项目的责任部门,以便统筹调度和组织实施。

(2) 成立组织内 EAP 导入专项小组。由负责 EAP 项目的职能部门牵头,成立 EAP 专项工作小组,以组织推动 EPA 的实施。在规模较小的组织中,专项小组可由职能部门内部员工组成。在规模较大的组织里,则可能会有诸如综合部、宣传部、企业文化部等其他职能部门的员工加入进来,这些员工往往具有不同专长,比如有的人善于沟通,有的人擅长设计和促进宣传等。成立专项小组的目的在于赢得各相关部门的支持和配合,增强项目的执行力。

(3) EAP 项目方案的需求分析。EAP 项目小组应根据组织的特性和员工的需求,对 EAP 项目进行初步需求分析,为 EAP 模式的选定、专业机构选择做好相应准备。

(4) 确立 EAP 项目目标及预算。EAP 项目小组的一个至关重要的任务就是确立 EAP 项目的预期目标,这个目标可以从短期、中期、长期不同的角度来阐述,具体情况要根据组织情况和员工需求进行设定。此外,目标的确认需要得到公司高管层面的最终认同,否则将在极大程度上影响项目的最后评估。成本是项目小组考虑的另一个重要问题,项目预算要结合公司的财务状况和年度预算,并尽可能在细化的基础上进行量化。

(5) 设置专职人员或指定专业机构。对于采用内部模式的员工帮助计划项目,需要设置专员具体负责项目的执行,并对该岗位的工作职责予以澄清和明确,确立相应的工作流程和制度。

(6) 建立员工帮助系统。任何一种模式的 EAP 项目,均需要形成员工帮助计划项目详细规划书,并由项目专项小组对其进行完备的论证,在提交公司高层管理者批准后实施和执行。

(7) 项目评估。根据设定的项目周期,在项目收尾阶段 EAP 项目小组协同服务商进行效果评估分析,对前期执行过程中的成果和不足进行总结;并将评估结果报告管理层,作为项目工作的总结和新一周期 EAP 项目审定的依据。

2. EAP 的实施流程

EAP 的实施流程大体上有以下五个步骤:

(1) 把脉与诊治。由专业人员采用专业的心理健康评估方法评估员工心理生活质量现状,以及问题产生的原因。针对造成问题的外部压力源本身去处理,即减少或消除不适当的管理和环境因素。

(2) 宣传与推广。搞好职业心理健康宣传,利用海报、自助卡、健康知识讲座等多种形式引导员工对心理健康的正确认识,鼓励员工遇到心理困扰问题时积极寻求帮助。

(3) 改善环境。一方面,改善工作硬环境——物理环境等;另一方面,通过组织结构变革、领导力培训、团队建设、工作轮换、员工生涯规划等手段改善工作的软环境,在企业内部建立支持性的工作环境,丰富员工的工作内容,指明员工的发展方向,消除问题的诱因。

(4) 全员培训。开展员工和管理者培训,通过压力管理、挫折应对、保持积极情绪等一系列培训,帮助员工掌握提高心理素质的基本方法,增强应对心理问题的抵抗力。

(5) 心理咨询。组织多种形式的员工心理咨询,对于受心理问题困扰的员工,提供咨询热线、网上咨询、团体辅导、个人面询等多种形式,充分解决员工的心理困扰。改变个体自身的弱点,即改变不合理的信念、行为模式和生活方式等。

第二节 员工心理保健

一、员工心理健康

世界经济全球化的发展,必然加速全球经济一体化进程和现代信息技术的迅猛发展。中国作为世界大家庭中的一员,在从计划经济向市场经济转型和变革的过程中,特别是进入21世纪以来,社会竞争不断加剧,多种利益关系迅速调整,企业组织和员工都在经历着前所未有的生存与发展的考验和磨炼,都面临着激烈的竞争和空前的压力。员工的心理健康存在问题,会导致员工工作积极性和工作热情的下降,工作绩效和工作满意度的降低,还会引起企业人际关系的紧张,导致离职现象频出。企业管理层的心理问题可能导致决策失误,进而引起严重的经济损失。特殊行业员工的心理问题甚至可能给社会和环境造成灾难,从而给企业带来严重的形象损失和经济责任。

1. 什么是心理健康

世界卫生组织认为:“健康是指生理、心理和社会适应均处于良好的状态,而不仅仅是指没有疾病或体质健壮。”健康不仅仅是指没有疾病或病痛,而是一种躯体上、精神上和社会上的完全良好状态。也就是说,健康的人要有强壮的体魄和乐观向上的精神状态,并能与其所处社会及自然环境保持协调的关系。

心理学家英格里希(H. B. English)指出:“心理健康是指一种持续的心理状态。当事者在那种状态下,能做良好的适应,具有生命的活力,而且能充分发挥其身心的潜能,这乃是一种积极的状态,不仅仅是免于心理疾病而已。”①

精神病学家孟尼格尔(Karl Menniger)认为,心理健康是指人们对于环境及相互之间具有最高效率及快乐的适应情况。心理健康者应能保持稳定的情绪、敏锐的观察力、适于社会环境的行为和愉快的心态。国际心理卫生大会认为,心理健康是指在身体、智能以及情感上能保持同他人的心理不相矛盾,并将个人心境发展成为最佳的状态。

虽然人们所持的角度不同,对心理健康的理解有一定的差异,但都比较倾向认为,心理健康是指生活在一定的社会环境中的个体,在高级神经功能正常的情况下,智力正常、情绪稳定、行为适度,具有协调关系和适应环境的能力及特性。

2. 心理健康的标准

1946 年第三届国际心理卫生大会曾把心理健康的标准拟定为:① 身体、智力、情绪十分调和;② 适应环境,人际关系中彼此能谦让;③ 有幸福感;④ 在工作和生活中,能充分发挥自己的能力,过有效率的生活。

美国著名心理学家马斯洛和麦特曼在 20 世纪 50 年代初提出了心理健康的十条标准:① 有充分的自我安全感;② 能充分了解自己,并能恰当估量自己的能力;③ 生活理想切合实际;④ 不脱离周围现实环境;⑤ 能保持人格的完整和谐;⑥ 善于从经验中学习;⑦ 保持良好的人际关系;⑧ 能适度地宣泄情绪和控制情绪;⑨ 在符合团体要求的情况下,能有限度地发挥个性;⑩ 在不违背社会规范的前提下,能适当地满足个人的基本需求。

我国学者认为心理健康的标准包括以下几个方面:

(1) 智力正常。一般智商在 80 分以上。这是人们学习、生活与工作的基本心理条件,也是适应周围环境变化所必需的心理保证。

(2) 情绪健康。其标志是情绪稳定和心情愉快。内容有:乐观开朗,富有朝气,对生活充满希望;情绪较稳定,善于调节与控制自己的情绪;情绪反应与环境相适应。

(3) 意志健全。在各种活动中都有自觉的目的性,能适时地做出决定并运用切实有效的方法解决所遇到的问题;在困难和挫折面前,能采取合理的反应方式;能在行动中控制情绪和行为,而不是行动盲目、畏惧困难、顽固执拗。

(4) 人格完整。人格指的是个体比较稳定的心理特征的总和。人格完整是指有健全统一的人格,即个人的所想、所说、所做协调一致,具有正确的自我

① 转引自陈丽、张日冉:《大学生心理健康》,大连理工大学出版社 2006 年版。

意识，能以积极进取的人生观作为人格核心，并以此为中心把自己的需要、目标和行动统一起来。

（5）自我评价正确。这是心理健康的重要条件。个人要学会自我观察、自我认定、自我判断，能做到自尊、自强、自制、自爱，正视现实，积极进取。

（6）人际关系和谐。表现为：乐于与人交往，能用尊重、信任、友爱、宽容、理解的态度与人相处，能分享、接受并给予爱和友谊，与集体保持协调的关系。

（7）社会适应正常。个体和客观现实环境保持良好的秩序。个体能客观地认识现实环境，以有效的办法应对环境中的各种困难，能根据环境的特点和自我意识的情况努力进行协调，或改善环境适应个体需要，或改造自我适应环境。

（8）心理行为符合年龄特征。不同年龄有不同的心理行为，心理健康者应具有与多数同龄人相符合的心理行为特征。如果严重偏离，就是不健康的表现。

心理健康是人类个体对其生存其间的社会环境的一种高级适应状态，它是人类个体对社会影响所作出的一种调节功能。

3. 员工心理健康

员工心理健康，就是企业员工有一种高效而满意的、持续的心理状态，主要体现在企业员工五大心理状态——职业压力感、职业倦怠感、职业方向感、组织归属感、人际亲和感都是积极均衡的。2008 年《中国企业员工心理健康管理调查》报告显示：仅 2.7% 的企业员工没有遇到心理困惑。报告显示，引起心理困扰的原因有：办公室人际关系（52.9%），职业生涯规划（52.6%），工作压力大（49.4%），家庭、工作难以平衡（33.9%）。中国疾病预防控制中心和世界卫生组织的数据指出，在现代社会，精神和心理疾病的负担正在日益加重，实际患者已经达到 1600 万人，还有很多人处于心理的亚健康状态。《财富》完成的一项调查显示，有近七成的经理人觉得自己压力较大或者极大，其中 48% 的人认为这导致工作效率降低，30% 的人认为导致其对工作缺乏兴趣，42% 的人认为导致失眠或者其他睡眠问题。英国的研究显示，每年由于压力而造成的健康问题通过直接的医疗费用和间接的工作缺勤等形式所造成的损失占 GDP 的 10%。亚太人力资源大会上公布的《中国企业员工心理健康管理调查》指出，八成白领有心理困扰。

表 7-1 不同企业体制员工身心健康状况①

身心健康状况调查报告	国有企业	民营企业	外资企业
2004 年《中国“工作倦怠指数”调查》结果显示员工工作倦怠指数	40.9%	36.95%	39.17%
2002《中国企业经营者问卷跟踪调查》显示对负性情绪的感知	低	中	最高
2002《中国企业经营者问卷跟踪调查》显示对自己身心满意的程度	最低	中	最高
2002《中国企业经营者问卷跟踪调查》显示心理健康指数	最低	中	最高

二、压力与身心健康

压力(Stress)也叫应激,这一概念最早于 1936 年由加拿大著名的生理心理学家汉斯·薛利(H. Selye)提出。他认为压力是“由许多有害因素产生的一种综合征”。也有研究者认为,压力是有机体在某种环境刺激作用下,由于客观要求和应对能力的不平衡所产生的一种适应性紧张反应状态。

福克曼(Folkman)和拉扎罗斯(Lazarus)认为,压力是“个体在处理来自内部或外部超过自身资源负担的生活事件时,作出的认知和行为努力。无论这种努力是健康的还是不健康的,有意识的还是无意识的,它希望得到的结果都是:改变自我和环境的关系,或者减少情感上的痛苦和紧张。其中认知转变是改变自我和环境关系的一种比较有效的方式”②。

压力过大会影响员工的身心健康,适度的压力则能够提高绩效和有益健康。压力过高或过低,会使人苦恼,要么刺激不足,要么过度刺激。理想水平的压力则是具有挑战性,并使人产生向上的动力,而不是苦恼。因此,无论是员工个人还是管理者都要对压力进行管理,以创造一种能够使个人和组织都发挥其最佳功能的平衡状态。如果能正确看待压力,认识压力的积极作用,就能利用压力实现自我的成长;如果不能正确看待压力,压力一来就会感到难受、消极,无法排解压力还会让自己非常被动,导致心理失衡。

① 邓定芬、吴薇莉:《中国企业员工心理健康状况研究报告》,中国人力资源开发网,http://www.chinahrd.net/career-manage/career-dictionary/2006/0329/39352.html。

② 转引自彭聃龄:《普通心理学》,北京师范大学出版社 2004 年版。

1. 员工压力源

压力源从内容上可分为生理压力源和心理压力源,从形式上可分为工作压力源和生活压力源。

(1) 生理压力源。

生理压力源是指身体状态的变化对员工个体产生的压力。生理压力源包括疾病、疲倦、营养等。

(2) 心理压力源。

许多事物由于不同的个体会产生不同的心理活动,因而产生的压力也会程度不一。几乎每种事物都可称为心理压力源。从大的方面讲,生气、后悔、自卑感、不胜任感及挫折感都是心理压力源。

(3) 工作压力源。

工作压力源涉及工作的构成、环境、工作关系等因素。① 工作构成,包括工作内容的复杂性、劳动任务范围、工作负荷、工作结构的可变性、工作责任的轻重、工作职责的明确与否等。② 工作环境:恶劣的劳动条件与物理环境(如高温、高噪音、照明,污染、拥挤等)会使员工产生不安全感,甚至焦虑和恐惧。③ 职业组织:政策、制度及运行状况的压力源。④ 工作关系,包括工作中的人际关系和谐与否,工作中信息沟通、交流的程度,员工之间的友谊、尊重、信任程度,工作伙伴的合作意向,组织中竞争的强度等。⑤ 员工本人的情况,包括员工本人的工作价值观、时间观、对工作报酬的态度、对职业生涯发展的期望等。提升太快,个人能力不能胜任;提升太慢,工作缺乏安全感,成就抱负受挫等,都会带来压力。⑥ 组织的作用,包括管理者的素质、管理方式、工作安排的合理性等。

工作压力已经成为全球性的人力资源管理的热点问题。据美国调查,约有25%的员工遇到过各种各样由压力引起的问题。芝加哥国际调查研究组织对40万名员工所做的调查报告指出,大约有40%的员工诉说其工作负荷过大,他们在工作中有太多的压力。工作压力会削弱员工的工作能力,危害员工的身心健康,如会导致或诱发冠心病、高血压、消化性溃疡、神经衰弱综合征等疾病;明显增加缺勤率和降低劳动效率,甚至导致意外事故的发生(见表7-2)。

(4) 生活压力源

生活中的每一件事情都可能成为生活压力源。CAE一项研究表明,丧偶、离婚、分居、亲友去世等都是重大的生活压力源。表7-3中列出了常见压力源的影响程度的顺序。

表 7-2　由压力和应激所导致的具体症状

心理症状	生理症状	行为症状
焦虑、紧张、迷惑、急躁	心率加快、血压升高	拖延和避免工作
疲劳感、生气、憎恶	肾上腺激素和去甲肾上腺激素分泌增加	工作能力降低
情绪过敏、反应过敏	肠胃失调、溃疡	酗酒、吸毒
感情压抑	身体受伤	完全无法工作
交流的效果降低	心脏疾病	去医院的次数增加
退缩和忧郁	呼吸问题	为了逃避而饮食过度
孤独感和疏远感	汗流量增加	由于胆怯而减少饮食
厌烦和工作不满	皮肤功能失调	没胃口、瘦得快
精神疲劳和低效能工作	头疼	冒险行为增加
注意力分散	癌症	侵犯别人，破坏公共财产
缺乏自发性和创造性	肌肉紧张	与家人和朋友的关系恶化
自信心不足	睡眠不好	自杀或企图自杀

表 7-3　不同生活事件引起的压力数值表

事件	分值	事件	分值
1. 丧偶	100	20. 被取消抵押赎取权	30
2. 离婚	73	21. 工作职责变化	29
3. 分居	65	22. 子女离开家庭	29
4. 判刑	63	23. 与亲家产生矛盾	29
5. 亲属死亡	63	24. 突出的个人成就	28
6. 受伤或生病	53	25. 妻子开始或停止工作	26
7. 结婚	50	26. 学业开始或结束	26
8. 被解雇	47	27. 生活条件改变	25
9. 复婚	45	28. 恢复个人习惯	24
10. 退休	45	29. 与老板有冲突	23
11. 家庭成员健康发生问题	44	30. 工作条件或时间变化	20
12. 怀孕	40	31. 住址变动	20
13. 性别差异	39	32. 转学	20
14. 新添家庭成员	39	33. 消遣变化	19
15. 业务调整	39	34. 社交活动变化	19
16. 经济条件变化	38	35. 睡眠习惯改变	16
17. 密友死亡	37	36. 家庭成员人数变化	15
18. 改换工作	36	37. 饮食习惯发生变化	15
19. 和配偶争执情况变化	35	38. 轻微违法	11

2. 压力管理的方法

(1) 有效的人力资源配置。在员工职业发展过程中,要根据员工业务技能的提升水平,尽量结合员工兴趣和性格特征等因素进行适当调配。

(2) 提供在职培训的机会。在员工职业发展中,要有计划、有针对性地实施有助于员工提高业务知识与工作能力的在职培训活动,使员工的知识、技能与态度明显提高与改善,由此提高企业绩效。也使员工获取竞争优势,在激烈的竞争中不断进步,得到职业发展机会。

(3) 合理的薪酬。为员工提供公平并具有竞争性的薪酬,不仅具有激励功能,更重要的是具有保障功能,从而减少员工的生活压力。

(4) 提供工作实践的机会。长期不变的工作内容和职位不但不利于员工工作技能的提高,而且不利于员工的职业发展。在员工努力拓展自己新的技能前提下,组织要给予员工新的工作实践的机会。

(5) 有效的沟通渠道与授权。沟通是缓解压力的有效途径,要建立有效的横向沟通和纵向沟通渠道。横向沟通可使员工之间加强联系,加深了解,增强信任。纵向沟通可使员工更深刻地了解上层管理人员,也可使上层管理人员更好地了解下属,使相互之间建立起信任。如此,上层管理人员在做工作时会更有效,从而相互减轻工作压力。有效授权既能减轻管理者的工作压力,也能使员工得到充分的信任,增强员工的责任感,培养员工的工作能力,最终能有效减轻双方的压力。

(6) 营造温馨的工作环境。改善组织的工作环境和条件,减轻员工压力。确保员工拥有做好工作的良好的工具、设备,及时更新陈旧的电脑、复印机、传真机等。开办职工娱乐活动,让员工在工作之余,有机会和自己的同事、领导一起娱乐,加深彼此之间的感情,减少敌对和防范情绪。管理人员应定期或不定期地与自己的下属展开开诚布公的谈话,了解员工思想动态,及时为员工减压。

(7) 提供压力评估与咨询。组织应提供压力评估服务,让员工知道自己所处的压力水平。提供压力咨询服务,通过咨询降低和消除员工压力。咨询可以给处于压力之下的员工提供忠告和安慰,以减轻其精神紧张,并帮助其理清思路、重新定位。

(8) 有效疏导压力情绪。组织应充分认识到员工有压力、有不满是十分正常的现象,组织有责任帮助他们调节情绪,而不能使员工的不满情绪一直积压在心中,也不能将员工的压力发泄与不满情绪简单视为“发牢骚”“抱怨”“无病呻吟”。员工只有将满腹的情绪发泄出来,心理才能得以平衡,情绪才能达到平稳。管理者应该采取多种发泄渠道,有效释放员工的压力情绪。比如,通过组织聚会和周末酒会等形式释放员工压力,帮助员工改善和培养积极的情绪,从而有效地改善员工不当的压力症状。

三、情绪管理

情绪是个体对外界刺激的主观的、有意识的体验和感受,具有心理和生理反应的特征。我们无法直接观测人们内在的感受,但是我们能够通过其外显的行为或生理变化来进行推断。情绪是身体对行为成功的可能性乃至必然性,在生理反应上的评价和体验,包括喜、怒、忧、思、悲、恐、惊七种。行为在身体动作上表现得越强,就说明其情绪越强,如喜会是手舞足蹈、怒会是咬牙切齿、忧会是茶饭不思、悲会是痛心疾首等。这些都是情绪在身体动作上的反应。良好的情绪状态可以使个体处于比较活跃的状态,从而使其绩效得到提高,而比较糟糕的情绪状态则会降低个体的绩效。由此可见,对于员工的情绪进行有效管理,可以起到提高企业绩效的作用。

1. 情绪智力

情绪智力(Emotional Intelligence)指管理情绪的能力,是影响个人适应环境要求与压力的非认知面的技能、潜力及胜任能力的总和。情绪智力代表一个人能否适当地处理自己情绪的能力。哈佛大学心理学家戈尔曼教授提出了情绪智力的五种能力(见表7-4)。

表7-4 戈尔曼情绪智力的五种能力

情绪智力	能力特征
自我意识	了解自身情绪的能力
自我管理	处理自我情绪及冲动的能力
自我激励	面对挫折和失败时的坚持能力
同理心	能体会及了解他人感受的能力
社交能力	善于对待及处理他人情绪的能力

2. 有效地管理员工的情绪

(1) 重视上下级之间的沟通。

充分的沟通能够带来理解和认同。在这个基础上的管理,能给员工带来更多的正面情绪,下属得到支持后会努力工作,反过来,又会给管理者个人的情绪带来积极影响。

(2) 成为员工情绪管理的导师。

从某种意义上说,管理者就是其下属的导师,可以帮助员工在企业中更好地工作。可以说,每一位员工在企业中能否更好地发展,都有赖于一个好的导师，这个导师很多时候就是员工的直接上级。也就是我们常说的，遇到一个好领导就是下属的福气。美国的一项调查研究结果表明：无论是男性还是女性，在企业中有导师帮助的员工更容易成功。因此，在整个企业良好情绪氛围形成的过程中，管理者的作用非常重要，管理者要善于管理自己的情绪。

（3）给员工以信任和支持。

信任是调和上下级关系的基础。管理者在对员工的能力有了深入了解后，要大胆地对能够80%胜任工作的员工委以重任，在实践中培养他们。研究表明，提拔、任用80%胜任的员工不仅传达了信任，而且20%的差距使工作本身具有了挑战性，最能激发员工潜能。在对员工充分信任的基础上，要根据员工的需要随时给予指导、支持和帮助。

（4）帮助下属实现自我激励。

如果员工能得到有效的激励、启发和指导，他们的工作效率和自我管理的效率都将大大提高。因此，管理者对员工的自我管理状况具有最直接、最终的影响力。领导力是一种借助他人完成工作任务的艺术，管理者应懂得如何借助他人的力量来高效地完成任务。通过对下属进行激励和指导，虚心听取他们的建议，及时了解员工需求，管理者可以激发员工，使其释放出全部能量。

3. 情绪管理的方法

情绪的发生是自然而正常的事，我们不必压抑或为之痛苦。怀着感恩的心，情绪将让我们的人生更加丰富多彩、更加完整。但当情绪出现时，我们应学会处理好自己的情绪，积极面对，而不要让情绪驾驭我们。

（1）心理暗示法。

从心理学角度讲，心理暗示就是个人通过语言、形象、想象等方式，对自身施加影响的心理过程。自我暗示分消极自我暗示与积极自我暗示。积极的自我暗示在不知不觉之中对自己的意志、心理以至生理状态产生影响，积极的自我暗示令我们保持良好的心情、乐观的情绪、自信心，从而调动人的内在因素，发挥主观能动性。

（2）注意力转移法。

注意力转移法就是把注意力从引起不良情绪反应的刺激情境转移到其他事物上去或从事其他活动的自我调节方法。当出现情绪不佳的情况时，要把注意力转移到使自己感兴趣的事情上去，如外出散步，看看电影、电视，读读书，打打球，下盘棋，找朋友聊天，换换环境等，有助于情绪平静下来，在活动中寻找到新的快乐。这种方法，一方面中止了不良刺激源的作用，防止不良情绪的泛化、蔓延；另一方面，通过参与新的活动，特别是自己感兴趣的活动而达到增进积极的情绪体验的目的。

(3) 适度宣泄法。

过分压抑只会使情绪困扰加重,而适度宣泄则可以把不良情绪释放出来,从而使紧张情绪得以缓解,使自身得以轻松。因此,遇有不良情绪时,最简单的办法就是“宣泄”;宣泄一般是在背地里、在知心朋友中进行的。采取的形式,或是用过激的言辞抨击、漫骂、抱怨恼怒的对象;或是尽情地向至亲好友倾诉自己认为的不平和委屈等,一旦发泄完毕,心情也就随之平静下来;或是通过体育运动、劳动等方式来尽情发泄;或是到空旷的山林原野,拟定一个假目标大声叫骂,发泄胸中怨气。必须指出,在采取宣泄法来调节自己的不良情绪时,必须增强自制力,不要随便发泄不满或者不愉快的情绪;要采取正确的方式,选择适当的场合和对象,以免造成意想不到的不良后果。

(4) 交往调节法。

某些不良情绪常常是由人际关系矛盾和人际交往障碍引起的。因此,当我们遇到不顺心、不如意的事,有了烦恼时,能主动地找亲朋好友交往、谈心,比一个人独处胡思乱想、自怨自艾要好得多。在情绪不稳定的时候,找人谈一谈,具有缓和、抚慰、稳定情绪的作用。另一方面,人际交往还有助于交流思想、沟通情感,增强自己战胜不良情绪的信心和勇气,能更理智地对待不良情绪。

四、挫折应对

心理学认为,挫折是指个人从事有目的的活动时,由于遇到无法克服或自以为无法克服的障碍和干扰,其目标不能实现或需要不能得到满足时消极的情绪体验。随着社会的发展和人的成长,个人的需要日益增多且日益复杂,总会有一些需要是不可能满足的,所以人们在生活中总是或多或少地体会着挫折所带来的难过和痛苦。

挫折的产生经由三个环节:第一,由对人们有目的的活动造成干扰的情景状态或条件造成的刺激。这些刺激可能是人也可能是物,多数是些社会事件。第二,对自己的需要不能得到满足时产生的情绪和行为的反应。常见的有焦虑、紧张、愤怒、攻击或躲避等。第三,对挫折情境的知觉、认识和评价。面对同样的挫折,不同的人会有不同的反应。错误的归因和评价,将使挫折心理反应更加明显。

通常我们认为挫折情境的严重程度直接决定员工的挫折体验程度。但是心理学研究表明挫折认知是核心因素,挫折反应的性质及程度主要取决于挫折认知。只有当挫折情境被主体所感知时,才会在个体心理上产生挫折反应。个体对挫折情境的认知,直接决定挫折反应的性质和程度。

（一）挫折产生的原因

引起员工心理挫折的原因很多，从总体上可以概括为三个方面：客观原因、主观原因和企业管理方面的原因。

1. 客观原因

客观原因是指那些让动机或需要不能得到实现的实际存在的外部环境因素。它既包括人的能力无法克服的自然灾害、生老病死，也包括虽然能够克服，但因疏忽或时间、精力顾不上而造成的损失或达不到，还包括社会生活中的政治、经济、军事、宗教、风俗习惯、道德观念等等对人的限制，或他人的失误等。

2. 主观原因

主观原因是指个人生理、心理因素方面的原因。个人的智力、能力、容貌、身材及健康状况与某些生理上的缺陷或疾病所带来的限制，导致不能胜任某种工作或某种动机得不到满足，从而产生挫折。个体的需求、动机、性格等心理特征也可能导致活动失败、目标无法实现，从而产生挫折；而心理承受力差，抗挫折能力低，是挫折产生的重要主观原因。

3. 管理因素

企业管理中，岗位设置不合理、分工不明确，工作目标定得太高，制度不合理不透明，都可能导致员工产生挫折；人际关系紧张，人际关系不协调，也可以导致员工产生挫折。研究表明，员工离职很大一部分是因为与其直接上司的相处出现了问题。

（二）挫折后常出现的行为反应

人在挫折产生时，总会有一些外在行为反应。心理防御机制就是人应对应激情境的自我保护反应，它通过修正现实（刺激事件）与自己的关系来减轻挫折带来的伤害。心理防御机制分为积极心理防御、消极心理防御和中性的心理防御。积极的心理防御机制在缓冲心理挫折时表现出自信、进取的倾向，有助于战胜挫折；而消极的心理防御机制则大多表现出退缩、冷漠、逃避的倾向。消极心理防御机制虽然能暂时缓解内心冲突，但从长远看，会阻碍个体面对现实，更影响人生的健康发展。

1. 积极心理防御

积极心理防御机制能正面并积极地面对挫折，找到科学的方法、合理的途径来应对挫折所带来的不良的行为反应方式和情绪状态。

（1）升华。当个体期望的目标无法实现时，把精力更多地转移到另一更有价值的事业上去，这就是升华作用。

（2）补偿。补偿作用是当个体原有的目标无法实现时，以新的目标代替原有目标，以其他方面的成功来补偿因失败而丧失的自尊与自信。

（3）幽默。遭遇困境或陷入尴尬时，采取幽默来化险为夷的心理防卫术，就是幽默作用。幽默是心理防御机制的最高境界，它不仅能化腐朽为神奇，而且能密切人际关系，获得群体的认可。

2. 消极心理防御

消极的心理防御机制使人逃避现实，自欺欺人，削弱面对现实的勇气和应对现实的能力。

（1）否定。否定是一种否定已存在和已发生的事实的潜意识，是最原始、简单的心理防卫术。心理防御机制的否定不同于撒谎，前者是无意的，后者是有意的。人在采用否定的防卫术时，真的以为他否定的事实没有发生。

（2）退行。退行是人们在遭遇挫折后，行为反应方式突然退回到儿童时期或更小的时候的一种反应。

（3）潜抑。潜抑是指遭遇挫折以后，不是将思想或情绪释放出来，而是将其隐藏在心里，以致遗忘。

3. 中性自我防御

受挫后的个体采用暂时缓解压力和减轻痛苦的方式来应对挫折，但这种效用是暂时的，不适合长期使用。由于它的作用主要是缓解内心的痛苦，对解决现实的困难无所裨益，故将其归为中性心理防御机制。几种中性心理防御机制中，人们最常用的是合理化。

合理化作用又称文饰作用，指个体以个人需要为理由来解释自己不能改变的事实，或为自己作辩解。当个体无法达到追求的目标时，给自己一个好的借口来解释，其目的就是以正当的理由去掩饰自己的真实动机或愿望，从而使防卫者本人借此说服自己，感到心安理得。

常用的合理化作用有酸葡萄和甜柠檬两种。酸葡萄机制指当自己希望达到的目标没有实现时，通过否认该目标的价值和意义来消除自己的痛苦。甜柠檬机制指因未达到预定的目的而抬高已实现的目标的价值和意义。

（三）挫折心理调适方法

挫折既然是每个人都必然经历的，那么我们只有直面挫折，找到适合自己的心理调节方法，才能让挫折成为人生路上的一块铺路砖。员工应树立辩证的挫折意识，采取有效的心理调节方法，走出心理困境。具体来说，可从以下几个方面进行调整：

1. 提高挫折认知水平，纠正不合理的观念

有心理研究证明，面对同样的挫折情景，一个人获得的挫折相关信息越多，

就越能够有效地处理它。可见,个体对挫折的认知很大程度上取决于个体本身对挫折的认知,而不仅仅是外在挫折情境本身。美国心理学家艾利斯在其合理情绪疗法中也认为,人的负性情绪不是由诱发性事件本身引起的,而是由人们对诱发性事件的解释与评价引起的。认识挫折,应既看到挫折的消极方面,也看到挫折的积极方面。挫折能增强个体情绪反应的力量,增强个体的容忍力,提高个体对挫折的认识水平。

2. 积极应对

当我们遇到困难时,选择积极应对比选择消极逃避,所能获得的成功几率大很多。在挫折中成长,在挫折中接受教育。

3. 树立榜样,激励自己

如果一个人有坚定的信念,有积极的行动,并对未来的自己有一个期待,能通过成功的画面去激励自己的行为,那么这个人面对困难时将会有无比的勇气。因为,他能看到克服困难后的曙光。以这样的人为榜样,有意识地观察、学习这种人的处世态度、反应模式和应对挫折的心态与模式,有利于激发自我潜能,获得成功。

4. 规律生活

研究表明,有规律的生活对心理健康有极大帮助。劳逸结合,脑力与体力交换使用,不但有助于消除精神疲劳,而且能调节心理压力,平衡失调的身心。同时,要保持心态的平衡,遇到问题应不断进行心理调适,始终以乐观、坚强、自信的态度对待生活。

5. 学会转移和宣泄

学会情绪的疏泄方法,如倾诉、转移注意力、运动、升华、合理化、音乐调节、饮食调节等。遭遇挫折而郁闷时,积极进行户外活动,打打球、散散步、找知心朋友谈谈心等。焦虑时,可练习瑜伽缓解压力,或找一部喜爱的文学或影视作品看看;有条件的,最好定期外出旅游。

6. 构建成熟的心理防卫机制

积极的心理防卫机制能更好地帮助一个人度过心理挫折期。升华能将内心痛苦化为一种动力,转而投入到有益的学习生活中,这无疑是员工受挫后采取的最佳反应方式。补偿、幽默等心理防卫机制能使员工获得心理平衡,保持自尊,减轻内心的痛苦和焦虑,因而也不失为受挫后较理想的心理防卫方式。另外,合理的情绪宣泄也是缓解员工受挫后心理紧张和焦虑,保持其身心健康的有效机制。总之,构建成熟的心理防卫机制,不仅有助于员工提高自身的心理健康水平,而且有助于他们自信心的培养与意志力的磨炼。

7. 建立和谐的人际关系

良好的人际关系是一个人很重要的社会支持系统。一个抗挫折能力越低的人,越需要更强的社会支持系统才能度过挫折带来的心理危机。所以,建立自己的社会支持系统就显得尤为重要。

第三节　员工心理咨询

一、心理咨询的概念和特征

心理咨询(counseling)是指运用心理学的方法,对心理适应方面出现问题并企求解决问题的求助者提供心理援助的过程。心理咨询按其内容可分为障碍咨询和发展咨询;心理咨询按其对象的多少可分为个别咨询和团体咨询;心理咨询按其方式可分为门诊咨询、现场咨询、信函咨询、专栏咨询、电话咨询和互联网咨询;心理咨询按其时间长短可分为长期咨询、短期咨询和限期咨询。心理咨询有五个基本特征:

(1) 心理咨询解决的是来访者心理或精神方面存在的问题,而不是帮助他们处理生活中的具体问题。

(2) 心理咨询不是一般的助人行为,它是运用心理学的知识、理论与方法,从心理上为来访者提供帮助的活动,咨询人员必须是经过专业训练的职业人员。

(3) 心理咨询强调良好的人际关系氛围。在来访者与咨询人员之间有一定程度的相互理解和信任,来访者才会坦述自己的问题,接受咨询人员的帮助。

(4) 咨询是一种学习和成长的过程,主要表现为人格或个性方面的成长。

(5) 寻求心理咨询是基于来访者心理需求的自愿行为。

图 7-2　个体心理咨询室

7-3　团体心理咨询室

二、心理咨询的原则

1. 保密性原则

咨询人员必须保守来访者的内心秘密，妥善保管来往信件、测试资料等材料。如因工作需要不得不引用咨询事例时，应对材料进行适当处理，不得公开来访者的真实姓名、单位或住址。

2. 理解支持原则

咨询人员对来访者的语言、行动和情绪等要充分理解，不得以道德的眼光批判对错，要帮助来访者分析原因并寻找出路。

3. 积极心态培养原则

咨询人员的主要工作是帮助来访者分析问题所在，培养来访者积极的心态，树立自信心，让来访者的心理得到成长，自己找出解决问题的方法。

4. 时间限定的原则

心理咨询必须遵守一定的时间限制。咨询时间一般规定为每次60—90分钟（初次受理时咨询可以适当延长），原则上不能随意延长咨询时间或间隔。

5. 自愿原则

原则上讲，到心理咨询室求询的来访者必须出于完全自愿，这是确立咨访关系的先决条件。没有咨询愿望和要求的人，咨询者不会去主动找他（她）并为其心理咨询。只有自己感到心理不适，为此而烦恼并愿意找咨询人员诉说烦恼以寻求咨询者的心理援助，才能够获得问题的解决。

6. 感情限定的原则

咨访关系的确立和咨询工作的顺利开展的关键，是咨询者和来访者心理的沟通和接近。但这也是有限度的。来自来访者的劝诱和要求，即便是好意的，在终止咨询之前也应该予以拒绝。个人间接触过密的话，不仅容易使来访者过于了解咨询者内心世界和私生活，阻碍来访者的自我表现，而且容易使咨询者该说的不能说，从而失去客观公正地判断事物的能力。

7. 重大决定延期的原则

心理咨询期间，由于来访者情绪过于不稳和动摇，原则上应规劝其不要轻易做出诸如退休、调换工作、退学、转学、离婚等重大决定。在咨询结束后，来访者的情绪得以安定、心境得以整理之后做出的决定，往往不容易后悔或反悔的比率较小。就此应在咨询开始时予以告知。

三、心理咨询的基本步骤

1. 建立咨询关系

咨询关系是咨询人员与来访的咨询对象之间建立的一种人际关系。借助于咨访关系,咨询人员对咨询对象进行咨询,提供帮助。任何一种心理咨询都离不开咨访关系的建立。只有在咨询活动一开始就建立起良好的咨访关系,咨询对象才能打消疑虑,畅所欲言,并进而对咨询人员产生信任感。咨访关系的建立取决于双方的人格、态度及行为方式等因素。建立良好的咨访关系是进行心理咨询的首要条件。

2. 收集资料

在建立了良好的咨访关系之后,咨询人员面临的任务就是了解咨询对象的有关情况,为下一步进行分析诊断做好准备。所收集资料的内容可因咨询对象的不同或咨询问题的不同而各有侧重。一般而言,咨询人员应着重收集下列几方面的资料:

(1) 咨询对象的基本情况,包括姓名、性别、年龄、职业、婚姻状况、文化程度等。

(2) 前来求询的主要问题及要求,包括心理问题或疑难的表现,产生的时间,对工作、学习和生活的影响,希望得到何种帮助等。

(3) 咨询对象的家庭环境,包括主要社会关系(父母、配偶、孩子等)的基本情况,家庭关系的特点等。

(4) 咨询对象的受教育情况,包括在校学习情况、学习成绩、学习兴趣和特长、学习困难的科目等。

(5) 咨询对象的工作经历,包括从事过哪些职业、对工作持何种态度、对自身工作能力的评价、职业兴趣与专长等。

(6) 身体发育与健康状况,包括发育是否正常,患过何种疾病,体质状况等。

收集资料主要采用交谈和调查的方法。咨询人员应根据咨询对象的具体情况和实际需要,灵活确定收集资料的内容和收集资料的方法。

3. 分析诊断

(1) 确定求助者是否适宜作心理咨询。心理咨询的主要对象是心理正常和有轻微心理疾病的人。对于那些有严重心理障碍和精神异常的人员,应当推荐给精神病学专家治疗。

（2）确定求助者问题的类型、形成原因及深层心理机制。首先要区分其心理活动属于正常还是异常。其次要弄清楚问题形成的原因及深层心理机制。要求咨询人员通过对所掌握资料的系统分析，形成整体的认识，在此基础上找出问题的症结所在，弄清问题的来龙去脉。

4．帮助指导

心理咨询是一种磋商行为，咨访双方是一种彼此合作的关系。咨询人员的责任是帮助来询者分析他们的心理问题，提供指导意见，而最后解决问题要靠来访者自己的努力，通过改变他们的认知结构和行为方式来恢复心理平衡。咨访双方一起协商、研究、制定咨询方案。方案中要有明确的咨询目标、步骤、咨询活动的形式、时间安排、会见次数等。在实施咨询的过程中，咨询者要鼓励、协助求助者实践新的行为。

5．结束咨询

（1）综合所有资料，做总结性解释。

在咨询过程中，治疗者随时从求治者那里了解其性格特点、应对挫折的方式及形成心理困扰的深层心理机制，并不断给予求治者解释、说明，使其了解自己的行为方式，学习新的反应方式。这种综合性的评语、建议容易使求治者铭记在心，可以诱导其掌握处世待人的方法，帮助其继续成长。

（2）帮助求治者举一反三，学习应用咨询获得的认知、经验。

心理治疗的最终目的是希望求助者能把在咨询过程中学习到的新知识、新经验应用到日常生活中，促其发展、成长。在咨询结束阶段，咨询者应有意识地引导求助者将在咨询中提高的对某一事物的认识扩展到其他事物，帮助求助者真正掌握咨询中学到的新东西，以便在日后脱离了咨询者也可以自己应付周围的环境，处理遇到的困难。

（3）帮助求助者愉快、自然地结束咨询。

当求助者对自己有信心后，即可结束咨询；也可采取渐进结束的办法；还可明确决定停止咨询的日期，隔一段时间，再同求助者进行短期会谈，追踪咨询结束后的适应情况。

四、员工 EAP 咨询的常见问题

员工遇到的心理问题多种多样，既有个人的，也有家庭的，更有关于工作当中的问题。职业场所的心理问题有一定的规律性和特殊性，一般把 EAP 咨询问题分成八大类：

1. 心理情绪问题

现代社会是竞争激烈的社会，每个人或多或少都被卷入全球化浪潮中参与社会竞争，因此现代人的生活、工作压力空前。在适应的过程中，几乎人人不可避免地体会到各种负面情绪的袭击，比如焦虑、恐惧、抑郁等。如果再遇到生活或工作中一些不如意的事件，此类情绪便更能影响工作和生活。心理情绪问题的产生，既有心理社会因素，也跟一个人的遗传有关，比如，有的人天生性格内向，平时不爱交往，在与异性交往过程中，会不由自主地紧张、焦虑，甚至不知道如何讲话，并产生严重的自卑情结；如果不加以重视，很容易造成社交恐惧。心理情绪问题可谓多种多样，有的人因升职而产生紧张情绪，以致影响工作；有的人因考试紧张，彻夜失眠；有的人因失去恋人而变得情绪低落。这些五花八门的情绪一旦久久地在脑中停留，便会对我们大脑中的神经递质产生影响，严重的还会发展为心理疾病，所以不可小视心理情绪对人的影响。最好的办法就是把负面情绪消除，多留积极正面的情绪。

2. 恋爱婚姻问题

企业员工多是相对年轻的人群，正是经历恋爱、结婚的黄金时期，因此，恋爱婚姻问题是目前心理咨询中所占比例最多的一类心理问题。人们因观念的日益开放，情感问题日益被人们所重视，从恋爱走向婚姻过程中会产生诸多挫折和适应问题。有的人因草率结婚，双方了解了脾气性格后发现不合适而后悔；有些因一方产生移情别恋，而另一方得知实情后深受打击。更有婚姻生活中双方在磨合期因无数琐碎小事而争吵不断。恋爱婚姻问题是员工中一个较突出的心理问题，处理不好，还会引发严重的心理危机。

3. 职业生涯发展问题

职业选择是人生中非常重要的事情，不同的职业将带来不同的生活方式，对人们内心世界的影响是深刻而深远的。人们习惯于从经验发展自己的职业规划，很少以自身的个性特长也即从专业心理角度看待自己的职业发展问题。心理咨询可以针对不同的个性差异，理性分析不同的人适应不同的职业，帮助困扰者对自身职业进行系统思考，从而使困扰者清晰自身的专长与适应的工种，对自身有理性的认识和选择。

4. 职场问题

在EAP咨询中，所有在职业场所发生的情绪困扰、关系困扰、工作进度、绩效不佳、职业枯竭感、离职、员工管理及沟通问题等有关工作引起的心理问题都属于EAP咨询的范围，但大多数人从未经历过心理咨询，不清楚心理咨询最基本的保密原则，因此，人们很忌讳到咨询师处去谈工作上的问题，有问题习惯自己扛着。没有经处理的情绪和沟通问题像堵塞不通的障碍一样，最终使人们作出不理智的行为。EAP 咨询在企业和员工之间架起一座沟通的桥梁，通过专业帮助和保密制度，使员工的心理情绪得到疏导，从而以较高的自我效能感投入工作。

5. 亲子教育问题

初为人父人母的职业人群，大多会遇到儿童青少年教育和管理问题，常常令家长感到头痛；有些未成年孩子更是经常发生一些意料不到的事情，令本身拥有压力的父母苦不堪言，从而反过来影响职业场所的工作表现和绩效。因此，EAP 咨询在亲子教育中也发挥着重要作用。任何一个职场人，大都需要承担养育子女的义务和责任，但初为父母的他们并不是天生的儿童青少年专家，因此困扰与挫折感是很难避免的。通过与咨询师的沟通与探讨，或许是提升自己对儿童青少年心理把握能力的一个好机会。

6. 家庭问题

家庭内部的人际关系（如婆媳关系、姑嫂关系以及原生家庭之间的关系）总是错综复杂，剪不断理还乱。职场人拥有和谐、美满的家庭对其职业发展有正面的影响，反之，可能会使人们疲于应付而影响工作。在 EAP 咨询中，家庭问题也是一个较为突出的问题。人们遇到类似问题时，总会受到一定的情绪影响。通过专业心理疏导，可以帮助员工理性处理家庭问题。

7. 成瘾问题

人们在成长过程中难免会受到不良影响，有的人从小便无法克制和约束自己的一些行为和情绪，走上工作岗位后也积习难改。除影响自身之外，对家庭、婚姻也产生一连串的影响。在职业场所，每天应对单调工作的人们，空闲下来很容易找寻类似的刺激，久而久之，使自己陷入一些习惯中，使大脑产生依赖，因此成瘾，也称某某依赖综合征。如果不引起重视，轻则影响工作表现，重则影响家庭婚姻关系。及时调整成瘾行为，既是对自己负责，也是对家庭负责。

8. 其他问题

在职业场所的人群，当然不仅仅会遇到以上七种心理问题类型。社会中，总是百态丛生，人们无法估计会遇到什么突发事件，在应对危机时也常常措手不及。因此，大量的心理危机也时时影响着人们的心理。

本章框架图

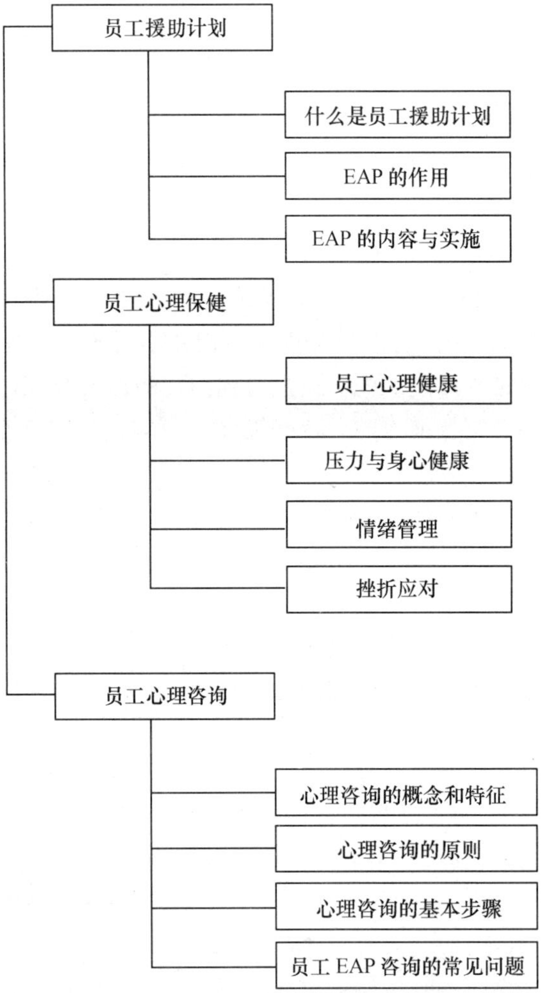

本章思考题

1. 什么是员工援助计划？
2. 如何组织实施员工援助计划？
3. 心理健康的标准是什么？

4. 如何对员工进行心理保健?
5. 什么是心理咨询? 心理咨询的基本步骤是什么?
6. 员工 EAP 咨询的常见问题有哪些?

实践操练

员工 EAP 心理咨询干预实例

美国女孩玛丽毕业后考取护士执照,来到纽约一家医院工作。这年冬天,纽约气候异常寒冷,年底时病人激增,其中很多是老年人。他们反应迟钝、动作缓慢,一件事要解释好几遍,不舒服就按护士铃,玛丽忙得脚不沾地,一天下来疲惫不堪。这天她忙中出错,发错了药,幸好被及时发现,没有酿成事故。管理部门立即展开调查。

首先调查护士的管理部门"护理部"。他们调出最近一段时间的病历记录,发现"玛丽负责区域病人增加 30%,而护士人手没有增加"。调查部门认为护理部没有适时增加人手,造成玛丽工作量加大,劳累过度出现失误,属人员调配不当。

随后调查人力资源部门的"心理咨询机构"。玛丽的家里最近有什么问题?询问得知,她的孩子刚两岁,上幼儿园不适应,哭闹厉害,影响到玛丽晚上休息。调查人员询问后认为"医院的心理专家没有对她进行有效关怀帮助,属于失职"。

最后调查制药厂。他们把玛丽发错的药放在一起进行对比,发现这几种常用药的外观、颜色相似:全是白色,圆形。他们向药厂发函:建议改变常用药片外包装,最大限度杜绝事故苗头。药厂接受医院建议,重新设计外包装并上报药事部门。

医院的"员工援助"部门走访玛丽家,告诉她不用担心病人赔偿事宜,保险公司已经解决。然后与小夫妻探讨如何照顾孩子,并向社区申请 10 小时义工帮助,在玛丽下夜班的白天,由义工照顾孩子,让她能休息好。

医院接着通知她:"放几天假,帮助女儿适应幼儿园生活。"玛丽很感动,觉得自己选择护士工作没错,如果年龄允许,她想一直做下去。

市场经济让人们对成功的界定有些狭隘,动不动就以年薪、住房、地位为标准,在这种舆论下,员工很容易心累。当他们加班加点,成了职场上高速运转的机器时,当他们遇到人际冲突、婚姻爱情、身体健康等方面的情绪困扰时,很容易引发忧郁等心理疾病。因此,员工援助计划是一项非常重要的措施——它通过解决个体遇到的问题，完善个体心理和行为方式，使个体更好地服务于组织，促进组织绩效的提高。

推广阅读

联想电脑公司客服本部员工心理帮助计划

一、公司基本资料

1984 年，柳传志先生带领 10 名中国计算机科技人员前瞻性地意识到了 PC 必将改变人们的工作和生活。怀揣着 20 万元人民币的启动资金以及将研究成果转化为成功产品的坚定决心，这 11 名科研人员在北京一处租来的传达室里开始创业，并将年轻的公司命名为“联想”(Legend，英文含义为传奇)。在公司发展过程中，联想勇于创新，实现了许多重大的技术突破；研制成功了可将英文操作系统翻译成中文的联想式汉卡，开发出可以一键上网的个人电脑，并于 2003 年推出完全创新的关联应用技术，从而确立了联想在 3C 时代的重要地位。凭借这些技术领先的个人电脑产品，联想登上了中国 IT 业界的顶峰，到 2004 年联想已经连续八年占据中国市场份额第一的位置。

1994 年，联想在香港证券交易所成功上市；4 年后，联想生产了自有品牌的第一百万台个人电脑。2003 年，联想将其英文标识从“Legend”更换为“Lenovo”，其中“Le”取自原标识“Legend”，代表着秉承一贯传统，新增的“novo”取自拉丁词“新”，代表着联想的核心是创新精神。2004 年，联想公司正式从“Legend”更名为“Lenovo”。联想在 2005 年 5 月完成对 IBM 个人电脑事业部的收购，这标志着新联想将成为全球个人电脑市场的领先者——年收入约 130 亿美元，服务于世界各地的企业和个人用户。

二、推行员工帮助计划的背景

2000 年 12 月至 2001 年 7 月，北京师范大学心理系接受联想电脑公司服务部委托，为联想电脑公司客服部门的员工提供员工帮助计划(EAP)服务，张西超担任项目主持人。内容涉及员工心理状况问卷调查、客服各级员工工作访谈、管理层心理培训、员工心理健康培训、心理咨询等多个层面。项目提供的服务形式多种多样，既从整体上为联想客服员工上了一堂生动的心理课，又为管理层、一线员工提供了迫切需要的心理学知识和技巧，还为部分员工直接提供了解决个人困惑或问题的机会。

总的来说，本次 EAP 项目不仅开展得较为顺利，而且深受客服员工的欢迎，可以说是一次成功的投资,最终产生了令人满意的回报。

三、调查与诊断

基于联想电脑公司对EAP项目的要求和期望,为客服部门提供的服务本着解决问题和促进发展并重的原则设计和实施。鉴于工作负荷重、承受压力较大、人员流动较高等问题对员工产生潜在的冲击和影响,而多数员工缺乏自我调节和解决工作、生活冲突的能力,项目组通过心理状况调查工作的展开,对员工的心理状况有了全面、直接的了解。在掌握一手资料的基础上,项目组确定此次EAP活动的目的是:满足联想客户服务部门发展的需求,为客服员工提供一次解决个人问题的机会,培养他们的心理健康意识,促进他们的心理素质的提高与完善,训练他们自我调整、与人沟通等心理技巧和能力。

为此,项目工作组对联想电脑公司客服全国大区、中心站点开展了问卷调查和深入访谈,收集到一手资料,也发现许多问题,为以后EAP活动的开展奠定了良好的基础。

问卷调查分为两个部分:纸笔调查和电子邮件调查。

纸笔问卷调查实施于2001年1—2月,对北京、上海、南京、杭州四地95名联想客服员工进行了问卷调查。EAP实施之前,项目组花了近一个月的时间,由北京师范大学心理系6名硕士、博士研究生和2名教授研究、编制了针对此次EAP活动的各类心理学量表。然后,由这6名研究生亲自带着问卷,赶赴联想电脑公司客服部在北京、上海、南京、杭州四地的各个中心站分别实施调查,当场指导调查对象按照要求填写问卷,并回收所有问卷。收集的有效数据由专门人员录入计算机,并由问卷设计者使用专业的数据分析软件SPSS 10.0进行数据分析处理。

电子邮件调查则通过计算机网络,利用计算机软件开发人员专门编辑的小型数据库软件,于2001年5—6月,对联想电脑公司客服部门在济南、重庆、西安、深圳、成都、沈阳、长沙、昆明、郑州、青岛、石家庄11个中心站点及客户服务本部共101名员工进行了计算机化的调查。由于数据将自动在软件中存储下来,所以只需要将回收的软件数据导出并综合在一起,然后由问卷设计者使用专业的数据分析软件SPSS 10.0进行数据分析处理。

两次问卷调查的内容基本相同:压力水平量表、压力应对方式量表、工作满意度量表、SCL-90症状自评量表、人际接纳量表。由于电子邮件调查比纸笔问卷调查晚了近2个月,所以对问卷中存在的表达不清或调查对象难以理解的专业术语进行了部分修正,问卷结构和内容都没有经过改动,这样就保证了调查内容的一致性,便于对比研究。

四、访谈

个人访谈主要采用半结构化访谈提纲。该访谈提纲经过项目工作组4名研究生和2名心理学专家半个月的讨论、调整而确定下来的。访谈提纲主要是以联想公司关心的员工问题以及项目组想发现的角度为主要思路，同时也关注员工个人的情绪表达，并借此追问给员工个人带来的困扰问题。深入访谈由4名参与访谈提纲设计的研究生亲自执行，并对访谈过程全程录音，然后将录音内容转录成文字，由专业人员进行编码分析，对访谈内容进行定性和定量的分析处理，从中发现、整理、分析问题，为随后将要展开的咨询、培训等服务内容取得了第一手的员工资料。

此外，项目组还组织了一次焦点座谈会，邀请客服部各大区的4名督导进行了一场关于客服员工的心理状态、工作困惑、职业生涯发展的专题座谈会。历时一个多小时的座谈会全程录像、录音。随后由专业人士进行了编码分析，从另一个角度取得了关于客服员工工作现状的难得的第一手资料。

五、员工需求

1. 员工遇到的问题

部分员工压力比较大，这部分高压力员工的压力源来自：自身的发展、工作时间紧迫、与客户的交往困难等。与客户的沟通比较困难：有些客户本身蛮不讲理，公司对客服人员的要求比较高，即使受到伤害和委屈，也要忍受。自我生涯的发展：培训和学习充电的机会比较少，和公司的接触不多，工作相对单一，看不到美好的前景。工作量大，任务艰巨。

2. 员工的需求

多数员工表示希望在客户应对、情绪管理与压力释放、人际关系促进、潜能开发等方面能够接受专业的培训或训练。

六、实施计划

服务对象：联想电脑公司客服部门的员工及其家属。

实施方案：

（一）初级预防——宣传（小册子、电子邮件）

初级预防的目的是减少或消除任何导致职业心理健康问题的因素，更重要的是设法建立一个积极的、支持性的和健康的工作环境。为此，项目组专门印制了精美的EAP宣传小册子，散发到各个客服中心站点，同时定时向全国客服员工个人发送特定的电子邮件，除了宣传此次活动外，对一些基本的心理学知识和技巧进行了介绍。初级预防为员工提供了简洁的EAP联系方式，既做了EAP宣传工作，又提供了心理学基本知识和自我调节技巧，使多数员工都有机会接触 EAP,并对自身的心理健康和心理性质逐渐形成重视的态度和科学的认知。

（二）二级预防——培训(管理层、一线员工)

1．客服各大区督导心理培训

2001 年 2 月,项目组对联想各大区督导以及中层管理员工共 40 多人开展了“心理健康和交互作用”和“心理健康与人才发展”的专题培训。培训内容丰富,形象生动,紧密联系工作与生活,受训员工普遍表现出对训练内容的欢迎和兴趣。这些内容的培训对促进中高层员工在管理工作中贯彻这些技能,促进管理工作的全面提高,融洽组织气氛,提高员工工作绩效起到了积极的推动作用。

2．客服管理层健康培训

2001 年 3 月,项目组对联想电脑公司客户服务本部 30 多名中层管理员工进行了“心理健康与人才发展”的专题培训。培训课程不仅介绍了心理健康的定义和内涵,确立了心理健康的标准,而且还引导受训员工学习了自我暗示、自我控制、情绪管理、人际沟通、耐挫能力等自我调整和摆脱困扰的技能和技巧。这些内容对受训学员来说不仅是全新的,更是有着巨大的使用价值。这对管理层人员提高自身心理素质,更好地应付工作、生活中出现的个人事件,以更好地胜任工作、管理下级员工是非常重要的。培训结束之后受训员工的反映也表明受训员工对培训的内容和授课方式十分欢迎。

3．客服管理层咨询技巧培训

2001 年 3 月,先后两次对联想电脑公司客户服务本部 30 多名员工进行了题目为“作为咨询式的管理者——亲情的专业化”的专题培训。该培训为联想客服管理层提出了新的课题,为联想带来更多以人为本的企业文化,促进企业的长期稳定发展。培训过程中项目组介绍了心理咨询的基本概念、内容、理念、模式、技巧,确立了成功的咨询者标准,并结合工作中可能出现的问题开展了咨询技巧和方法的训练、评估和指导。最后更是为管理者总结了如何在实际管理工作中推广亲情模式,贯彻人本精神,并提供了实际的指导建议。

4．一线员工心理培训

2001 年 7 月对联想电脑公司客服部北京中心站员工开展了题目为“工作与生活的协调”的专题培训。

（三）三级预防——咨询(电话、个别、团体)

1．团体咨询

2001 年 4 月,项目组邀请联想电脑公司客服部门的 8 名管理层员工进行了一次团体咨询。通过团体咨询,参与者在充分沟通的基础上,解决了工作中的压力、冲突、自我效能感的丧失等问题，使得参与者对工作、生活充满了信心、宽容和接纳，充分体现了亲情文化。

2. 电话咨询

2001年4—6月晚上18—22点，整整两个月，项目组为联想电脑公司客服部所有员工开通了电话咨询热线，聘请国内心理咨询界知名的专业心理咨询师担任热线咨询师。在此期间，项目组先后接到54人次的电话咨询，咨询员工48人，其中包括11%的员工家属。在咨询中，最受关注的就是人际沟通、自身发展和工作压力三个方面的问题。

3. 个别咨询

2001年6—7月间，历时一个月，项目组为联想电脑公司客服部北京地区10名员工提供了20人次的个别咨询服务，聘请北京心理咨询界知名的专业心理咨询师担任咨询师。咨询结果显示，员工对咨询效果非常满意，甚至有数名员工表示愿意与咨询师建立长期的咨询关系。在咨询过程中，项目组不断接收到其他员工要求参加咨询的信息，表现出20人次的咨询远远无法满足联想客服员工需求的趋势。

七、联想员工帮助计划的意义

1. 中国本土第一个完整意义上的员工帮助计划

早在1998年，易普斯咨询专家团队的主要成员就致力于国外员工帮助计划(EAP)的研究工作，探索将其引进中国的途径和方式。并且，在联想开展员工帮助计划之前，国内其他一些企业已经进行过EAP项目的部分活动，如单纯的心理培训或心理测评，而像联想所进行的包括宣传、调查、培训、咨询在内的EAP项目，在国内还是第一个。

2. 开创了中国员工帮助计划的本土化模式

易普斯咨询专家团队成员，基于对国外员工帮助计划发展理论和实践经验的深入研究，推出了中国员工帮助计划的本土化模式，并将其实践于联想的员工帮助计划项目中。实践证明，易普斯咨询开创的员工帮助计划模式是符合中国国情的，可以满足大多数中国企业的需求，为中国企业的员工带来心理上的帮助。

第八章　群体心理与行为

本章学习目标

1. 理解群体的含义、功能、作用与类型
2. 了解当前中国群体心理发展变化的特征
3. 了解沟通的概念、过程、类型和特征
4. 应用人际关系相关理论进行人际关系分析
5. 掌握人际关系的测量
6. 掌握群体决策的优缺点及如何进行群体决策

第一节　群体概述

一、群体的概念及类型

1. 群体的定义

关于群体的定义有不同的说法，但总体来说，任何一个群体都应具备一些必要的因素，比如人数、相互作用与影响、群体目标、群体规范等等。所以，可以这样理解，群体是两个或两个以上的人的集合体，他们遵守共同的行为规范，相互影响、相互作用，并有着共同的奋斗目标。

一般来说，组织中的群体必须是具有以下特征的人群：第一，他们拥有一定的规范，在行为上相互制约；第二，他们相互影响，相互依赖，彼此感知到对方，并形成一个整体；第三，为实现共同的目标，他们分工协作，努力承担好自己的角色。

2. 群体的功能和作用

人们之所以形成群体或加入某一群体，既有满足个人需要的成分，也有实现群体目标的要求。具体来说，群体的存在可以使群体成员获得以下满足：

(1) 安全的需要。群体可以为个人提供安全感。作为一个大型组织的成员可能会产生不安全感和焦虑，但归属于一个小群体，则可以减轻这种恐惧。

(2) 情感需要。群体可以满足个人的友谊和情感需要。被他人所接纳是一种重要的社会需要，它可以增强个体的自信心。

(3) 尊重和认同的需要。群体给个人提供了称赞和认可的机会，使他们感受到自己的重要性。

(4) 完成任务的需要。群体产生的主要原因是为了完成任务，有许多工作必须协同努力才能完成。

3. 群体的类型

群体按照不同的标准会有不同的分类，下面是常见的几种类型：

(1) 大型群体和小型群体。

根据群体规模的大小或人数的多少，可以将群体划分为大型群体和小型群体。在大型群体中，群体成员之间是以间接的方式（通过群体的目标、各层组织机构等）联系在一起的，如阶级群体、阶层群体、大型企业、大学校、大的行政机关等都可以认定为大型群体。在小型群体中，由于人们逐渐有了直接的接触，心理的、情感的因素相对来说要大于它在大型群体中的作用。反之，在大型群体中社会因素比心理因素有更大的作用。

(2) 正式群体和非正式群体。

根据群体构成的原则和方式不同，可以把群体划分为正式群体和非正式群体。如表 8-1 所示，两者有较明显的区别。正式群体是有组织正式文件明文规定的，群体成员有固定的编制，有规定的权利和义务，有明确的职责分工。工厂的车间、班组、科室，学校的班级、教研室及党团组织、行政组织等都是正式群体。非正式群体是组织中没有正式规定的群体，其成员之间的相互关系带有明显的情绪色彩，他们可能是因为住得近、有共同的兴趣爱好、能相互满足对方的需要而结成的伙伴。如工厂里的足球队、退休工人秧歌队的形成就是因为这些人之间有共同的兴趣爱好。有些人时常吃饭时凑在一起谈新闻、发牢骚，也渐渐形成非正式群体。总之，在正式群体之间还有各种各样的非正式群体。

表 8-1 正式群体与非正式全体的区别

区别	正式群体	非正式群体
正规化	高	低
互动	制度化、规范化	随意的、常规的
权利、义务	关系明确的、书面形式	不明确、不成文
结合方式	书面、明确	自然、暗语性的

(3) 开放群体和封闭群体。

根据群体开放程度的不同,可以将群体划分为开放群体和封闭群体。开放群体人员变动频繁,成员来去自由,而封闭团体中的成员相对比较稳定。另外,封闭群体成员等级分明,而开放群体中的权力和地位不稳定。开放群体成员不稳定,所以不适合长期任务,但因经常输入新鲜血液,从而可以形成新的思想,并且这些人对周围环境适应性较强。以上两种类型的群体适合不同类型的活动。例如,对于长期规划,封闭群体更为有效;对于发展新思想和新产品,开放群体更为有效。封闭群体具有历史眼光,而开放群体则着眼于现在。

二、群体发展的阶段

群体自形成之日起,就在发生着变化。有的群体不断发展壮大,有的群体在中途解散,也有的群体随着原有目标的实现,又会建立新的目标,形成新的组合。学者们通过对群体发展过程的探索,寻找到一些共性的规律,以下便是群体发展阶段的有关研究。

1. 群体发展的五阶段模型

从 20 世纪 60 年代中期起,人们大都认为,群体的发展需要经过五个阶段的标准程序。美国管理学家斯蒂芬 · P. 罗宾斯将五个阶段描述为:形成阶段、震荡阶段、规范化阶段、执行任务阶段、中止阶段(见图 8-1)。

(1) 形成阶段。其特点是,群体的目的、结构、领导都不确定,群体成员各自摸索群体成员可以接受的行为规范。当群体成员开始把自己看做群体的一员时,这个阶段就结束了。

(2) 震荡阶段。这是群体内部的冲突阶段——群体成员接受了群体的存在,但对群体加给他们的约束,依然予以抵制。而且,对于谁可以控制这个群体,还存在争执。这个阶段结束时,群体领导层次就相当明确了。

(3) 规范化阶段。在这个阶段,群体内部成员之间开始形成亲密关系,群体表现出一定的凝聚力。这时会产生强烈的群体身份感和友谊关系。当群体结构稳定下来,群体对于什么是正确的成员行为达成共识时,这个阶段就结束了。

(4) 执行任务阶段。在这个阶段,群体结构开始充分发挥作用,并被群体成员充分接受。群体成员的注意力已经从试图相互认识和理解转移到完成手头的任务。

(5) 中止阶段。对于长期性的工作群体而言,执行任务阶段是最后一个发展阶段。而对于暂时性的委员会、团队、任务小组等工作群体而言,因为这类群体要完成的任务是有限的,因此,还有一个中止阶段。在这个阶段,群体开始准备解散,高绩效不再是压倒一切的首要任务,注意力放在群体的收尾工作。这个阶段,群体成员的反应差异很大,有的很乐观,沉浸于群体的成就中,有的则很悲观,惋惜在工作群体中建立起的友谊关系不能再像以前那样继续下去。

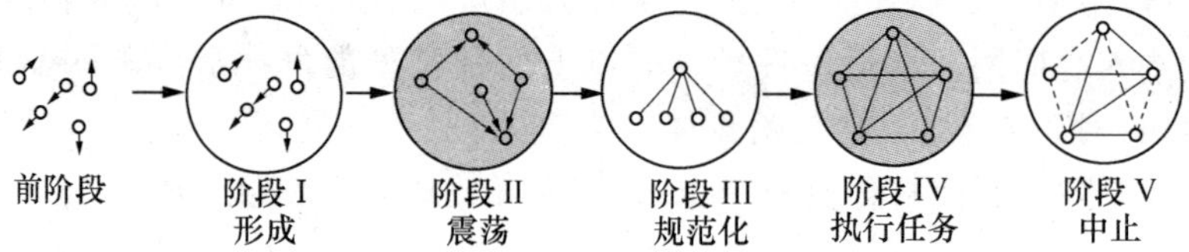

图 8-1 群体发展五阶段模型

2. 间断—平衡模型

有研究者认为,群体发展的过程并不一定像五阶段模型中所描述的那样,需要经过统一的一系列阶段,而是在群体如何形成和变化的方式上有一些明显一致的地方。如图 8-2 所示,这种模型认为,群体发展过程基本上以接近中间的某个时间作为分水岭划分成两个阶段,第一个阶段中群体运行的方式与第二个阶段有着明显的不同。在第一个阶段中,群体首先界定任务,确定目标,并且这些在第一阶段中不太容易发生改变。即使有的群体成员有新的想法提出,大多也不会被付诸行动。因此这个阶段群体的运行处于一个平衡的状态。当群体发展到它的寿命周期的中间阶段时,就仿佛拉响了警钟一样经历着危机。群体成员感到时间的压力和完成任务目标的紧迫,他们认识到必须迅速采取行动,对原有的运行方式做出某些改变。于是,群体就放弃了旧的思维方式,采纳新的见解,进入到效率最高的第二阶段,群体的运行进入新的平衡状态。第二阶段发展到最后,以最后冲刺迅速完成任务而宣告结束。

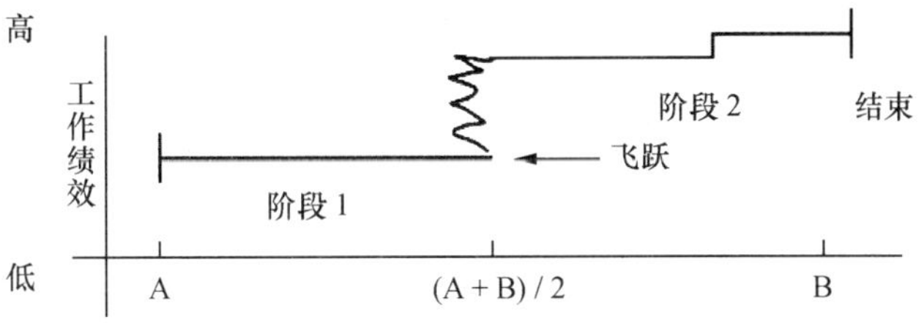

图 8-2　间断—平衡模型

三、当前中国群体心理发展变化的特征

1. 群体压力减小,从众心理弱化

进入 21 世纪以来,社会不断进步与发展,人们的自主意识不断增强,之前人们盲从、狂热的心理有所缓解。个体对待不同的声音和行为的宽容增大,在自己的意见不一致时所感受到的心理压力减少。以服装为例,之前人们的穿着基本千篇一律。但现今,人们的服装开始多样化,人们不会因为自己的衣服跟别人的不同而感到压力。另外,从众心理弱化还表现在思想和行为上。早期人们在思想和行为上的一致性较强,但是随着社会的不断进步与发展,在宽松的政治氛围下,人们较多地保留了自己的个性,不会再为了与他人保持一致而承受各种压力。随着思想上破除禁锢,人们在行为上也开始多样化。不同的思维方式与行为方式使得群体从众心理逐渐弱化。

2. 群体对个体的影响减弱

随着社会的不断发展与繁荣,人们开始越来越多地关注自身的发展与利益。特别是在拜金主义、个人主义、享乐主义的影响下,有些人的国家观念与集体意识越来越淡薄,对自己的利益、得失过度斤斤计较。近几年来,企业员工的流动现象增加,这表明员工对企业的忠诚度也在逐步减弱。

3. 非正式群体的作用和影响范围增大

社会经济转型等诸多因素促使非正式群体大量产生,并带有明显的转型期特征,以自发、相容、信息沟通灵活为特征的非正式群体迅速发展。首先,企业内部人际关系由传统型转化为利益型。其次,由于历史和现实的原因,中国劳动力市场发展尚未完善,因此职业介绍为血缘、地缘、学缘的非正式群体的产生提供了可能性。再次,情投意合或有共同兴趣爱好的人互相接触,交往的机会增加,致使企业内或跨企业的非正式群体大量增多。此外,在一种失范状态下,大众心理震荡,不知所措。为寻求心理安全和心理支持,人们互相结成非正式群体,并在群体中交换风险。随着我国经济的大踏步发展与繁荣,国外一些

NGO和基金会在国内培训和发展了一些非政府组织和非营利组织。这些组织在基金会的支持下，组织社会志愿者参与社会公益事业，如环保组织、妇女组织、扶贫组织等。

总之，人们在群体心理上发生着较大的变化，是一种从重集体到重个体的心理变迁。无论是从众心理弱化、群体对个体影响减弱，还是正式群体的凝聚力下降，非正式群体作用和影响的增加，都反映出新形势下群体心理的一种新走向。

第二节　沟通与人际关系

一、沟通

（一）沟通的过程

沟通是信息传达和理解的过程，同时也是感情交流的过程。

沟通过程一般包括七个部分：信源、编码、信息、通道、解码、信宿和反馈。

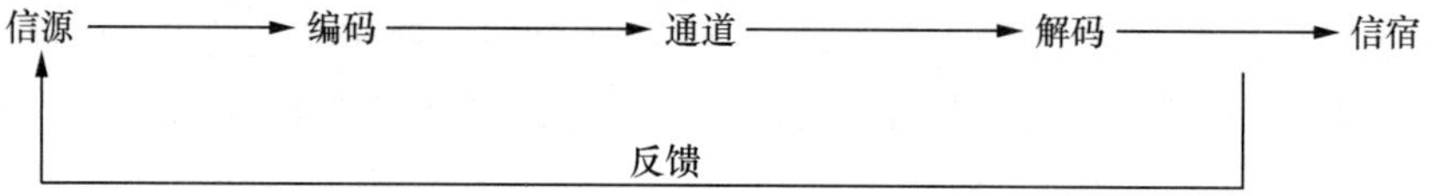

图8-3　沟通过程模型

信息在信源（发送者）与信宿（接受者）之间传送。信息首先被编码（转化为信号形式），然后通过媒介物（通道）传至接受者，由接受者将收到的信号传译回来（解码）。这样信息的意义就从一个人传到另一个人那里。

信源把头脑中的想法进行编码而生成了信息，被编码的信息往往受到四个条件的影响：技能、态度、知识和社会—文化系统。

首先，我们要想把信息传递给读者，就必须依赖我们的写作技巧。若想与别人沟通，就得具备听、说、读以及逻辑推理的能力。其次，我们的态度也常常影响着我们的沟通，预先定型的想法使我们带有强烈的感情色彩。我们的知识范围也影响着沟通，我们无法传递我们不知道的信息。最后，我们在社会—文化系统中所持有的观点和见解也影响着我们的沟通。同时，我们所传递的信息事实上是经过信源编码的物理产品。我们所说的话，所写的内容，所画的图，所做的手势、动作、面部表情都是信息。我们用于传递意义的编码及信号、信息本身的内容，以及我们对编码和内容的选择与安排这三个方面都影响着我们的信息。

通道是指传送信息的媒介物，它由信源选择。信源必须确定何种通道是正式的、何种通道是非正式的、正式通道由组织建立，它传递那些与工作相关的活动信息，并遵循着组织中的权力网络。另一种信息形式，如个人或社会的信息，在组织中通过非正式通道传递。

信宿是信息指向的客体。但在信息被接受之前，信宿必须先将其中加载的信息翻译成他理解的方式。这就是对信息的解码。与解码者相同，接受者受到自己技能、态度、知识和社会—文化系统的限制。信源应该擅长写或说，信宿则应擅长读或听，而且两者均应具备逻辑推理的能力。一个人的知识、态度和文化背景不仅影响其传送信息的能力，而且影响其接受能力。

沟通过程的最后一环是反馈回路。如果沟通信源对他所编码的信息进行解码，且信息最后又返回到信源，这就意味着反馈。反馈是对信息传送是否成功以及传送的信息是否符合原本意图进行核实，它可以确定信息是否被理解。

（二）沟通的类型与特征

1. 按沟通的表现形式，可以分为口头沟通、书面沟通和非语言型沟通

（1）口头沟通是人际沟通中最普通的形式。人们借助于口头语言的表达与交流，彼此传递不同的信息、情感、思想和意志。口头沟通能及时反馈，增强了沟通的理解和接受过程。

（2）书面沟通与口头沟通都属于语言沟通的范畴，只不过前者更加规范和正式完整。通常规范化的沟通内容总是以书面形式呈现给别人，因此，书面沟通较少带有个人的人际交流和感情色彩。

（3）非语言的沟通方式，如身体特征、人际距离、符号、情感表达等，常常是言语沟通的重要补充方式。在某些时刻，这些非言语沟通的作用反而会超过言语沟通。研究表明，在一般的人际沟通中，非言语沟通传递30%左右的信息，由此可见非言语沟通的重要作用。

- 人际信息沟通形式
  - 语言沟通
    - 口头语言沟通（口头沟通）
    - 书面语言沟通（书面沟通）
  - 非语言沟通
    - 人体语言沟通
    - 副语言沟通
    - 物体的操纵

图8-4 人际信息沟通形式

2. 按沟通的方向可以分为上行沟通、下行沟通和平行沟通

由于组织是分等级的，不同等级人员之间的沟通必然会带着等级的特性。一般而言，组织的指挥、协调、控制、命令和传达总是由组织的较高层次向较低层次的方向传递，即下行沟通。组织和组织中各个层次的管理者利用下行沟通渠道传递必要的管理和工作信息，同时，利用沟通的机会加强对下属的了解。

组织上对上行沟通的支持程度表明了组织成员参与管理的水平，也表明了一种领导的行为方式。上行沟通受阻，会极大地影响管理的效率和组织成员的满意度。上行沟通成为一种必要的沟通机制。

在组织中，同一等级的沟通称为平级沟通，它是组织中更为大众化的沟通形式，可以加强群体间和群体内部的交流，有利于各种关系的平和和协调。

3. 按照组织的结构特征又可以分为正式沟通和非正式沟通

(1) 正式沟通是指组织和群体中正式的沟通过程，它是按照组织的结构和功能特性进行沟通传递的，如组织和群体的管理行为、例行的汇报、总结、工作任务分配等。管理心理学家莱维特（H. L. Leavitt）曾对组织的正式沟通进行了较为全面的研究，他认为组织和群体中正式的沟通网络有五种基本形式。它们分别是：轮式沟通、Y 式沟通、环式沟通、链式沟通和全通道沟通。

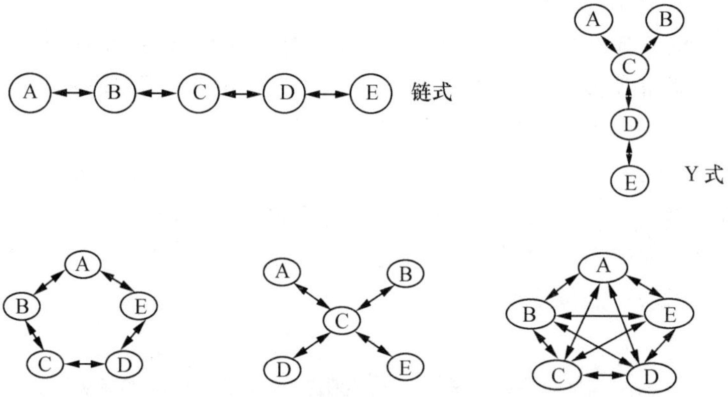

图 8-5　正式沟通基本形式

这五种沟通方式是组织和群体沟通的基本方式，而每一种沟通又表明了群体或组织的权力特征和管理方式。

表 8-2　五种沟通方式的对比

沟通形态评价标准	链式	轮式	Y 式	环式	全通道式
集中性	适中	高	较高	低	很低
速度	适中	1. 快(简单任务) 2. 慢(复杂任务)	快	慢	快
正确性	高	1. 高(简单任务) 2. 低(复杂任务)	较高	低	适中
领导能力	适中	很高	高	低	很低
全体成员满足	适中	低	较低	高	很高
示例	命令链锁	主管对四个部属	领导任务繁重	工作任务小组	非正式沟通(秘密消息)

(2) 在正式组织中存在着非正式群体,因此,非正式沟通就成为正式沟通渠道的补充。非正式沟通主要用于传播一些非正式信息或不易公开的信息。因此,它或多或少地带有某种保密的特性。组织行为学家戴维斯(K. Davis)曾对组织中的非正式沟通进行了研究,发现它同样具有一定的沟通形式或网络。非正式沟通网络有四种基本形式:群体链式、密语链式、随机链式和单线链式。其中,最普通的非正式沟通形式是群体链式传播。

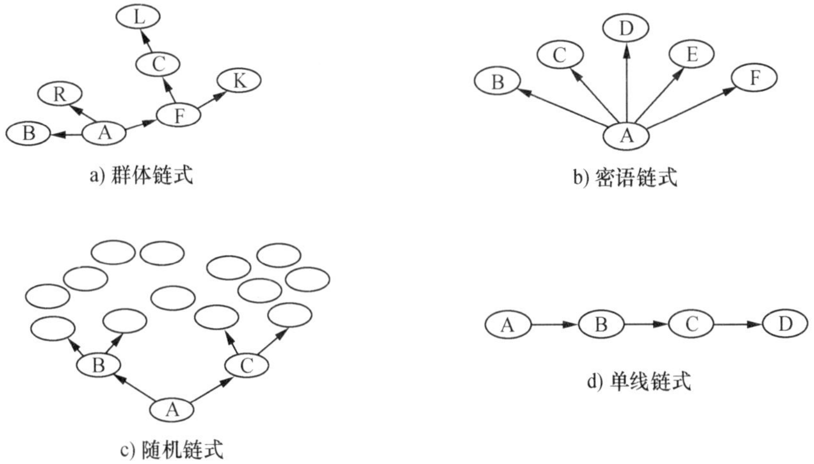

图 8-6　非正式沟通形式

(3) 小道消息的传播是非正式沟通中的一种常见现象。小道消息有三个特点:首先,它不受管理层限制;其次,大多数员工认为它比高级管理层通过正式沟通渠道解决问题更可信、更可靠;最后,它在很大程度上有利于人们的自身利益。

研究表明,人们普遍感兴趣的信息倾向于在主要的功能群体之间流动(即生产、销售)而不是在功能群体内部流动。另外,没有证据表明任何成员一直在群体中担任联络人角色,不同的人传递不同类型的信息。有证据表明,小道消息所传递的信息,有75%是正确的。

人们常常认为小道消息来源于搬弄是非者的好奇心,其实不然。小道消息至少有四个目标:建构和缓解焦虑,表明信息发送者的地位(我是圈内人,你是圈外人)或权力(我有权力使你成为圈内人)。研究表明,如果情景对我们十分重要,但又模棱两可,并因而激起人们的焦虑水平,此时小道消息会作为情景的反映出现。这点可以解释为什么在组织中小道消息十分盛行。在大型组织中保密性和竞争性是司空见惯的,对新老板的任命、办公室的重组、工作任务的重新安排等,都为小道消息的产生和延续创造了有利条件。如果小道消息背后人们的愿望和期待得不到满足,或焦虑得不到缓解,那么它会一直持续下去。

彻底消除小道消息是不可能的,但管理者可以使小道消息的范围和影响限定在一定区域内,使其消极效果减到最少。减少小道消息消极影响的建议:公布进行重大决策的时间安排;公开解释那些看起来不一致或隐秘的决策和行为;对目前的决策和未来的计划,强调其积极一面的同时,也指出其不利一面;公开讨论事情可能的最差结局,这肯定比无言的猜测所引起的焦虑程度低。

(三)沟通的障碍及其消除

1. 影响有效沟通的主要障碍

(1) 失真源。如果编码不认真、信号选择不当、通道选择不利、信息内容混淆等,信源发出的信息就会出现失真。此外,个人偏见、知识水平、知觉技能等也在一定程度上影响接受者对信息的理解。

(2) 沟通焦虑。尽管很多人都害怕在人群面前讲话,但沟通焦虑所产生的问题比这严重得多,它会影响到整整一类沟通技术。大约5%—20%的人总有某种程度的沟通焦虑。研究表明,口头沟通焦虑者回避那些要求他们进行口头沟通的情境,尤其是高焦虑者为了把沟通需要降低到最低限度会歪曲工作中的沟通要求。由此我们应该认识到,在组织中有一些人极少使用口头沟通,并告诉其他人自己不需要太多的沟通就能从事有效的工作,从而使这种现象合理化。

(3) 过滤。发送者有意操控信息,以使信息显得对接受者更为有利。当信息向上传递给高层人员时,下属常常压缩或整合这些信息,以使上级不会感觉负担过重。但在整合的过程中，个人的兴趣和自己对重要内容的认识会对信息多次过滤。组织纵向上的层次水平越多，过滤的机会越多。

（4）选择性知觉。在沟通过程中，接受者会根据自己的需要、动机、经验、背景及其个性特点有选择地去看信息。解码过程中，接受者还会把自己的兴趣和期望带进信息之中。

（5）情绪。在接受信息时，接受者的感觉也会影响到他对信息的解释。不同的情绪感受会使个体对同一信息的解释截然不同，极端的情绪体验，如欣喜若狂等都会阻碍有效沟通。

（6）语言。年龄、教育和文化会影响一个人的语言风格和他对词汇的界定，而且个体的专业背景也会对语言习惯造成影响。另外，部门的分化使得专业人员发展了各自的行话和技术用语。在大型组织中，成员分布的地域也十分分散（有些人甚至在不同国家工作），而每个地区的员工都使用该地区特有的术语与习惯用语。“三句话不离本行”，每个人的专业背景在相当大的程度上影响着他在沟通中所使用的词汇。

2. 有效的倾听

听与倾听截然不同。听主要是对声波震动的获得，倾听则是弄懂所听到的内容和意义，它要求对声音刺激给予注意、解释和记忆。

一般人的正常说话速度是每分钟 125—200 字，但倾听者平均每分钟可以接受 400 字左右的信息，这就使得在倾听过程中给大脑留下大量的空闲时间。为了有效提高自己的倾听技能，应注意以下问题：

（1）使用目光接触。通过目光接触与说者达到共情。进行交流时如果不用目光去关注别人，多数人会将其解释为冷漠或不感兴趣，所以应学会用眼睛跟别人交流。

（2）展现赞许性的点头和恰当的面部表情。与积极的目光接触相配合，向说话人表明你在认真聆听，这些都表现出倾听者在认真聆听。

（3）避免分心的举动或手势。表现出感兴趣的另一种做法就是避免那些表明思想走神的举动。在聆听时，注意不要进行如下活动：看表，心不在焉地翻阅文件，拿着笔乱写乱画等等。过多的举动会使说者认为你对所谈话题感到无趣或不感兴趣，因而会遗漏一些重要信息。

（4）提问。适当的提问，保证了理解和准确，并使说者知道你在聆听。

（5）复述。指重述说话者所说的内容。这是核查是否认真倾听的最有效方法。另外，这是一种精确性的监控机制，用自己的语言复述说话者所说的话，可以验证自己对说话者所说的话是否理解。

(6) 避免中间打断说话者。在你做出反应前,要确保说话者讲完自己的想法,在别人说话时不要去猜测和打断他的思维和语言。

(7) 不要多说。大多数人乐于畅谈而非倾听别人所说的话。很多人之所以聆听是因为这是能让别人听自己说话的必要付出,先倾听别人的诉说,才能让别人也听自己的陈述。尽管说可能更有乐趣而沉默可能会使人不舒服,但是我们不能同时做到听和说。因此,一个好的聆听者在倾听别人诉说的时候不要自己说的太多。

(8) 使听者与说者的角色顺利转换。大多数工作情景中,听者与说者的角色在不停转变。有效的倾听者能够使说者到听者再到说者的转换十分流畅和自然。从倾听者的角度来讲,这意味着全神贯注于说者所表达的内容,即使有机会也不去想自己接下来要说什么。

二、人际关系的含义、作用及影响因素

1. 人际关系的含义

人类在生存和发展中,不仅要与自然界发生关系,而且要以一定的方式结合起来共同进行生产活动和社会活动。我们把人们在共同活动过程中形成的彼此之间的关系,叫做人际关系。

人际关系是一个广泛的概念,它包括人们之间的经济关系、政治关系、法律关系、道德关系、宗教关系、血缘关系、心理关系等等。其中,经济生产关系是最重要、最基本的关系,因为它对其他各种关系包括血缘关系、上下级关系、同事关系等,都有重要影响。作为本书研究对象的人际关系,主要是指人们之间的心理关系,特别是组织成员之间的心理关系。

人际关系、人际心理关系的主要特点在于它是以人们的情感的相互作用为基础而产生和形成的。人们之间的感情多种多样,但是大致可以分为两类:一类是相亲相近的感情,在这种感情基础上形成人们的相互吸引关系;另一类是相互疏远的感情,在这种感情上形成相互排斥的关系。

2. 人际关系的作用

组织中的人际关系,对组织的工作绩效和员工的满意度都有很大的影响。首先,良好的人际关系是群体凝聚力的基础。一个部门或组织的人际关系如果协调包容,必然使这个单位的人际距离缩小,从而增强群体士气,提高劳动积极性。其次,良好的人际关系是保证员工身心健康的重要条件。最后,人际关系还影响员工的自我发展。

3. 影响人际关系的因素

人际关系的建立受到各种因素的影响,影响人际关系的因素主要有以下几方面:

(1) 容貌、外表。

社会心理学研究表明,在其他条件相同的情况下,面貌美丽的人更惹人喜欢,容貌、体态、仪表事实上已经成为影响人际关系的重要条件。人们为什么更加喜欢漂亮的人呢? 这主要有四个原因:第一,我们从各方面的习惯可以看出,漂亮的人值得爱。不论从文学作品还是电影中,大多数被爱的人都具有漂亮的长相,因此,容貌与喜爱的关系紧密。第二,和漂亮的人在一起,在别人面前会显得荣耀和光彩。第三,人们认为漂亮的人还具有其他吸引人的特质。第四,漂亮的人使人看着舒服,使人有对美丽的满足感。

(2) 个性特点。

在人的诸多品质中,热情是决定一个人在他人心目中印象的关键性因素。热情的主要表现是对人、对事采取赞许、欣赏、支持的态度。研究结果表明,喜欢别人的人,即热情的人也是受到别人喜欢的人。通常,聪明能干的人是惹人喜欢的,能力、智慧也是影响吸引力的主要品质。一个人如果情绪不安,甚至有自卑感,那么他就很难受到别人喜欢;相反,一个乐观、能力出众的人就更容易受到别人喜欢。阿伦森(E. Aronson)通过实验发现,小的差错能够增强能力超群的人的吸引力,这就是所谓的“犯错误效应”。但是,平庸的人如果惹出同样的祸端,却会显著降低他的吸引力,反而使他成为不受欢迎的人。

(3) 距离的远近。

人与人之间的地理位置越接近,彼此之间越容易形成亲密关系。应当指出的是,地理位置并不是形成人际关系的主要因素,它只是影响人际关系的因素之一。只有在其他条件相同的情况下,才会表现出地理距离的作用。美国社会心理学家费斯廷格(L. Festinger)等人曾对住在同一栋楼房里的家庭成为彼此朋友的情况进行了研究。研究表明,住在同一栋楼房里的邻居,地理位置越近,越容易建立友谊关系。

(4) 交往的频率。

人们彼此之间交往的频率越高,越容易形成较为亲密的关系,因为交往的次数越多,越容易形成共同的经验,有共同的话题、兴趣和共同的感受。尤其对于素不相识的人来说,地理距离和交往频率在形成人际关系的初期起着重要的作用。当然,人们彼此之间交往的内容往往比交往的频率有更重要的意义,所以也不能忽视交往内容的作用。

(5) 态度的相似性。

人与人之间若对某事物有相同或相似的态度,有共同的理想、信念、价值观,就容易产生共鸣,形成钦慕关系。俗话说:“物以类聚,人以群分。”态度的相似性是建立良好人际关系的重要因素。

(6) 需要的互补性。

需要、性格等完全相反的人之间也会形成友谊关系。生活中往往会出现这样的情况:脾气暴躁和脾气随和的人会友好相处,独断专行的人和优柔寡断的人会成为好朋友。由于双方在气质、脾气上的互补,可以取长补短,互相满足对方的需要,进而形成良好的人际关系。由此可见,需要的互补性也是形成良好人际关系的重要因素。

(7) 互惠。

人们喜欢那些也喜欢他们的人,互惠是极其重要的。可以说,决定一个人是否喜欢另一个人的最强有力的因素就是另一个人是否喜欢他。阿伦森等人曾做实验表明,人们之间的喜欢程度是相互的,而且人们喜欢那些对自己喜欢程度不断增加的人,纵然起初对自己并没有好感,只要后来确实表现出了对自己的喜欢,这种人会加倍受到欢迎;人们不喜欢那些对自己的喜欢程度减少的人,即使他们当初非常喜欢自己,只要后来变得不喜欢了,那么,这种人就比那些一贯不喜欢他的人更加不为他们所喜欢。

三、人际关系的理论与测量

(一) 人际关系理论

1. 人际关系的平衡和改变

人与人之间的关系不仅由彼此之间的交往决定,而且往往要涉及第三者。美国社会心理学家纽科姆(T. M. Newcomb)提出了 A-B-X 模式来说明这种关系,A 是一个认识主体,B 是另一个认识主体,X 是第三者(可能是某个人,也可能是某件事)。他认为,A 与 B 之间是否形成协调的关系,与他们对 X 的态度有密切关系。如果他们态度一致,那么他们之间的关系是协调、平衡的。如果意见不一致,那么他们之间的关系就会紧张、不协调。为消除彼此间的紧张,双方就应该加强彼此之间的沟通(即交换意见),改变态度,使紧张得以消除,恢复平衡。

纽科姆的理论在西方有广泛的影响,并用于分析人际关系的改变。但应该指出的是,A-B-x 模式只是表明在人际关系紧张时有改变这种关系的倾向,而根据这个模式并不能肯定地预测改变的方向。

2. PAC 理论

PAC 理论也称相互作用分析理论,是伯恩(E. Berne)在他的《大众的游戏》一书中提出的一种提高人际交往能力和促进信息沟通的方法。相互作用分析的理论基础是心理学上的"自我状态",即认为每个人在心理性格上有三种自我状态:父母自我状态、成人自我状态、儿童自我状态,分别由 P、A、C 表示。

P:"父母自我状态"是指父母对待子女的态度而言,常以权威和优越感为标志,通常表现为统治、责骂和专制作风。比如说,"你必须这样去做,没有什么可以争论的"。

A:"成人自我状态"是注重事实根据和理性分析的一种状态,是一个人能在客观的立场上面对实际,理性地、脚踏实地地分析情况。

C:"儿童自我状态",往往表现为好奇、冲动、喜爱、不假思索、乱发脾气,也表现为服从和依赖。

将上述三种状态简单做一描述:父母自我状态是"权威"的、"教诲"的;儿童自我状态是"情感"的、"感觉"的;成人自我状态是"理智"的、"逻辑"的。根据相互作用分析理论,"父母自我状态"和"儿童自我状态"对客观世界的感受和反应往往并不一贯,而"成人自我状态"的思考和反应相对具有同一性,因此理想的相互作用是"成人刺激"和"成人反应"。上述三种心理状态汇合为人的性格,而且蕴藏在人的潜意识中,在一定条件下,会不自觉地表现出来。在每个人身上,三种心理状态的比重并不相同(如表 8-3 所示)。

表 8-3 PAC 结构的管理人员行为分析

PAC	行为特征
高低高	喜怒无常、难共事,个人支配欲强,决断,喜欢被人称赞和照顾
高低低	墨守成规,家长作风,养成下属的依赖性,是早期工业革命时代的经理人物
低低高	稚气,对人有吸引力,喜欢寻求友谊,用幼稚的幻想决策,讨人喜欢但不称职
低高低	客观,重视现实,固执刻板,待人冷漠,难共处,只谈公事不谈私事
高高低	容易把父母心态过渡到成人心态,若学习积累,可成为成功的组织家
低高高	最理想的管理人员,对人对事都能搞好

通常人们在沟通时,往往会表现出一种自我状态,而人们常常可以由一种状态转移到另一种状态,组织人员可以利用相互作用分析理论开展交流工作。理解了相互作用分析原理,人们就能在交往中有意识地察觉自己和对方所处的状态,做出适当的反应,避免发生交叉沟通,使信息沟通渠道畅通无阻。相互作

用分析的一个重要原则就是尽量以成人的自我状态控制自己,并以成人的语调和姿态来对待别人,同时也要鼓励和引导对方进入成人自我状态。当对方是 P-C 状态时,若能用 A-A 状态对待,往往能将对方引导到成人自我状态。

3. 周哈利窗口分析

周哈利窗口(Jhari Window,Joseph Luft & Harry Ingham)也称自我视窗。该理论认为,按自我、他人对自己的信息的了解程度,沟通分为四个窗口,即竞技场(Arena)或公众我、门面(Facade)或隐私我、盲点(Blind Spot)或脊背我、无知(Unknow)或潜在我(见图 8-7)。

	他知	他不知
我知	公众我	隐私我
我不知	背脊我	潜在我

图 8-7 周哈利窗口分析

霍尔(J. Hall)认为,要想提高沟通的有效性,就要从两方面进行工作。第一是增加自我暴露的程度,这可以使隐区转为明区。这种方法要求人要诚实,并与对方分享信息。第二是提高反馈程度,这可使盲区转为明区。自我暴露是个体想与他人沟通(语言和非语言)关于自己的任何信息。通过他们所说的话和他们如何在别人面前展示自己,人们时常无意识地暴露自己过多的信息。通常向他人表达自己的这种能力是个体成长和发展的基础。无自我暴露的个体会压抑自己的真实情感,因为暴露自己对自己是一种威胁。相反,完全自我暴露的个体,即向遇到的任何人大量表露自己,实际上不能与人进行沟通,因为他们太多地关注于自己。在上级和下属之间、团队成员和顾客之间,恰当地自我表露能促进对话,分享工作中出现的问题。

一个人在组织中的层次常常使自我暴露复杂化。个体抑制自己对那些拥有较高正式权力的人进行自我暴露,因为他们拥有奖惩的权力。即使一个下属愿意和能够在工作中以合适的形式进行自我暴露,对上级信任的知觉,即上级不会用表露出来的信息惩罚、威胁、嘲笑自己,也会影响自我表露的形式和数量。

（二）人际关系的测量

1. 社会测量方法

社会测量法是美国社会心理学家莫里诺（J. C. Moreno）1934 年在其所著《谁将生存》一书中提出来的。要求群体的所有成员按照自己的愿望，自由选择学习的、劳动的、游戏的伙伴。选择的方式通常是书面回答的问题（问卷）。除此之外，每一类问题都要提出“为什么”，即要求被试说明愿意或不愿意的原因。然后，根据分析统计的结果，可以绘制出人际关系图。倘若群体规模很小、人数不多，可以绘制出链形图、三角形和星形图，其中→表示选择，↔表示相互选择。

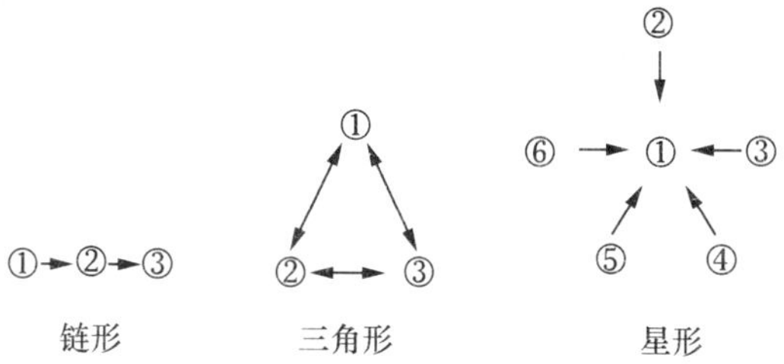

图 8-8 人际关系图

倘若群体规模较大，依据通过社会测量法获得的资料绘制的人际关系图不仅能够迅速、准确地了解每个成员在群体中的地位（他受到其他成员喜欢、冷淡或排斥的情况），而且能够客观地查明成员之间感情上的亲疏关系，以此可以对群体的团结性和活动效率做出诊断。群体成员的人际关系即“人缘”好坏，以及群体的团结性和凝聚力都是可以计算的。公式如下：

$$S_i = \frac{\Sigma(M_{i+} + M_{i-})}{N - 1}$$

其中，Σ 为总加符号；M_{i+} 表示其他成员对成员 i 的正选择，M_{i-} 表示其他成员对成员 i 的负选择，N 表示群体总人数。S_i 值越大，说明成员 i 的人缘越好。

2. 参照测量法

个体在群体中的重要特征之一在于他以群体的意见作为定向的标准。每一个人在群体中都力图选择那些在他看来代表了群体价值观的人，并以他的意见为参照，来确定自己的行为。因此，彼得·罗夫斯基提出了参照测量法。该法分为两部分，首先要求群体的所有成员用最简洁的语句，对群体中除了自己以外的成员做出评价，然后宣布每人可阅读群体其他成员对自己的评价，要求每人写出"我第一希望看到的评价"、"我第二希望……"

参照测量法比社会测量法涉及的内容构架丰富，能够超出人们之间好恶的感情方面，而揭示出被试尊重其意见和评价的人的范围，换句话说，该法能揭示出每个被试的参照群体。这对成员个人发展、群体的领导工作以及管理者的工作都有重大意义。

第三节　群 体 决 策

组织管理中，对于重大问题经常实行群体决策的原则。所谓群体决策，是指由群体中多数人共同进行决策。它一般是由群体中个人先提出方案，然后从若干方案中进行优选。参与群体决策的成员可能包括组织的领导者、有关专家和职工代表等。

一、群体决策的优缺点

1. 群体决策的优点

群体决策和个体决策各有其优势。与个体决策相比，群体决策具有下面一些主要优点。

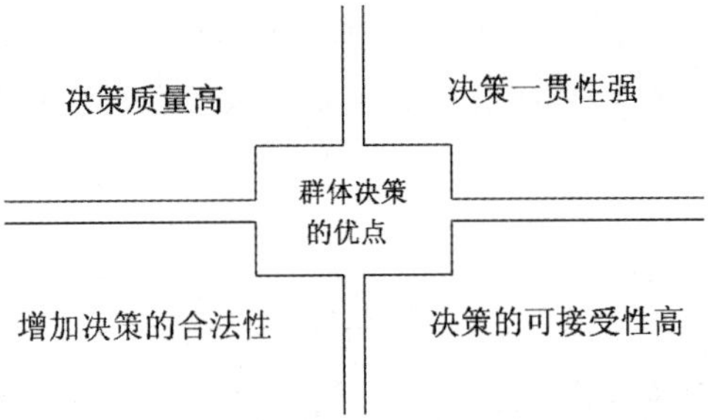

图 8-9　群体决策的优点

(1) 更完全的信息和知识。通过综合多个个体的资源，可以在决策过程中投入更多的信息。群体决策中应尽可能包括不同知识背景的人员，他们对客观世界的理解不同，看问题的角度不同，能力结构不同，思维方式不同，因而会带来多种信息和解决方案。

(2) 增加观点的多样性。群体成员的异质性为多种方法与多种方案的讨论提供了机会。他们的知识互补不仅能够大大减少认识盲区，而且能使群体决策中的成员相互启发,激发出具有创造性的新思想。

(3) 提高了决策的可接受性。许多决策在做出以后,因为不为人们所接受而夭折。但是,如果那些会受到决策影响的人和将来要执行决策的人能够参与到决策过程中,他们就更愿意接受决策,并鼓励别人也接受决策。这样就能获得更多支持,执行决策的员工的满意度也会提高。

(4) 增加合法性。群体决策过程与民主思想是一致的,因此,被认为比个人决策更合乎法律要求。如果公共决策在进行决策之前没有征求其他人的意见,那么决策者可能会被当做独裁者。

2. 群体决策的缺点

群体决策也会给群体带来一定的不利影响,主要表现在以下几方面:

(1) 浪费时间。组织一个群体需要时间,群体产生以后,群体成员之间的相互作用也往往是低效的。这样,群体决策所用时间与个人决策所用时间相比就会多一些,从而限制了管理人员在必要时做出快速反应的能力。

(2) 从众压力。由于群体中存在压力,群体成员希望被群体接受和重视的愿望会导致不同意见被压制,在决策时使群体成员追求观点的统一。

(3) 少数人控制。群体讨论可能会被一到两个人控制。如果这种控制是由低水平的成员所掌握,群体运行效率就会受到不利影响。

(4) 责任不清。群体成员对于决策结果共同承担责任,但谁对最后的结果负责？对于个人决策,责任者很明确;对于群体决策,任何一个成员的责任都会降低,因而责任主体并不明确。

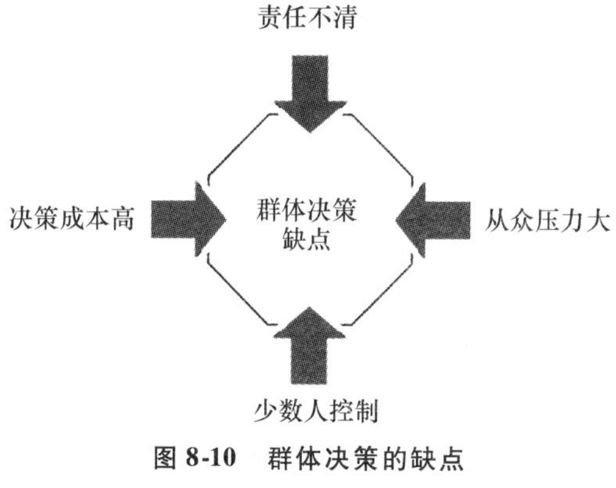

图 8-10　群体决策的缺点

3. 群体决策的效果与效率

群体决策和个人决策孰优孰劣？这取决于衡量决策效果的标准。就准确性而言,群体决策更准确。证据表明,群体决策比个人决策质量更优。但就速度而言,个体决策优势更大。如果你认为创造性更重要,那么群体决策比个人决策更有效。如果你的标准是最终方案的可接受性,那么还是群体决策好,但考察决策效果不能不考虑决策效率。就效率而言,群体决策总是劣于个体决策。但就同一个人体而言,群体决策所用时间总是比个体决策所用时间多,而且很少存在例外。例外的情况是指,进行一种决策需要了解多方面信息,在这种情况下,如果采取个体决策方式,决策者需要花费大量的时间和精力去查阅相当多的资料,向别人咨询。由于群体中包含各领域成员,因此在资料的采集方面就能避免很多困难,用于搜寻信息的时间就能大大减少。但是,正如我们之前所说的,群体决策在效率方面的优势是例外情况。一般情况下,群体决策不如个体决策效率高。因此,在决策过程中是否选用群体决策,应权衡群体决策在决策效果上的优势是否能超过效率上的损失。

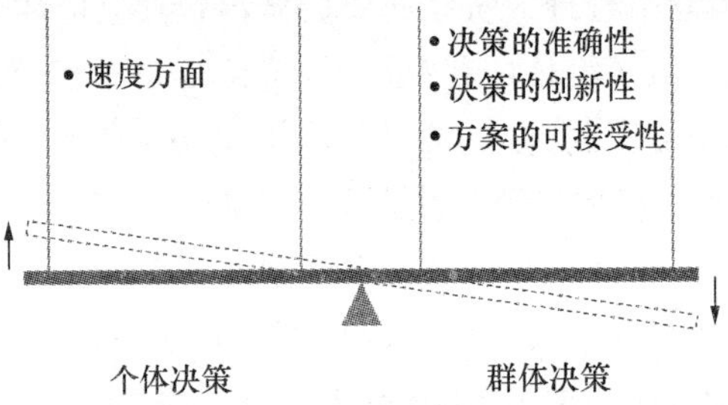

图 8-11 个人决策与集体决策的比较

二、群体思维与群体转移

1. 群体思维

在集体讨论过程中可能会产生一些失误,从而影响决策的质量。有时会看到这样的现象:由一些经验丰富、知识渊博的专家组成的群体,会做出一般人凭常识也不会做出的荒谬决策。美国心理学家贾尼斯(I. Janis)详细地研究了这个问题。他分析了各种政治和军事决策,发现了一种称为"群体思维"(group think)的现象,或者称"小集团思想"。所谓"小集团思想",用贾尼斯的话来说,是"参与同一个群体的人们的一种思想作风,在这个群体中,人们认为追求思想一致比现实地评价各种可能的行动方案更为重要"。这一群体的成员认为保持群体的统一、创造和谐的气氛有特殊意义。由于把这样的目的摆在首位,因此往往不能理智地分析各种可能的备选方案,从而使决策质量受到很大影响。

“小集团思想”有下述几个方面的特点：

（1）顺从性思维。在这种群体中顺从作风占主导地位。如果某一群体成员不接受领袖人物或多数人的意见，那么他就会受到孤立、嘲笑和排斥。在这种条件下，即使群体成员对采取的决策有怀疑，也不敢公开发表意见。因此，会造成一批俯首帖耳的顺从者。

（2）有倾向性地选择信息。在具有“小集团思想”的群体中，其成员往往会封锁那些怀疑群体决策正确性的信息，尤其是对群体领导人封锁这种信息。这样，会严重影响群体决策的质量。

（3）盲目乐观情绪。这种群体往往会过高估计成功的概率，过低估计失败的可能性，认为本群体的决策一定会成功，其结果往往适得其反。

（4）相信群体无所不能。这种群体的成员往往认为，一切都取决于自己的行动，过高估计了自己所拥有的物质手段以及自己的组织和专长，而对外部条件以及对方的力量估计过低。例如在第二次世界大战中，美国指挥机关认为日本不会攻击珍珠港，结果，由于日军偷袭珍珠港而造成了巨大的损失。

（5）首创精神的假象。这种群体的成员认为自己的决策过程具有首创精神，人们或组织的命运取决于它的决策。实际上，这种信念会是一种假象。

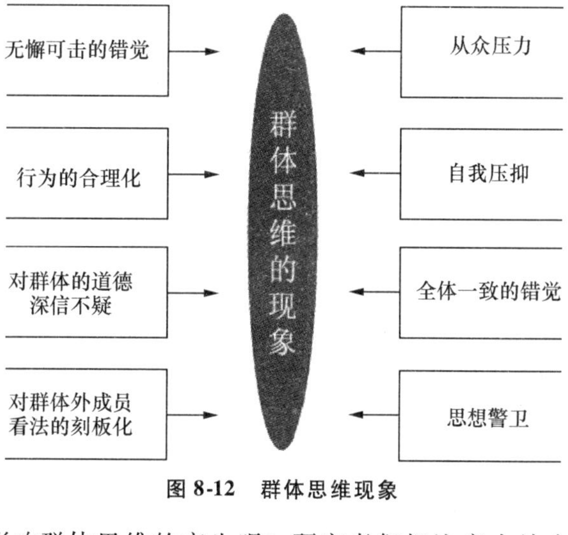

图 8-12　群体思维现象

哪些因素影响群体思维的产生呢？研究者们把注意力放在三个中介变量上：群体凝聚力、群体领导的行为、与外部人员的隔离。但研究结果不一致，所得出的有效结论如下：（1）凝聚力强的群体内部讨论较多，能够带来更多信息，但这种群体是否不鼓励群体成员提出反对意见，尚难确定；(2) 如果群体领导公正无私，鼓励群体成员提出自己的意见，那么群体成员会提出更多的解决问题的方法，并进行更多的讨论；(3) 群体领导在讨论初期，应该避免表现出对某种方案的偏爱，因为这样做会限制群体成员对这个问题提出批评性意见，使群体很可能把这种方案作为最终的选择方案；(4) 群体与外界的隔离，会使内部可选择的和可评价的不同方案减少。

总之，“小集团思想”一方面会提高群体的凝聚力和群体成员的自我满足感；另一方面却会降低决策的质量，使群体决策的效果比个人决策的效果差。应当指出，贾尼斯“小集团思想”的概念并不是以实验研究为基础，而是在分析了美国以及历史上若干重大决策失败的案例后得出的结论，这种研究方法本身存在一些局限性。此外，贾尼斯过分夸大了“小集团思想”在群体活动中的作用，而没有充分估计其他因素的作用。例如，珍珠港事件的发生实际上取决于政治、军事等一系列因素。把它仅仅归结为“小集团思想”，则是一种把一切社会现象简单归结于心理因素的错误倾向。

尽管如此，“小集团思想”的特点确实在某些群体中出现。这就提醒我们要注意这种现象，并采取适当的措施去克服和防止这种现象的不利影响。

2. 群体转移

群体转移是指在讨论可选择的方案进行决策的过程中，群体成员倾向于夸大自己最初的立场和观点，在某些情况下谨慎态度占上风，形成保守转移，但在大多数情况下，容易向冒险转移。在比较群体决策与群体内部成员个人决策时，事实证明，二者之间存在差异。在某些情况下，群体决策比个人决策更保守，但更多情况下群体决策倾向于冒险。

在群体讨论中，往往会出现这种情况，即群体讨论会使群体成员的观点朝更极端的方向转移，这个方向是讨论前他们已经倾向的方向。因此，保守的会更加保守，激进的会更加冒险。群体讨论会夸大群体最初的观点，群体决策究竟转移到更保守还是更冒险，取决于群体成员个人在讨论前的倾向。

事实上，群体转移可以看做是群体思维的一种特殊形式。群体决策结果反映了在群体讨论过程中形成的占主导思想的决策规范。群体决策结果是变得更加保守还是更加激进，取决于群体讨论中占主要地位的讨论规范。

对于为什么会出现冒险转移现象，人们有更多解释。比如，有些学者认为，在群体讨论中，群体成员之间变得更加熟悉了。随着他们相处的融洽，他们会变得更加勇敢和大胆。另一种看法是，现代社会崇尚冒险，我们敬慕那些敢于冒险的人，群体讨论激励成员向别人表明自己至少与同伴一样愿意冒险。不过，最有道理的一种说法是，群体决策分散了责任。群体决策使得任何一个人用不着单独对最后的选择负责任，因为没有一个成员能够承担全部责任，即使决策失败，所以会更冒险。

三、群体决策技术

1. 头脑振荡法

头脑震荡法（又称“头脑风暴法”）最早由奥斯本（A. P. Osborn）于 20 世纪 50 年代初提出。头脑震荡的原意是指精神病人的胡言乱语。头脑震荡法的主要特点就是把相关人员召集到一起，让他们就某一问题无拘无束地发表意见。会议上有一些规定，不允许对别人提出的意见进行反驳，即使是提出极其荒谬的观点。在这样的会议上也不做讨论，鼓励大胆、自由地思考问题，思路越广越受欢迎，意见越多越受欢迎。但允许人们经过协商联合提出某种意见。

采用这种方法的人数不可过多，以十几人为宜；时间不宜过长，以半个小时至一小时为宜。据统计，这种方法每小时可产生 60—150 项建议，比一般方法多 70%。尽管其中若干方案毫无意义，不切实际，甚至荒谬可笑，但其中也会有若干方案很有价值与创意。一般来说，这种方法适合于比较单一、明确的问题，如果问题涉及面很广，因素很多，则应把复杂问题分解为单一性小问题。这种方法的优点是使人解放思想，敢于大胆地想问题，但是整理意见、分析意见要花费很多时间，拖延决策。从头脑震荡法中还派生出另外一种反头脑震荡法。它的涵义是让人们对某个方案提出批评意见，尽量挑毛病，甚至吹毛求疵，从而根据批评意见修改这个方案，使之达到完美程度。

2. 德尔菲法

德尔菲法是一种集中各方面专家的意见，预测未来事件的方法。这种方法的程序如下：

（1）就预测内容写成若干条含义明确的问题，规定统一的评估方法。

（2）根据情况，选择有关方面的专家十人，将上述问题邮寄给他们，征求他们的意见，各专家之间互相不沟通，对专家姓名要保密，避免因专家意见不合而产生的消极影响。

(3) 将专家的意见收集起来,对每个问题进行统计处理,找出答案中的中位数和分布情况。

(4) 将统计结果反馈给专家。每个专家根据统计结果考虑其他专家的意见,对自己的建议进行修改,但全部过程都需保密。

(5) 将修改过的意见再寄给专家,这样经过几次修改,最终达到较为统一的意见。

由此可见,德尔菲法也可称为"有控制的反馈法"。采用这种方法时,征求意见的问题需明确具体,问题不可过多,如实地反映专家意见,问题不能带有编拟者的主观意愿。这种方法的好处就在于,一方面被调查者彼此不会面,不了解真实姓名,避免相互之间产生消极影响;另一方面,经过几次反馈,意见比较集中,便于决策者做决定。我国一些研究机构曾用德尔菲法对国内情况进行预测,效果较好。

3. 提喻法

提喻法是由哥顿(W. I. Gordon)提出的,故又称哥顿法。其做法是:邀请5—7人参加会议并进行讨论,但讨论的问题与即将进行的决策没有直接关系,而是运用类比的方式进行讨论。类比的方式是多种多样的,如拟人类比、象征类比、幻想类比等。如果决策的问题是研究某种夜视仪,则可邀请专家来讨论猫头鹰眼睛的夜视功能;如果决策的问题是某些人事任命问题,则可讨论担任某种职务的人员需要具备哪些品质的问题。采用这种类比的方法,将熟悉的事情变成陌生的事情,有助于帮助人们摆脱思维的束缚,充分利用自己的想象力开拓思路。

4. 方案前提分析法

方案前提分析法与提喻法相类似。它并不去直接讨论有待决策的备选方案本身,而是讨论这些方案所依据的前提。下面举例说明:

某小型机械厂今年试生产一批洗衣机,虽然不十分畅销,但都卖出去了。明年怎么办?为此,提出了三种备选方案:第一,按设计批量生产;第二,修改原设计方案,待研究出新的方案后再投产;第三,不生产洗衣机,改为生产其他产品。虽然有三种备选方案,但它们都是根据需求量、用户对质量的要求和本厂的设计能力来考虑的。需求量会增加是三个方案的共同前提,没有差别,故不必讨论。余下有四个前提假设需要讨论:

前提1:用户对洗衣机的质量和性能的要求会迅速提高;

前提2:用户对洗衣机的质量和性能的要求在几年内不会有太大变化;

前提3:本厂完全有能力在短期内设计出满足客户需求的新型洗衣机;

前提4:本厂无力在短期内设计出新型洗衣机。

前提1、2和3、4分别是同一问题的两种相反假设。通过讨论,如果前提1和前提3成立,当采用第二种方案;如果前提1和前提4成立,则选用第三种方案;如果前提2成立,则选用第一种方案。方案前提分析法不仅需要讨论方案本身,而且还需要讨论方案提出的前提,从而可以使讨论层层深入。

这种方法有如下几个优点:第一,参加备选方案讨论的专家,往往也是这些方案的提出者。如果讨论方案本身,他们往往会尽量证明自己的方案是正确的,因而不能客观地分析问题,而讨论方案的前提,则可避免这种情况。第二,如果参加讨论的人数较多,意见很杂,则很难决定意见分歧。在这种情况下,往往采取调和、折中的方案,而不是最正确的方案。分析方案的前提,则比较容易集中正确的意见,从而得出正确的方案。第三,由于深追方案前提,可以对方案的论证更加透彻、深入,从而增加选择方案的把握。

5. 非交往型程式化决策术

此法的程序及设计依据如下:

第一,主持人向与会者通知开会的时间与地点,但不告知议题。这是因为,根据调研,获通知者大多不会做充分准备,只是忙于自己的业务,想到在会上见机行事。

第二,与会者到齐后,主持人宣布议题,一般每次只选择一个议题。解决一个问题,通常不超过两小时。

第三,主持人宣布全体进行"沉默状态",发给每人纸笔,并规定时限(10—20分钟)。此时限内不允许相互交谈,每人就议题写下自己的意见。在此条件下,人们不得不认真思考、准备。据统计,在同样人数的条件下,就同一议题,传统常规决策一般可得7—8项意见或方案,此法可得17—21项。

第四,到指定时间后,每人依次宣读自己准备好的意见,但每轮只读一条,并有记录员将发言要点写在黑板上。每轮发言的起点和顺序由主持人随机指定(包括他自己本人)。这样做可使每人获得均等机会,不易产生个人主宰会议等弊端。记录要点是因为方案很多,不记下容易忘记。这样逐轮依次发言,直到每个人备妥的意见全部陈述完为止。

第五,大家对不明白处提出问题,由原提议者解释澄清。但提问者不得对对方意见进行评价和批评,解答者不可鼓吹,只能就事论事地进行补充。这便可避免因感情对立而造成对抗和僵局。相信每个人都会冷静思考,并具有自己的分析判断力。

第六,每个人按照个人对其质量高低的判断将各备选方案列出顺序,如备选意见过多,主持者可先预选取方案数量(例如有18条方案,可令其选出10条较佳者)。

第七,记录员将每条意见的票数写在黑板上,获票数最多者即为群体决策。如是拟定解决某问题的措施,则主持人可酌情决定入选标准,如获票过半(或2/3,1/3等,视所需措施多少而定)者即入选,成为群体决定的措施。

6. 电子会议

最近的一种群体决策方案是非交往型程序化方案与计算机技术相结合的方案,我们称之为电子会议技术。

只要技术条件具备,这个概念就很简单。50人左右围坐在马蹄形的桌子旁,面前除了一台计算机终端外,一无所有。问题通过大屏幕呈现给与会者,要求他们把自己的意见输入计算机及终端屏幕。个人的意见和投票都会显示在会议室的投影屏幕上。

电子会议的主要优势是:匿名、可靠、迅速。与会者可以采取匿名形式将自己的想法表达出来。参与者输入自己的想法与意见,所有参与者都能在屏幕上看到,这可以帮助与会者更加自主自由地表达自己的意见与真实态度,而不用担心受到惩罚。而且,这种决策迅速,没有闲聊,讨论也不会离开会议主题。大家在同一时间可以互不妨碍地交谈,而不影响他人。

专家们认为,电子会议技术比传统的面对面会议快55%。但这种做法也有缺点:那些打字速度快的人,与口才好但打字速度慢的人相比,反而能更好地表达自己的想法与观点;想出最好建议的人不会得到应有的奖励;而且,这样做得到的信息不如面对面的沟通信息量大。虽然这种方式仍处于发展的初级阶段,但未来群体决策中可能会越来越多地采取电子会议技术。

本章框架图

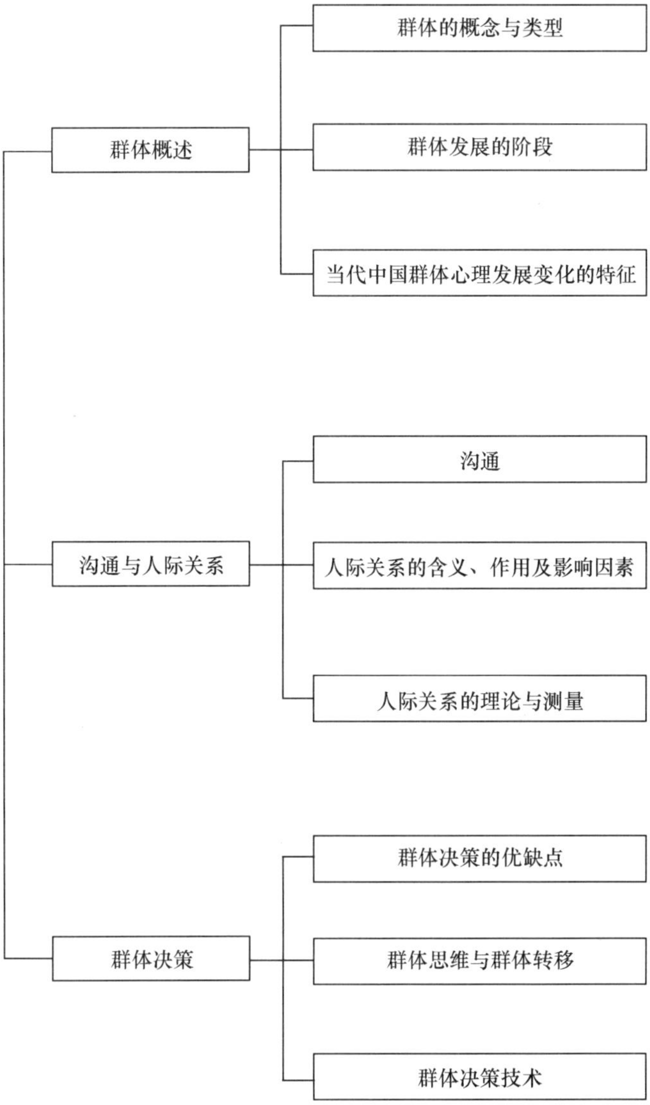
群体概述
群体的概念与类型
群体发展的阶段
当代中国群体心理发展变化的特征
沟通与人际关系
沟通
人际关系的含义、作用及影响因素
人际关系的理论与测量
群体决策
群体决策的优缺点
群体思维与群体转移
群体决策技术

本章思考题

1. 什么是群体及群体规范?
2. 群体规范的功能表现在哪些方面?
3. 群体思维如何产生? 怎样避免?
4. 群体决策有何特点?

实践操练

月球求生记

假设你现在是一名太空飞行员,任务是与母船在月球上光亮一片的地方集合,但因机件故障,你的宇宙飞船在距离约定地方200公里之外坠落了,除了15件器材外,其余器材都在坠落时坏掉了。你们能否生存下去取决于你们能否到达母船,所以你和你的同伴要决定那15件仪器对你们的生存至为重要。

请将以下十五件物品按重要性排好次序,并附上简单的解释。

项目	个人答案	原因	小组答案	原因	和小组答案差值	专家建议正确答案	差值
一盒火柴							
浓缩食物							
五十米尼龙绳							
降落伞丝质布料							
可携式发热器							
两支手枪							
一盒脱脂牛奶							
两百磅氧气筒							
星际地图							
救生艇							
磁力指南针							
五加仑水							
信号发射器							

（续表）

项目	个人答案	原因	小组答案	原因	和小组答案差值	专家建议正确答案	差值
急救用注射针筒							
太阳能 FM 无线电收发器							

1. 个人决策

各自独立考虑，不得互相讨论和交头接耳。请考虑上述 15 件物品对处于上述条件下生存的重要性，并按重要性递减方向列出它们的顺序来。此项任务需在 10—15 分钟内完成。要能在需要时说出所列顺序的理由。

2. 小组决策

在由 4—7 人组成的小组中进行讨论，就上述 15 件物品重要性递减所列的合理顺序尽量争取达成共识。要充分说理，不轻易妥协，但又要客观冷静。在放弃己见时，要记下在哪一点上，以及为什么这样做。不要去打听别组的结果，也别指望教师这时会告诉你正确排列。每组要指派专人记下小组讨论出的最后顺序。只有在不得已时才采用表决法。这项活动要在 40—45 分钟内完成。

3. 权威答案

各组都求得小组顺序后，教师宣布总参军训处海岛生存训练专家所列顺序。不论各位学生有无异议，必须接受此顺序作为计分标准。教师然后转达专家对所列顺序的理由。

4. 计分

将个人对 15 件物品中每一件的顺序，与专家所列相应物品的顺序相减，但所获差值只取绝对值，不计负号，再将 15 件的各自差值求和，即为个人决策质量分。若个人所列顺序与专家完全一致，各项差值及总差值之和均为零，属完全正确，质量最高。反之，这总差值之和愈大，距标准越远，质量越差。然后依同法算出小组决策的质量。

5. 分析

每组各自列出每一成员个人决策分及小组决策分，并求出全组平均分，分析个人分与小组分之间的关系，注意观察这些质量分之间的关系与顺序。对小组质量高于和低于组内最高个人质量的；要追查此人是怎样说服或屈从于质量较差的别人的。

第九章　领导心理与行为

本章学习目标

1. 了解领导的含义、性质、特点及功能
2. 掌握领导特质理论的内容
3. 掌握领导行为理论的内容
4. 掌握领导权变理论的内容
5. 掌握领导理论新观点分析领导行为

第一节　领导概述

一、领导的含义

目前，关于领导的定义很多，正如斯蒂芬·罗宾斯曾指出的，在组织行为学中恐怕没有几个术语像领导的定义这样不统一。不同的定义反映了学者们对领导本质认识的出发点不同：有的从领导素质和特征入手，有的则重点关注领导者的有效行为。尽管领导科学已有几十年的历史，但关于领导的概念，西方学者们还是众说不一。领导的定义可归纳为以下几方面：第一，领导是影响力的发挥；第二，领导是一种使人心悦诚服的艺术；第三，领导是一种交互作用；第四，领导是一种倡导作用；第五，领导是实现目标的手段或工具。由此，可以概括为：领导的本质是对下级的影响力，是引导组织成员彼此互动、同心协力，形成团体共识，进而达成组织特定目标的过程。

领导和管理存在本质上的不同。领导的主要功能是创造一种愿景，制定组织的任务和策略，而管理的工作则偏重于执行，其任务是去实现目标，采取必要的步骤来使组织的愿景得以实现。领导和管理可以同时存在。很多领导者如企业的高层经理，通常不仅要创造一个愿景，而且要帮助执行。同样，管理者在执行其作为领导者的任务时，也需要去领导自己的部属。

二、领导的特点

领导行为作为一种动态的过程，具有以下特点：

1. 示范性

领导活动实质上是一种“投入”，其“产出”是被领导者个体、群体或组织的行为。领导结果的好坏虽然是由被领导者的行为效率来评定，其影响因素主要有动机、福利待遇、工作能力和工作条件，但领导者的行为却起着示范性的作用，他是下属的楷模，无论他是否意识到，他的一举一动对被领导者的工作态度和行为都具有导向作用。

2. 激励性

人际关系学说认为，人们在组织中所处的地位决定了人们之间的感情关系和联系方式。领导者通过领导与被领导、控制与被控制、指挥与被指挥的关系实现领导。通过这些关系，可以激发每个人的积极性和创造性，使人力资源得到充分发挥，以实现组织的目标。

3. 互动性

领导者的工作在影响下属时，也必然不同程度地受到下属某些方面的影响，这就是领导作用的“互惠效应”。由于知觉效应的影响，领导作用的结果可能是正面的、积极的，也可能是负面的、消极的；对领导者的评价，也因而有好坏之分。

4. 环境适应性

任何一个组织都处在特定的环境之中，而环境常常对人们的行为有很大的影响。领导行为发生的环境是一个受时间、空间限制而又具有成就导向的复杂的组织环境。领导的行为在于适应市场和外部环境的要求，并尽可能地改变组织内部的环境。对于被领导者来说，除了其他因素之外，领导行为也是一个重要的环境因素。

三、领导的功能

领导的活动目的是实现组织的目标，领导功能是领导活动的重要组成部分，领导者通过实现以下功能来完成领导的基本任务。

1. 创新功能

创新作为领导活动的主要功能主要包括两个方面：

（1）组织领导方式的创新。在竞争日趋激烈的国际环境中，领导者仅凭个人直觉、经验和个性进行领导的家长制，以及仅依职能、职位分工和管理规则为中心的科层制，已不能适应知识社会对组织管理的要求，组织领导方式的创新迫在眉睫。便于知识信息迅速传播、共享和创新的网状组织结构富有弹性和灵活性，有利于组织对市场变化做出迅速反应，也有利于提高组织绩效，是组织结构变革的方向。

（2）组织成员的创新活动。组织中的被领导者是组织不断创新的主体。知识经济条件下，组织与组织之间的竞争取决于组织的整体创新能力，即运用集体智慧的能力。因此，有效的领导要求组织的领导层重视对被领导者的精神激励，重视知识的共享和创新，引导组织成员积极从事创新活动，搞好研究开发，把知识共享和创新视为组织赢得竞争优势的支柱。

2. 激励功能

激励的目的就是要调动组织中全体员工的积极性。通过领导的激励功能，可以把因需求不同而产生的组织成员的行为导向组织目标。

在知识社会中，激励的内容、范围、手段和方式都发生着重大变化，如何采用适当的激励机制激发被领导者的创造性更为重要。在知识经济时代，知识型员工成为组织创新的主体，他们的劳动特点要求赋予其更大的权力和责任，促进他们发挥潜能，实现自身的价值。

3. 组织功能

组织功能贯穿于领导活动过程的始终，它要求领导者做到：根据组织生存和发展的需要，结合组织内外部环境条件，制定组织的目标和决策；为实现组织的目标和决策，合理配置各种资源，做到人尽其才，物尽其用；建立科学有效的管理系统，协助组织内部的各种关系，仲裁内部的各种纠纷。

4. 沟通协调功能

组织目标要靠人来实现，而组织成员对目标的理解，对技术的掌握，对客观环境的认识，以及组织成员个人的知识、能力、信念等都存在着差异，从而在各自工作中自觉不自觉地会采用不同方法，用不同的标准进行评价，这就理所当然地存在沟通协调问题。

员工的行为总是与他们本身的需求结构、认识结构、技术能力构成以及组织内部的人际关系、规章制度、领导方式和个人地位密切相关，这就要求组织有一个良好的组织心理环境。领导的作用就在于,建立有效的信息沟通渠道,协调组织各部门各级各类人员的活动,引导组织中的全体人员有效地领会组织目标,使全体人员步调一致地加速组织目标的实现。

5. 服务功能

服务是权责统一的基础,是现代领导的基本功能之一。它包括以下基本内容:(1) 工作服务。领导者要改善员工工作的环境,提供必要的设备和工作条件。(2) 心理咨询服务。组织成员可能因为各种原因而受到压力,遭受挫折,产生冲突,造成感情上的不平衡,进而直接或间接地影响组织成员的工作积极性,甚至危害其身心健康。此时,领导应能采取适当的方法,帮助员工解除心理或思想上的困惑和问题。(3) 信息服务。在信息的利用上,必须把信息与信息、信息与人、信息与传递过程联系起来,以便任何被领导者的意见或建议都可以通过简化了的组织结构直接传递到组织的最高层。

第二节　领导理论

一、领导特质理论

领导特质一般是指领导者自身的内在条件,即其在领导过程中表现出来的气质、能力、品质等个人特征。由于领导者是决定组织事业成败的关键角色,所以,领导者的个人特质对领导活动的有效性至关重要。从这一理论出发,领导效率的高低主要取决于领导者的特质,那些成功的领导者均具有某些共同点。根据领导效果的好坏,找出好的领导者与差的领导者在个人品质或特性方面有哪些差异,就可以确定优秀的领导者应具备哪些特质。研究者认为,只要找出成功的领导者应具备的特质,再考察某个组织中的领导者是否具备这些特质,就能断定他是不是一个优秀的领导者。这种归纳分析法已成为研究领导特质的基本方法。

1. 传统特质论

早在20世纪30年代,西方传统领导特质论就已出现,一些心理学家进行了大量的研究,希望发现领导者与非领导者在个性、社会、生理或智力因素方面的差异。

传统特质论的观点源于亚里士多德的思想。他认为,人从出生之日起就已注定属于治人或治于人的命运。后来,一些心理学家对历史上成功的和不成功的领导者进行了深入的调查,在个案的基础上归纳整理出优秀领导者所具备的品质,试图从有成就的领导者身上提取天才的基因,以培植未来的领导者。其中,美国心理学家吉普(Gibb)在1969年的研究成果最有影响。吉普认为,天才的领导者应具备七个基本条件:善言;外表英俊潇洒;智力过人;具有自信心;心理健康;有支配他人的倾向;外向而敏感。美国俄亥俄州立大学工商研究所的斯托格蒂尔(R. M. Stogdill)则认为,个人的先天特性、品质,对于区分领导人和非领导人、有效领导与无效领导有一定意义,并认为领导者的先天特性应该包括:有良心;可靠;勇敢;责任心强;有胆略;力求革新进步;直率;自律;有理想;有良好的人际关系;风度优雅;身体强壮;智力过人;有组织能力;有判断能力。

研究传统特质论的心理学家所提出的领导者的个性特征范围广泛,多达几百种,是一个重要的进步,但现实中无法找到这样十全十美的"伟人"。事实上,许多具有天才领导特质的人并不是成功的领导者,而杰出的领导者也并非个个英俊潇洒,能言善辩。天生不具备领导特质的人,在环境和教育实践中也能逐渐锻炼成为一名有效的领导者。

2. 现代特质论

20世纪70年代以来,组织行为学家们从注重企业管理人员训练开发的新方法中得到启示,逐步认识到,领导者的个性品质是在组织管理实践中形成的,后天的培养可以造就有效的领导者,从而形成了现代领导特质理论。

现代特质论对领导特质的研究主要表现在两个方面:第一,识人方面。用现代心理学的方法(主要是心理测量),对领导者的个性进行测试,并通过心理咨询进行领导行为的矫正。第二,育人方面。适应现代组织的特点要求,提出不同组织领导者应具备的能力、品质标准,并通过专门化的职业培训和开发加以培养。组织行为学家认为,前者在某种程度上受遗传因素的影响,应注重优选和改善;后者则完全是在管理实践训练中形成的,应注重学习提高和考评配置使用。

美国由于特殊的历史原因,形成了自身的文化传统。美国人推崇个人成就,敢于冒险,注重实用和效率。反映在领导特质观上,其强调两点:一是实际能力;二是创业精神。美国管理学家认为,有效的领导者都具备五个方面的共同点:善于处理和利用自己的时间;注重贡献,确定自己的努力方向;善于发现和用人之长;能分清工作主次;能做有效的决策。麦肯锡公司的创始人之一、现年95岁的马文·鲍尔(Marvin Bower)在1997年出版的《领导的意志》一书中指出,领导者必须培养14种品质,即值得信赖;公正;谦逊的举止;倾听意见;心胸宽阔;对人要敏锐;对形势要敏锐;进取;卓越的判断力;宽宏大量;灵活性和适应性;稳妥而及时的决策能力;激励人的能力;紧迫感。

日本的管理思想源于中国的儒学,吸收了美国管理科学的有关理论,并结合自身的文化传统,在企业管理实践中形成了独特的领导素质标准。这种标准既体现在能力品质方面,又注重气质性格的作用。日本企业要求领导者应具备十项品德和十项能力。十项品德为:使命感、责任感、信赖感、积极性、忠诚老实、进取心、忍耐性、公平、热情、勇气。十项能力有:思维决策能力、规划能力、判断能力、创造能力、洞察能力、劝说能力、对人理解能力、解决问题能力、培养下级能力、调动积极性能力。

二、领导行为理论

领导行为研究是继领导特质研究之后,领导科学实证研究的第二阶段,其盛行时间为20世纪40—60年代。领导行为理论企图从领导者的行为方式来探讨有效的领导模式,掌握有效领导者的行为规律,以便加强对优秀领导者和管理者的培养训练。

1. 领导行为四分图

美国俄亥俄州立大学的研究人员收集了大量下属对领导行为的描述,开始时列出了一千多种刻画领导行为的因素,通过逐步概括,最后将领导行为的内容归纳为两个方面,称为结构纬度和体贴纬度。

结构纬度又称"抓组织"或"主动结构型"。这种行为主要以工作为中心,领导者通过设计组织机构,明确职责、权力、相互关系和沟通办法,确定工作目标与要求,制定工作程序、工作方法与制度来引导和控制下属的行为表现。

体贴纬度又称"关心型""体贴型"。这种行为主要以人际关系为中心,关心和强调下属个人的需要,尊重下属意见,给下属以较多的工作主动权,注意建立同事之间、上下级之间的互信气氛。

俄亥俄州立大学的研究结果发现:两种领导行为在同一个领导者身上可能一致,也可能不一致,它们并不是相互矛盾、相互排斥的。领导者可以是单一的组织型或体贴型,又可以是两者的任意组合,具体组合方式可用领导行为四分图表示。

"抓组织"和"关心人"并不是绝对对立的,二者是对立统一的关系。一般来说,领导者为了实现组织目标,易于把精力倾注于抓组织,偏重于完成工作任务而忽视关心成员生活。实践证明,只有关心成员生活,才能更有效地领导,更出色地实现组织目标。如果只关心成员生活,不顾生产和工作任务,不但生产不能提高,也不能提高成员的生活水平,满足成员合理的物质和精神需要。

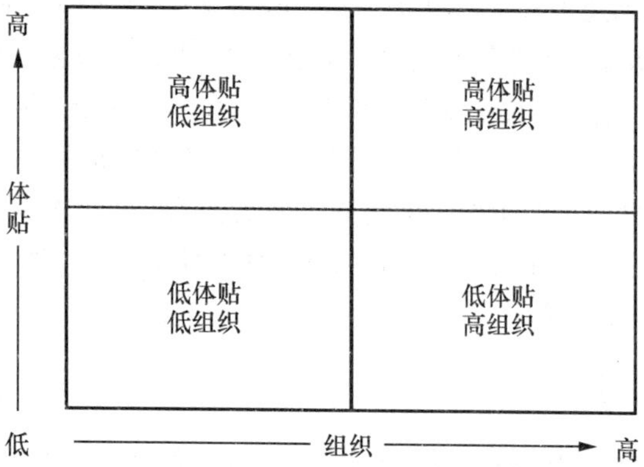

图 9-1 领导行为四分图

2. 管理方格理论

在俄亥俄州立大学提出的领导行为四分图的基础上，美国得克萨斯大学管理心理学家布莱克和穆顿提出了管理方格理论。他们认为，领导方式存在着"对人的关心"和"对生产的关心"这两种因素的不同结合，并从二维图表描绘领导风格的角度出发，设计了一个巧妙的管理方格图，用于表示领导者对工作的关心程度和对人的关心程度。如图 9-2 所示，横坐标表示领导对工作的关心程度；纵坐标表示领导对人的关心程度。对工作、生产的关心表现为领导者对各种事物所持的态度，例如政策、决定的质量、程序与过程，研究的创造性，职能人员的服务质量，工作效率及产品质量、产量等。对人的关心的涵义包括个人对

图 9-2 管理方格图

实现目标所承担的责任;保持职工的自尊;建立信任而非顺从基础上的职责;保持良好的工作环境以及具有满意感的人际关系,等等。

管理方格图以坐标的方式表现了上述两种因素的各种组合方式,两种因素各划分为9个刻度,因此可以有81种组合,形成81个方格,每个方格就表示"关心工作"和"关心人"这两个基本因素以不同程度结合的一种领导方式,这就是"管理方格"。其中,有五种典型的组合,表示了五种典型的领导方式。

1.1型(贫乏型)——表示对人和工作都极不关心。这种方式的领导者只尽最小的努力做一些维持自己职务的工作,也即抱着"只要不出差错,多一事不如少一事"的态度,来最低限度地完成组织工作和维系组织成员,因而被称为"贫乏型管理"。当下属素质很高,全部为自我实现型的高成熟度的成员时,此种领导方式也是可行的,即所谓的"无为而治"。

9.1型(权威型)——表示对工作极为关心,但忽略对人的关心,也就是不关心职工的需求和动机,并尽可能地设计一种工作环境,使人员不致干扰工作的进行。这种领导者拥有很大的权力,强调有效地控制下属,努力完成各项工作,因而被称为"独裁的、重任务型的管理"或"权威型管理"。

1.9型(乡村俱乐部型)——表示领导者对人极为关心,也就是关心工作人员的需求是否得到满足,重视搞好关系及强调同事和下级与自己的感情,力图建立一种舒适、友好的组织氛围,但却往往忽视工作的进展和效果,因而被称为"乡村俱乐部管理"。

5.5型(中庸型管理)——表示既对工作关心,也对人关心,两者兼而顾之,程度适中,主张适可而止。这种方式的领导者既对工作的质量和数量有一定的要求,又强调通过引导和激励去使下属完成任务,通过将员工的士气维持在满意水平而使其在工作中找到平衡。但是这类领导往往缺乏进取心,乐意维持现状,因而被称为"中庸型的管理"。

9.9型(团队型管理)——表示对工作和人都极为关心。这种方式的领导者能使组织的目标与个人的需求最有效地结合起来,既高度重视组织的各项工作,又能通过激励、沟通等手段,使群体在相互信任、相互尊重的基础上合作,下属人员共同参与管理,使工作成为组织成员自觉自愿的行动,从而获得高的工作效率,因而被称为"战斗集体型的管理"或"团队型管理"。这种管理方式充分显示在管理过程之中,领导者的作用表现为使组织更有效、更协调地实现既定的目标。也就是说,能够充分调动组织成员的积极性,把个人目标与组织目标结合起来,形成人人为组织目标的实现而努力的和谐局面。其实施的关键在于如何协调个人与组织的目标,建立共同的利益关系。

究竟哪种形式最佳,国外尚有争论。布莱尔和穆顿主张9.9型作风对所有的场合都是理想的。有的人则认为,应该考虑被领导者的状况以及环境条件的变化。不同的环境条件和不同的被领导者状况要求不同的领导形式。例如,对于研究单位来说,被领导者是知识型的研究人员,他们的工作特点是创造性的工作,例外性很强,如果严格管理反而会影响其创造性,挫伤人们的自尊心。

3. 支持关系理论

美国密执安大学社会研究中心在利克特(R. Likert)的主持下,长期探讨领导行为对生产效率的影响,提出了"管理的新模式",也称作支持关系理论。这一理论认为,领导者要考虑下属职工的处境、想法和希望,支持职工实现其目标的行动,让职工认识到自己的价值和重要性,认识到他们在工作中的经验和知识有助于提升他们对个人价值和重要性的感觉。由于领导者支持职工,就能使职工对领导者采取合作态度和抱有信任感,支持领导者,这就叫做相互支持的原则。利克特认为,在所有的管理工作中,对人的领导是最重要的中心工作,其他工作都取决于它。造成生产率差异的主要原因就是各个企业的领导人所采用的领导方式不同。通过对数百个组织机构的研究,他把领导方式归为以下四种:压榨式的集权领导、仁慈式的集权领导、协商式的民主领导、参与式的民主领导。这四种领导方式在上下级关系、工作激励和与非正式组织的关系等方面表现各不相同。

表 9-1 利克特归纳的四种领导方式

组织变数		压榨式的集权领导	仁慈式的集权领导	协商式的民主领导	参与式的民主领导
上下关系	信任程度	对下属无信心	有主仆之间的信赖关系	有相当的但不完全的信任	有完全的信任
	交往	极少交往或交往在恐惧和不信任下进行	在上级屈就、下级惶恐的情况下进行	适度的交往,并在相当的信任下进行	深入友善的交往,有高度的信赖
	沟通程度	只有自上而下的沟通	有一定的自下而上的沟通	双向沟通	上下左右完全沟通
工作激励	奖惩	恐吓、威胁、惩罚和偶尔的奖励	奖惩并用	奖励为主,偶尔惩罚	奖励,启发自觉性
	参与程度	极少参与决策	决策权在上层,下级在一定限度内参与	上层做主要决策,下层可对具体问题做决策	完全参与

（续表）

组织变数	压榨式的集权领导	仁慈式的集权领导	协商式的民主领导	参与式的民主领导
非正式组织	与正式组织目标相对立	目标不一定与正式组织对立	很可能支持正式组织目标，偶然反对	与正式组织融为一体

利克特指出，对人的激励有四种：经济激励；安全激励；自我激励（成长和自我实现的需要）；创造激励（好奇心、对新经验的需要和创新）。在上述四种领导方式中，只有参与式的民主领导是按照这种需要建立起来的，因而是效率高的管理方式。利克特进一步提出了贯彻参与式民主领导的三条准则：

（1）管理人员必须应用支持关系原则，即领导者要支持下属，保证每个成员把自己的知识和经验看成是对自己的个人价值和重要性的一种支持，并建立和维持一种个人价值和重要性的感觉。

（2）应用集团决策和集体监督。每个下级组织的领导都是上一级组织的成员，利克特把它叫做“联系栓”。这样，通过联系栓把整个组织连接成为一个整体。

（3）要给组织树立高标准的目标。一个组织的领导者和每一个成员都要有远大的志向，树立高标准的目标。通过这些目标的实现，既达到了组织的目标，又满足了组织成员的个人需要。

利克特的“支持关系理论”的积极意义在于：强调领导者要重视人的作用，充分信任被领导者，尊重和满足其心理需求，给予一定的管理权、决策权，沟通领导者与被领导者的内在感情，这就为推行民主管理提供了心理依据。他提出要以民主式管理取代专制式管理，在管理思想上是一个进步。

4. 领导行为连续统一体理论

该理论是由美国管理学家坦南鲍姆（R. Tannenbaum）和施密特（W. H. Schmidt）提出的。领导行为连续统一体理论认为，领导方式是多种多样的，这些领导方式形成了一个连续的统一体，其中的两个极端是独裁的领导方式和民主的领导方式，中间的则是领导者权力同下属权力多种不同的结合方式。

图 9-3 的两端分别是民主和独裁两种极端的领导行为。从左至右，领导者运用职权逐渐减少，下属的自由度逐渐增大，从以工作为重逐渐变为以关系为重。随着领导者授权程度以及决策方式的不同，就形成了一系列的领导方式。他们在这个连续统一体中举出了七种有代表性的方式。

坦南鲍姆和施密特认为，说不上哪种领导方式是正确的，哪种领导方式是

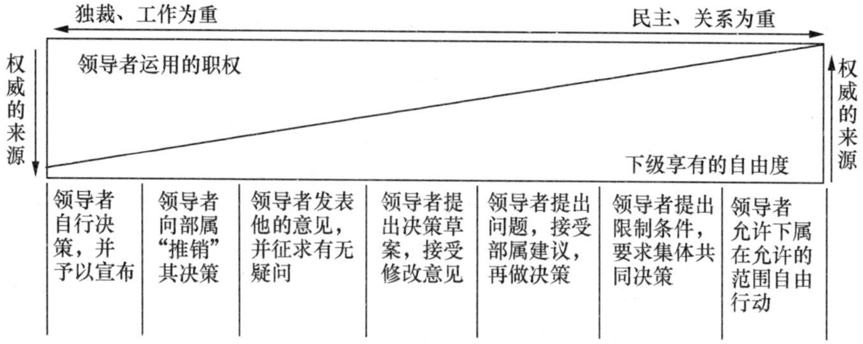

图 9-3　领导行为连续统一体

错误的。应当根据具体情况考虑各种因素,选择适当的领导方式。在这个意义上,领导行为连续统一体也是一种权变理论。他们认为,需要考虑的最重要的因素有以下三个方面:

(1) 上司方面的因素,包括领导者的价值观体系、对下属的信任程度、对某些领导方式的偏好以及对不确定情况的安全感等。

(2) 下属方面的因素,包括下属对独立性的需要程度;下属是否准备承担决策的责任;下属希望有明确的指示,还是希望有较大的活动自由;下属是否对问题感兴趣;下属对组织目标的理解和认识程度;下属是否具备解决问题所必需的经验和知识,等等。

(3) 环境因素,如组织的价值准则和传统、问题的性质、时间的压力等。

三、领导权变理论

20 世纪 60 年代以前,心理学家们主要从领导者的特质和行为来研究有效的领导行为。60 年代以后,许多管理学家、心理学家提出了权变理论,认为领导行为的效率不仅取决于领导者的特质和行为,而且取决于领导者所处的具体环境,如被领导者的条件、工作性质、时间要求、组织气氛等。也就是说,有效的领导是由领导者、被领导者和环境条件三者决定的。

权变理论把领导看做一个动态过程,认为领导行为应随着被领导者的特点和环境条件的变化而变化。领导的特质、行为、年龄不是天生不变的,而是可以变化的,是可以在实践中逐步培养、形成和发展的。

各种领导权变理论的共同特点在于,同时考虑到领导者个人特质与情境特征在领导现象中的重要性,并探讨两者的搭配与领导有效性之间的关系。该理论和领导行为理论最显著的差异在于:后者主张某种领导行为在所有情境中可能成为唯一领导方式,而前者则认为不可能有一种放之四海而皆准的领导方式存在。换言之,任何领导方式在与情境因素适当搭配的情况下,都有可能成为最佳的领导方式。

（一）菲德勒模型

1. 基本原理

与领导行为理论不同,权变理论不认为有适用于一切情景的唯一最佳的领导风格,而认为各种领导风格在对应的不同情境中最有效。不过,菲德勒(F. Fiodler)的"应变"并不彻底,他认为人们的基本领导风格是他们的一种内在倾向,属于个性的一部分,要改变它不是不可能,但是长期而艰巨的事。所以,领导者应首先摸清自己及所管辖的下属的工作风格,并争取自己和委派下属到最适合各自风格的情境中去,以实现最佳的领导效能。

2. 诊断领导风格的独特指标——LPC 分

领导行为理论需要从"重任务"与"重关系"两个维度去测量人的领导风格,因而有许多不便。菲德勒为简化此量表,提出 LPC 分这样单一的风格诊断工具。LPC 是英语"最不愿与之共事的同事"的缩写。注意,LPC 不是包括一切方面,如业余社交活动中你最讨厌的人,而是在工作中最难与之交往的人;他也许在看球、闲谈等方面跟你还可以谈得来,只是在工作关系中难以相处好。请想出并认定工作经历中你遇到过的一个具体的人,但不必说出来;他(她)可以是现在的同事,也可以是过去的同事。然后用 18 对各处相反、极端的形容词去描述此人。两个相对独立的形容词间有一个八级评分标尺,除 1 与 8 分各自代表两极端外,中间还有 6 级逐步过渡的分数级别。例如:

◢ 爱争吵的 1 2 3 4 5 6 7 8 和善的 ◣

◢ 不值得信任的 1 2 3 4 5 6 7 8 值得信任的◣

自我诊断者利用这 18 对形容词建构出最能准确描述自己心中选定的 LPC 的分数等级来,并把这 18 项分数相加,所获分数即此人的 LPC 分。菲德勒认为,人们如何描述自己的 LPC 恰能说明他自己的内在倾向与领导风格。LPC 分究竟是什么以及它是否真能说明一个人在任务性与关系性领导行为方面的倾向性,一直存在着疑问和争执。但菲德勒认为,LPC 分高的人表现出了侧重关系的风格,因为即使对一个自己认为必定最难共事的人的评价也不太坏,说明他必定想到此人工作活动以外的其他表现;LPC 分低的人则侧重任务,因为他毕竟只想到了此人的工作表现,可见最关心的是工作了。LPC 分超过 72 分即为高,低于 64 分即为低。65—72 分的人不易说得清。最近的研究表明这种人灵活性高,在相差颇大的不同情境范围内都干得不错。

3. 领导情境有利性的确定

LPC分高和低的人分别在不同情境下较有成效,但情境性质应怎样判定呢？菲德勒提出,可以从下列三方面去确定情境的特征：

(1) 上下级关系。这是最重要的考虑因素,菲氏设计了一种问卷来判断这种关系是好还是坏。

(2) 任务的结构性。若目标明确,职责分明,有现成程序、规则可依循以完成任务,即为结构性高的任务。这是判断领导情境性质的次重要因素。任务结构性的高低也靠一种专门的问卷来测定。

(3) 岗位职权。这是确定情境性质相对最不重要的因素,也设计有专门问卷以测定其大小。

三种情境因素可搭配成8种组合(如图9-4所示)。其中,上下级关系好、任务结构性高而职权又大,具有最大的情境控制与影响力,属最有利的领导情境;反之,上下关系不好、任务结构性低而职权又小,对情境控制与影响最小,属最不利的情境。

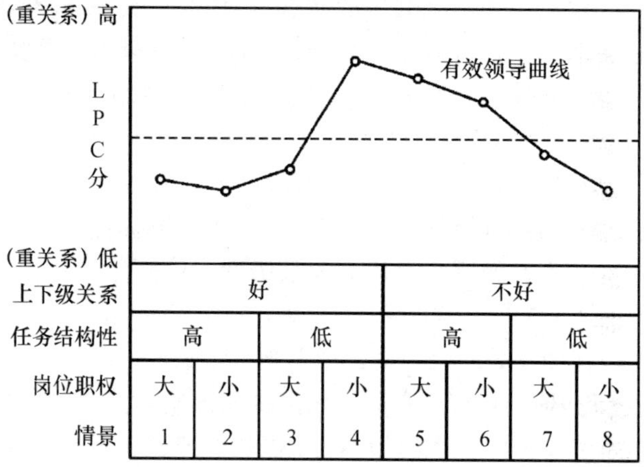

图9-4 菲德勒的应变领导观

4. 风格—情境匹配的概念

菲德勒发现三种情境因素的重要性并不相同。对情境控制力影响最大的是上下级关系,它若不好,控制力降低。次重要的是任务结构性,它若也偏低,对情境的控制力将进一步被削弱,控制力更恶化。职权大小最不重要,但它如偏小,与上述两种不利因素叠加,则控制力最小,当然最不利,领导起来最困难。

如图9-4所示,菲德勒以大量研究证明,在情境很有利到较有利时(情境1

至3)或很不利时(情境7和8),重任务的(LPC分低)领导风格较有效;情境有利性中等(情境4至6)时,则重关系的(LPC分高)领导风格较有效。

据这些发现,菲氏主张设法使人们的领导风格与相应最有效的情境匹配,使各自发挥所长,做到人尽其用。这里的前提是人的领导风格较为稳定。既然每个管理者只限于采用某一特定的领导风格,所以只有通过改组工作本身(如改善上下级关系、明确目标与程序以通过结构性和赋予更大职权等)来改变领导情境的性质以迎合与适应对应的风格;如果这很难办到,则只好把该管理者调到更适合其风格的新岗位上去,以使风格与情境实现良好匹配。

菲氏编写了整套的自导式训练课程,使领导者通过按部就班的自学,测定自己(或部下)的领导风格,判断所面临情境的性质,并学会如何去实现自己的或下级的风格与情境的匹配。

(二) 途径—目标理论

当激励研究在20世纪70年代正热衷于期望—效价论的探讨时,伊万斯(M. Evans)首先把这个观点移植到领导研究中来了。

他认为,领导者对下级绩效与满意感的影响,从根本上说来是改变他们的激励状态。领导行为,无论是任务性的还是关系性的,都是想改变下级对自己行为及其后果的认识:我的所作所为将有助于还是有碍于获得我想要的某样东西。因此,行为成了达到自己目标的途径。

伊万斯指出,领导者应牢记在心的有三点:(1) 只有下级认为可能获致他所想要的目标时,才愿付出努力;(2) 下级必须感知到哪种奖酬直接源于他的哪种(或哪些)特定的行为时,才知道该怎么去做(即沿什么途径);(3) 上级确认一种途径恰当与否,取决于他对下级体贴关怀的程度,如当上级的一般都认为取得"好的工作绩效"是一种恰当的追求,但只有对下级很关怀的领导者才会认为"能帮助同事"也是一种同样恰当的活动。

加拿大多伦多大学教授豪斯(R. J. House)把激发动机的期望理论和领导行为的四分图结合在一起,提出了途径—目标理论。这种理论认为,领导者的效率是以能激励下级达成组织目标并使其在工作中得到满足的能力来衡量的。当组织根据成员的需要设置某些奖励以激励组织成员时,组织成员就萌发了获得这些奖励的愿望,并开始做出努力。但是,要实现这一愿望,就必须在工作上做出成绩,为组织目标的实现做出贡献。这就要求领导者让组织成员确切知道怎样才能达成目标,只有这样,激励才能起到预期的作用。

豪斯认为,一个领导者的职责有如下几方面:员工达成工作目标后,增加奖励的种类和数量,以增强其吸引力;明确下级的工作目标,指明员工达成工作目标的道路,协助员工克服道路中的障碍;在完成工作的过程中,增加下级满足其他需要的机会。

据此,豪斯提出了四种领导方式:指令型、支持型、成就导向型和参与型。指令型是指由领导发布指令,下属不参加决策;支持型是领导者对下属很友善,更多地考虑职工的要求;成就导向型是领导者为员工树立挑战性目标,并表示相信员工能达到这些目标;参与型是员工参与决策和管理。

豪斯认为,“高工作”就是引导人们排除通往目标道路上的障碍,使他们达成组织目标并获得报酬;“高关系”就是在工作中增强人们需要的满足程度。他指出,“高工作”和“高关系”的组合,不一定是最有效的领导方式,这是因为没有考虑到达成目标时客观上存在着什么障碍。领导方式的选用,没有固定不变的公式,要根据领导方式、权变因素的恰当配合来考虑。豪斯提出的权变因素主要有两方面:(1)员工个人的特点,如员工的受教育程度、对成就的需要、领悟能力、愿意承担责任的程度、对独立性的需求程度等。(2)环境因素,包括工作的性质、正式权力系统、非正式组织等。当工作任务不明确、员工无所适从时,他们希望领导“高工作”,帮助他们对工作做出明确安排和分工,提出要求并对完成方法给予指导。反之,如果下级对自己所要完成的任务已经很了解,并清楚地知道完成任务的方式与步骤时,领导还不断地发出指令,员工就会感到多余和反感。这时员工只希望领导能“高关系”,使他们在工作中得到同情、赞扬和关心,获得需要的满足。总之,任务不明确时,领导者应“高工作”;任务已明确,领导就应“高关系”(参见表9-2)。

表9-2 不同情境下的有效管理风格

情景特征	指令型	支持型	参与型	成就型
任务				
结构性	-	+	+	+
非结构性	+	-	-	+
下级				
技术熟练	-	+	+	+
技术不熟练	+	-	-	+
高成就需要	+	-	-	-
高友谊需要	-	+	+	-
正式职权				
充分	-	+	+	+
有限	+	+	+	+

（续表）

情景特征	指令型	支持型	参与型	成就型
工作班组				
顺畅沟通网络	+	−	−	+
有合作经验	−	−	−	+
组织文化				
支持参与	−	−	−	+
成就激励	−	−	+	−

（三）弗鲁姆—叶顿领导决策树模型

这一理论又称“领导—参与模型”，是由弗鲁姆（Victor H. Vroom）和叶顿（Phillip Yetton）提出来的。他们认为，领导效率的高低决定于各种权变因素，领导行为应该适应环境的需要而随时变动。该模型试图确定出适合特定环境和情况的领导方式，这些不同的领导方式是以下属参与决策的程度来决定的。他们提出了五种典型的领导方式：

（1）独裁Ⅰ（AI）。领导者运用手头现有的资料，自己解决问题，做出决策。

（2）独裁Ⅱ（AII）。领导者从下属那里获得必要的信息，然后自己做出决策。向下属索要信息时，可能向下属说明问题，也可能不说明。下属只是提供必要的资料，并不提供或者评价解决问题的方案。

（3）协商Ⅰ（CI）。以个别接触方式让下属知道问题，取得下属的意见或建议，然后由领导者自己做出决策。决策可以反映下属的意见，也可以不反映。

（4）协商Ⅱ（CII）。与下属集体讨论有关问题，收集他们的意见和建议，然后由领导者自己做出决策。决策可以反映下属意见，也可以不反映。

（5）群体决策（GII）。与下属集体讨论问题，共同提出和评估备选方案，争取获得解决问题的一致意见。

领导—参与模型认为，了确定适宜的领导方式需要考虑七个权变因素，这七个因素是用七个问题来表达的。这些问题是：

（1）是否存在能使某一解决办法更合理的质量要求？

（2）是否有足够的信息做出高质量的决策？

（3）决策的问题是否结构清楚？

（4）下属对解决办法的接受程度是否会严重影响决策的有效实施？

（5）如果领导者独自作决策，下属肯定会接受吗？

（6）下属是否赞同这种解决办法所要达到的组织目标？

（7）准备选用的解决办法是否会在下属中引起冲突？

其中,前三个问题与决策质量有关,后四个问题与下属有关。只有决策质量高且下属也接受,从而有效地实施,决策才能够有很好的效果。

对上述七个问题的不同回答可组成多种情境。运用决策树的方法可以区别各种情境(14 种),并选择出适宜的决策方式(如图 9-5 所示)。

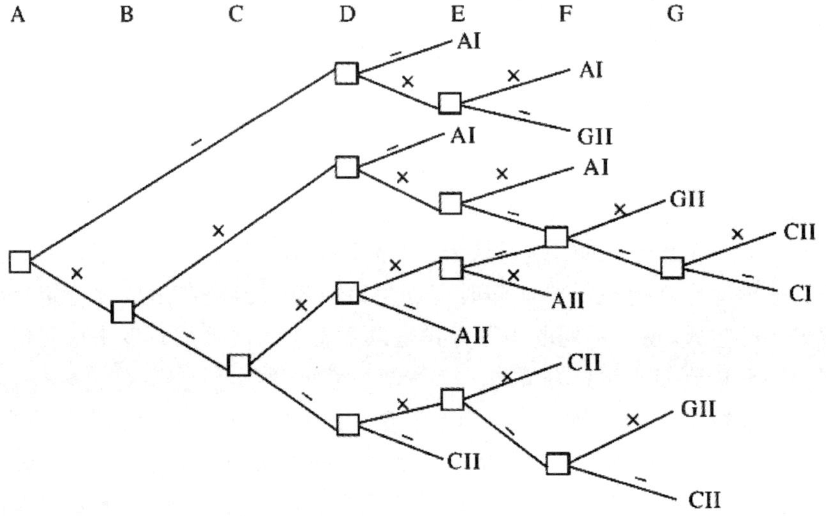

图 9-5 领导—参与模型的决策树

弗鲁姆和亚瑟·杰戈(Arthure Jago)于 1985 年对上述模型进行了修订。新模型保留了原来的五种领导方式,但将权变因素增加到 12 个。新增加的五个权变因素是:

(1) 下属是否拥有充分的信息进行高质量的决策?

(2) 是否有相当紧迫的时间约束限制了下属的能力?

(3) 把地域上分散的下属召集到一起的代价是否太高了?

(4) 在最短的时间内做出决策有多重要?

(5) 为下属的发展提供最大的机会有多重要?

(四) 动态情景领导论

动态情景领导论又叫"领导生命周期理论",最早是由卡曼(A. K. Karman)提出的,后由赫西(P. Hersey)与布兰查德(K. Blanchard)发展成为一种流传较广的领导行为情景理论。与其他应变型领导理论不同的是,此理论注意到时间或下级所处职业生涯发展阶段对适当领导风格的影响,并为此引进了"下级成熟度"的概念。他俩把此概念定义为职工"设置高而现实可行目标的能力(成就动机),承担责任的意愿与能力,个人或群体所受教育高低及所具备的经验多少的程度”。可见,成熟度包括动机(成就与权力动机)和智能(知识与经验)这两种因素;越自觉上进,受教育越多,经验越丰富,便越成熟,也就是成熟度越高。

动态情景论把下级成熟度的概念与“重任务”和“重关系”两维矩阵模型结合起来,形成了如图9-6所示的模型。

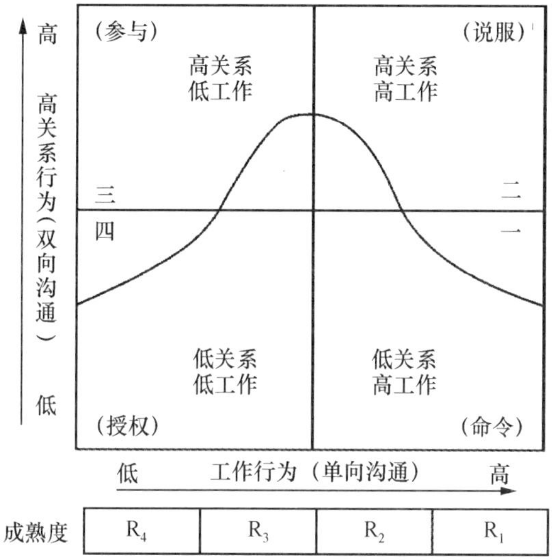

图9-6 领导生命周期理论曲线图

领导生命周期理论运用了与管理方格图相类似的分类,将领导行为分为工作行为和关系行为两方面,并通将这两方面分为高、低两种情况,从而得出了四种特定的领导行为:命令、说服、参与与授权。其涵义如下:

(1) 命令(高工作—低关系):由领导者进行角色分类,并告知人们做什么、如何做、在何时、何地区完成不同的任务。它强调指导性行为,通常采用单向沟通的方式。

(2) 说服(高工作—高关系):领导者既提供指导性行为,又提供支持性行为。领导者除向下属布置任务外,还与下属共同商讨工作如何进行,比较重视双向的沟通。

(3) 参与(低工作—高关系):上级极少进行命令,而是与下属共同进行决策。领导者的主要作用就是促进工作的进行和沟通。

(4) 授权(低工作—低关系):领导者几乎不提供指导或支持,通过授权鼓励下属自主做好工作。

他们将下属的成熟度划分为四个等级:

R1:人们不能也不愿负责任去做任何事,他们既无能力也无自信。

R2:人们不能胜任,但是愿意承担必要的工作任务。他们有愿望,但暂时缺乏合适的技能。

R3:人们能够做,但是不愿意听从领导的指示。

R4:人们既能胜任,也愿意完成对他们要求的任务。

领导生命周期理论认为,“高工作—高关系”的领导并不一定总是有效。而“低工作—低关系”的领导也不一定总是无效的。这里应加上另外一个因素——下属的成熟度,要把关心工作、关心人和下属的成熟度三者结合起来考虑。认为领导者的风格与其下属的“成熟度”相适应,才能产生较好的领导效果。领导者应敏锐地觉察到下属的能力、动机各不相同,从而改变自己的行为和领导方式,即随着下属成熟度的改变相应调整其领导行为。当下属成熟度提高时,领导者不仅要能够不断减少对下属工作的控制,而且也要减少关系行为。正如图9-6中曲线的走势。

图9-6中,第一象限表示,当下属成熟度较低(R1)时,下属需要比较明确的指示,因而应采取“高工作—低关系”,即命令式的领导方式,以单向下达工作任务的沟通方式为主。

第二象限表示,当下属成熟度逐渐提高(到达R2)时,则既需要“高工作”行为,也需要“高关系”行为。高工作行为用以补偿下属技能和经验的不足,而高关系行为则能够尽量使下属愿意按照领导者的意图行事。这种领导方式下,除了必要的命令之外,主要通过说服、感情沟通、相互支持来完成工作任务。

第三象限表示,当下属成熟度有较大提高(处于R3阶段)时,就会产生激励的问题,而这时最好用一种支持的、无领导的参与风格来解决。于是,应采用“低工作—高关系”的领导方式,即参与式领导方式,让下属参加讨论,加强交流,注重双向的思想沟通,由领导与下属共同做出决定。

第四象限表示,当下属相当成熟(在R4阶段)时,领导者几乎不需要做什么事,因为下属是既能胜任又愿意承担责任的人,于是可采用“低工作—低关系”,即授权的领导方式,赋予下属较多的权力,领导只需抓住主要的决策和监督工作。在“低工作—低关系”的情况下,也能提高领导行为的有效性。

领导生命周期理论的主要精神是强调对于不同成熟度的员工,只有采取不同的领导方式,才能做到最有效的领导。这就启发领导者必须创造条件帮助员工由不成熟向成熟转化,把使用与培养结合起来,注重教育,注重人才开发。

四、领导理论新观点

（一）魅力型领导理论

“魅力”是一个希腊词汇，意思是“神赋予的礼物”。魅力型领导理论认为，魅力是领导的一种特殊素质，他们的意图、权力和超乎常人的果断，使他们和一般人区别开来。

魅力型领导的关键是它包括了领导者和追随者之间的关系和交互，接受领导的人必须将魅力型的品质归因于领导者。豪斯（Robert J. House）发展了魅力型领导理论，他从魅力型领导的影响来定义魅力。豪斯认为，魅力型领导者就是那些能够带来高标准结果的人，而且这些结果往往超乎寻常。一般而言，会有以下几个方面的魅力型结果：团队成员相信领导价值观的正确性；团队成员和领导者的价值观相类似；不加怀疑地接受领导者；拥护领导者；愿意服从领导者的指挥；认同并效仿领导者；对团队成员投入情感；提升团队成员的目标；感觉自己是团队成员的一部分。其中前六个方面是对团队成员的影响，后三个方面是对领导者本人的影响。

海波特（J. A. Halpert）认为，豪斯提出的魅力型领导结果可以分成三大维度，分别是参考权、专家权和工作投入。它们都是影响他人的能力，其中参考权源自于领导者的品质和特征；专家权源自于个人专有的知识、技能或能力；工作投入是指领导者能鼓励团队成员更投入地工作的程度。海波特的研究对那些想成为魅力型领导的人非常有用。为了更有魅力，个人必须体现出参考权和专家权，而且必须使人们更加投入地工作。

越来越多的研究表明，魅力型领导与下属的高绩效和高满意感之间有着显著的相关性。为魅力型领导工作的员工受到激励而付出更多的工作努力，而且由于他们喜爱自己的领导，也表现出更高的满意感。

（二）交易型领导和变革型领导理论

从 20 世纪 80 年代开始，学者们开始对领导者在情绪上以及象征意义上对追随者所产生的影响力产生兴趣。为什么有些追随者会把组织的任务或目标置于个人利益之上？

巴斯（Bernard M. Bass）就将上述现象分为变革型领导和交易型领导两种类型。交易型领导通过澄清工作角色或工作需求，为下属建立实现目标的激励机制，例如前面所提到的俄亥俄州立大学的研究、菲德勒模型以及途径—目标理论。而变革型领导是指领导者通过个人魅力对追随者进行个人关怀与智力上的开发，以达到更高层次的目标。巴斯将交易型领导和变革型领导的特征总结如下：

1. 交易型领导的特征

(1) 权变奖赏。奉行努力与奖赏相互交换原则，对良好的绩效予以奖励。

(2) 例外的管理（积极的）。监督、发现不符合规则和标准的活动，并对其采取修正措施。

(3) 例外的管理（消极的）。只有在不符合标准时，才进行干预。

(4) 自由放任。放弃责任，回避作决策。

2. 变革型领导的特征

(1) 领袖魅力。提供愿景和使命感，赢得尊重和信任。

(2) 感召力。传达高期望，使用各种方式强调努力，以简单的方式表达重要的目标。

(3) 智力上的激励。鼓励智力、理性活动和谨慎解决问题的能力。

(4) 个体化关怀。关注每一个人，针对每个人的不同情况给予培训、指导和建议。

有相当多的证据支持变革型领导优于交易型领导。例如，对美国、加拿大和德国的军队官员进行的大量研究发现，在各个水平上，对变革型领导者的评价都比交易型的更好。在联邦快递公司中，那些被下属评估为更具变革型领导特色的管理者，被他们的直接上级主管评估为有更高成就的人和更应升职的人。总之，已有的证据表明，变革型领导与低离职率、高生产率和高员工满意感之间有着更高的相关性。

面对社会、科技、经济等的改变，组织的高层主管需要运用管理、领导和关系技能去进行组织变革。而变革型领导不仅具有分析思考的能力，而且能引导组织中各个阶层的人达到最佳的境界。因此，变革型领导已经成为领导形态的一个主流。

微软的比尔·盖茨、通用的杰克·韦尔奇均被视为成功的变革型领导者。杰克·韦尔奇在通用公司内设计了一种管理矩阵，该矩阵的两个维度分别为“组织文化”和“执行”。杰克·韦尔奇成功地利用这两个维度来转化下属的心态，使其认同组织文化，从内心改变工作行为，努力达到公司的愿景。因此，通用公司得以转型成功。

本章框架图

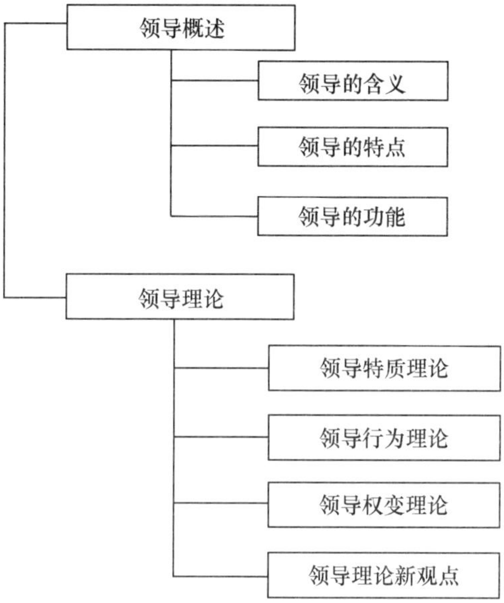

本章思考题

1. 如何理解领导的含义？

2. 传统领导特质论和现代领导特质论的不同点是什么？领导特质论有何现实意义？

3. 领导行为理论主要有哪些？各理论的主要思想是什么？

4. 领导权变理论主要有哪些？各理论的主要思想是什么？

实践操练

领导行为讨论①

目的：理解领导行为的优劣。

① 摘自曹蓉：《组织行为学》，陕西人民出版社2005年版。

群体规模:任意数量的小组,每个小组4—7人。

时间要求:30—50分钟。

练习进度:

1. 个人回想

回想你曾经遇到的两位领导。首先回想一位非常差劲的领导,可能他是你曾经遇到的最差劲的领导,在表格中填写可以用于对其行为进行描述的词汇。接着,回想一位非常好的领导,他可能是你曾经遇到的最好的领导,并且记录下对其行为的描述,越具体越好。

2. 小组讨论

4—7人小组的各位成员,将列表中已经列举出来的你们曾经见过的领导行为,作为一个总体进行讨论。无论是好的领导行为还是坏的领导行为,都填写一个你们取得一致同意的清单。将其写在新闻纸上张贴出来,或者每组都找地方将其写在黑板上。

3. 将所填写的列举出来

教师将清单读给全班听。

4. 分组讨论领导行为

各个小组继续讨论。以所有共同认可的列举项作为基础,确定所谓"好的"领导行为的基础或者本质是什么,"坏的"领导行为的基础或者本质是什么。然后,确认某一特征或行为是"好的"领导的核心,某一特征是"坏的"领导的核心,将它们写在新闻纸上或者黑板上。

5. 概括共同的特征

教师将每组都认可的领导行为的特征读出来,并指导对领导行为本质的讨论。

个人工作表

坏的领导行为	好的领导行为

小组工作表 1

坏的领导行为	好的领导行为

小组工作表 2

坏的领导行为	好的领导行为

第十章　组织文化

本章学习目标

1. 了解组织文化的含义、结构及特征
2. 掌握组织文化的内容、类型、表现形式、功能与作用
3. 了解影响组织文化的因素
4. 了解组织文化建设的原则
5. 了解组织文化变革及变革的阻力来源

第一节　组织文化概述

一、组织文化的含义与结构

要想理解组织文化，我们首先要了解什么是文化，因为组织文化是在组织内部环境中形成的文化。"文化"一词，在英语和法语中均为"Culture"，源自拉丁文。不同的学者对文化的理解不同，对文化的定义也不同。要进行组织文化建设，就应该明确其定义。

1. 文化的定义

英国文学评论家斯诺1959年在《两种文化和科学革命》一书中认为，文化是指智力的发展，心灵的发展。广义的文化是指人类在漫长的社会历史实践过程中所创造的物质财富和精神财富的总和。英国文化学家泰勒在《原始文化》一书中提出了狭义文化的早期经典学说，他认为狭义的文化是指包括知识、信

仰、艺术、道德、法律、习俗和任何人作为一名社会成员而获得的能力和习惯在内的复杂整体。大多数学者认为,狭义的文化是指在一定的物质资料基础上发生和发展的社会精神生活。少数民族独特的风俗习惯,比如彝族的火把节、傣族的泼水节等,被大多数学者归为狭义的文化。从某种程度上说,狭义的文化仅限于精神文化方面。人类学家则用文化表示生活在共同的环境中的人们所具有的共同的行为习惯、共同的理想和共同的生活方式。

2. 组织文化

组织文化通常是指在狭义的组织管理领域内产生的一种特殊的文化倾向,其实质是一个组织在长期发展过程中,把组织成员结合在一起的行为方式、价值观和道德规范的总和。它体现出组织成员的整体精神、共同的价值标准、合乎时代要求的道德品质及追求发展的文化素质。它能增强组织的凝聚力和持久力,保证组织成员行为的合理性和规范性,推动组织成长和发展。优秀的组织往往具有优秀的组织文化,这种文化让员工有集体荣誉感,并热爱着组织。有一个广为流传的故事:海尔洗衣机分厂有个姑娘 19 岁时走进了海尔集团,接受了三年海尔文化的洗礼。三年之后,她被诊断得了白血病。在她将要离开人世时,她向亲人提出了最后一个愿望:我要再看一眼我所工作的海尔。这就是海尔公司内部的组织文化!海尔文化的魅力,使得海尔人这般热爱这个组织。组织文化是组织的灵魂,在组织经营活动中具有无法替代的核心作用。

3. 组织文化的结构

组织文化的结构是指组织文化各种内容和形式之间的层次关系。如果把组织文化体系看成一个由内向外辐射的球形的话,那么,将其逐级解剖,可分为三个层次:表层文化、中层文化和深层文化(见图 10-1)。

(1) 表层文化。表层文化又称实体文化,是指具体的、直观的、外在的、形式的组织文化,它由组织员工创造的产品和各种物资设施、设备等所构成。作为组织文化的重要组成部分,表层文化通常包括组织产品的结构和外表样式、组织文化娱乐设施及厂容厂貌等。

(2) 中层文化。中层文化又称制度文化,指组织内部的各种规章制度、行为习惯、经营风格、行为规范、员工修养等,这些内容以固定的方式供组织所有的成员在工作中遵守。

(3) 深层文化。深层文化又称精神文化,是指组织的生产经营活动具有组织特征的文化观念和意识形态。深层文化是凌驾于组织文化主体(个体或群体)的自由意识之上,可以脱离表层文化而独立发展的组织的经营思想、意识和价值观念的总和。它具体包括组织精神、组织道德、组织的经营目标与价值观念等。

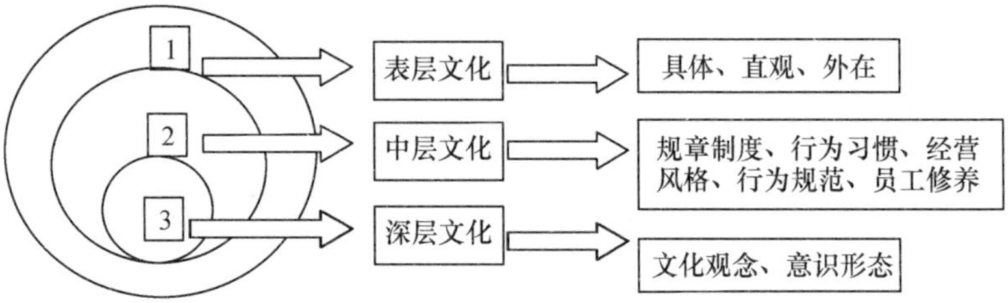

图 10-1　组织文化的结构和特征

4. 组织文化的特征

组织文化的产生与形成过程使其具有民族文化的烙印,又具有组织管理的个性特色。一般说来,组织文化具有以下特征:

(1) 阶级性。马列主义关于文化及其社会历史问题的研究,肯定了人们的精神生活是以社会物质生活条件、社会制度和国家制度的性质为转移。统治阶级的文化在阶级社会中占统治地位,即文化具有阶级性。

(2) 民族性。组织文化根植于民族文化之中,具有极强的民族性。组织管理的核心是对人的管理。组织成员生活在不同的社会文化之中,必然会把民族文化传统带到组织中。同时,了解不同的民族文化对组织文化的影响,对开展外交工作和国际贸易有着重要的意义。成功的组织管理会针对不同的民族文化建立起独特的组织文化。例如,中国人崇尚儒家文化,中国组织的组织文化中便贯穿着以德为先、以人为本的思想观念。而美国组织的组织文化中则强调人权主义,需要明确公正、公平的权利和义务。

(3) 整体性和个体性。组织文化是组织成员共同的价值体系——它不仅是组织全体成员,包括领导者和被领导者共同遵守的行为准则和价值观念,而且是一个组织区别于其他组织的关键特征。即使是同一类型的组织,由于其民族文化、传统习惯不同,也可能形成不同的组织文化。

(4) 连续性和稳定性。组织文化是随组织的诞生而产生的,有一个逐渐发展和成熟的过程。这一过程对组织成员会产生长期的影响,不会因为日常细小的组织环境的变化而发生改变。即使变化,也只是对其中的精华加以发扬,去其糟粕的过程。组织文化是组织管理精神世界最核心、最本质的东西。它形成于组织成长、变革和发展的长期实践中,随着科技的发展、文明的进步和组织自身的发展而不断丰富,并对组织的成长和发展具有深远的影响。

(5) 创新性。组织文化中有了创新因素的存在,才使组织具有特色和持久生命力,并促使组织文化不断更新和发展。通过这种创新的环境,提高员工的素质,激发员工的创新动机,为组织成员的自我实现提供条件,是组织文化建设的核心要义。

(6) 时代性。组织文化具有时代特征。它受到特定时代、特定地域的政治、经济和社会环境的制约,更要依据时代条件及时更新和充实。

二、组织文化的内容

1. 组织目标或宗旨

组织目标是组织文化建设的出发点和归宿。组织文化中所体现的组织目标并不是短期绩效,而是代表组织长远发展方向的战略性目标,是为社会、顾客和组织成员服务的最高目标。

2. 共同的价值观

共同价值观是组织文化的核心。因为,价值观是人们评价事物重要性和优先次序的原则。组织文化中的价值观不但为全体组织成员提供了共同的价值标准和日常行为准则,而且是组织进行有效管理的必要条件。

3. 作风及传统习惯

组织的作风及传统习惯影响着组织文化。组织文化本质上就是组织成员在共同劳动中所产生的群体意识,而这种意识与组织的传统和作风关系密切。

4. 行为规范和规章制度

行为规范既是构成组织文化的重要方面,也是组织文化的具体表现形式。行为规范涉及员工的着装、工作、交往等各个方面。有些组织行为学者把组织文化中规定的行为规范分为四类:任务支持规范、任务创新规范、社会关系规范和个人自由规范。有学者比喻:如果将组织的目标或宗旨、价值观、作风及传统习惯看做组织文化的软件,那么行为规范和规章制度就是组织文化的硬件。只有以硬件配合软件的策略,才能确保组织文化顺利进行。

三、组织文化的类型及表现形式

美国艾莫瑞大学(Emory University)的桑南菲尔德(Jeffrey Sonnenfeld)通过对不同组织结构的研究,提出了一套标签理论,用于分析和认识组织文化之间的差异。

(一) 组织文化的类型

1. 学院型

该类型的组织喜欢雇用刚刚毕业的大学生,组织为他们提供大量的专门培训，然后指导他们在特定的职能领域内从事各种专业化的工作，使其在某一领域不断成长进步。

2. 俱乐部型

该类型的组织非常重视员工的适应性、忠诚度和承诺，在组织中的资历是关键因素，年龄和工作经验也非常重要。这种组织按照通才型方向培养人才，即培养全能型的管理人才。

3. 棒球队型

这类组织是冒险家和创新者的天堂。组织从各种年龄段和不同工作阅历的人群中寻求合适的人选，根据员工的实际产出支付报酬。也就是说，资历、年龄和经验都不重要，工作绩效才是确定报酬的唯一标准。由于组织一般给予工作出色的员工以较大的奖励和较大的工作自由度，员工工作积极性发挥得较好。在会计、法律、投资银行等领域，这种类型的组织较为普遍。

4. 堡垒型

这类组织主要将工作重心放在组织的生存方面，它们以往大多是学院型、俱乐部型和棒球队型的，但是现在衰退了，于是希望通过努力来尽量保存自己尚未被销蚀的财产。这种类型的组织缺乏工作安全保障，组织成员具有较大的流动性，但是，对于喜欢挑战的人来说，却是一个令人兴奋的工作环境。比如，肯德基常年都在招聘刚刚毕业的大学生或者在校生，但是人员的流动性也比较大。

（二）组织文化的表现形式

组织文化在社会意识形态中的基础是不同的民族文化和传统习惯，并以多种表现形式传递给组织成员和社会。其具体表现形式有：

1. 文字和标识

这是组织文化的传统表现形式。我们经常看到的一些口号和标语，如“厂兴我荣，厂衰我耻”“爱厂如爱家”“站好每一班岗”等，都是组织文化的表现。

2. 物质象征

组织为其成员提供的办公室的大小和摆设、装饰物的档次和风格、交通工具、高层管理人员的着装和额外津贴以及组织办公场所的建筑格局等，作为组织文化的物质象征，告诉员工应该表现什么样的恰当行为以及组织所重视的文化导向是什么。

3. 仪式

通过一系列重复性的活动表达并强化组织的核心价值观，如升国旗、唱厂歌等。

4. 语言

随着时间的推移,组织往往形成自己特有的词汇来描绘与业务有关的设备、关键人物、顾客等。对于每一位新成员来说,工作一段时间以后,起初令他们困惑的新名词就成为他们语言中的一部分了。这些专用词汇一旦为员工所掌握,就成为将特定文化中的成员联结在一起的共同特征。

5. 实物形象和艺术造型

如组织的商标、厂牌、优质产品或服务、城市雕塑、纪念碑、博物馆和英雄塑像等,都可以较好地反映组织文化的精神实质。

6. 现代科技表现形式

利用现代科技等新方法,开拓人们思想的表现形式,如广播、电视、电影、声像结合的广告、现代科技产品等都能从不同侧面反映组织文化的含义。

(三) 组织文化的功能和作用

1. 组织文化的积极作用

(1) 目标导向功能。组织文化有助于组织中的个体目标与整体目标保持一致。在一般管理理念中,为了实现组织的预期目标,需要制定一系列的战略、制度、规定和程序,以此引导和规范组织成员为实现组织目标而努力。但是,这种单纯依靠制度和工具的硬性管理已无法适应现代社会文化的变迁,战略与文化适应相结合会产生事半功倍的绩效。组织目标就是一个导向,使其成为组织成员的精神动力,自觉地为组织目标而努力。成功的组织文化实质上就是在组织内部建立一个动力机制,它使组织成员了解组织目标的伟大,并乐于为实现组织目标而贡献力量。

(2) 凝聚功能。这是指组织文化对组织成员的思想、行为、信念进行整合的过程。组织文化就像黏合剂,可以把不同层次、性格各异的人团结在组织中,这显然比依靠硬性的规章制度维持的表面和平要有效。当然,这种凝聚力不是盲目的、无原则的、完全牺牲个人、绝对服从的,而是在充分尊重个人的价值、承认个人利益、张扬个性的基础上的凝结,是群体意识的整合与优化。

(3) 激励功能。组织文化作为一种精神目标和支柱,激励全体成员自信、自强、团结进取。成功的组织文化能创造出一种人人受尊重、人人受重视的文化氛围,而且这种组织文化所产生的激励能量是巨大的。

(4) 创新功能。组织文化重视营造适当的环境,以赋予其成员超越和创新的动机。组织文化为成员的创造性发挥提供必要的客观条件。

(5) 约束功能。组织文化是一种无形的文化上的约束力量,形成一种软约束,不但可以降低组织成员对制度约束的逆反心理,而且创造出一种和谐的、自发奋进的组织氛围。

(6) 效率功能。组织文化一方面通过增强组织成员的共同活力来提高组织整体活力,另一方面对组织内部管理体制提出挑战,以开放型体制代替传统的僵硬封闭管理,来提高组织效率。

(7) 完善功能。组织文化是组织在长期的历史发展和文化积淀基础上形成的,其形成过程是一个优化过程。

(8) 发展功能。组织文化的形成是一个复杂的过程。组织文化的稳定性和连续性可保持其持续发展。如美国英特尔公司以创新精神为核心的组织文化,不仅没有因组织领导人的变动而变化,反而对新的领导人有巨大的推动作用。

2. 组织文化的消极作用

事物都有两面性。我们既要看到组织文化具有积极的一面,也要看到组织文化有其潜在的消极作用。

(1) 阻碍组织的变革。当组织的共同价值观与其现行的需要不相符时,组织文化可能成为组织变革的障碍。强的组织文化在稳定的环境中可以带来行为的高度一致,从而起到积极的作用。但是,在环境变化时行为的一贯性就会阻碍组织的变革,甚至导致变革的失败。

(2) 削弱个体优势。新的成员为组织注入新的血液,但由于成熟的组织文化可能会限定组织接受新的价值观和行为方式,那么带有差异性的价值观、组织新成员便会难以适应或难以被组织所接受。在这种强文化的压力下,新成员往往会放弃个性而服从组织文化。也就是说,强文化在某些程度上会抑制组织文化的创新性。

(四) 不同国家组织文化的特色

1. 美国的组织文化

作为资本主义国家的典型代表,美国的生产力水平很高,科技发展非常迅速,这与美国的组织文化是分不开的。美国是一个移民国家,传统的民族文化比较混杂,文化发展的根基较浅。但是,由于资本主义产业革命和科技进步推动了美国组织管理思想意识的发展,并造就了一种新型的组织文化,使它成为大多资本主义国家的典范。美国的组织文化在它长期的发展过程中,形成了自己的独特风格,大体具有以下特征:尊重个人能力,把年龄、资历和家庭状况放在次要地位;崇尚竞争,激励组织或个人积极参与竞争;尊重知识,尊重人才,重视教育;相信科学,提倡创新;遵守法纪;建立亲密文化,以提高凝聚力和忠诚感。

2. 日本的组织文化

日本的组织文化是典型的东方思想的代表,日本人善于把传统的组织管理思想与现代的管理科学结合起来,形成日本的管理,这正是日本组织文化的创新之处。概括起来,日本的组织文化具有以下特点:重视思想统治,讲究伦理道德的民族精神;重视协作,强调认同的家族主义;以人为本的管理思想;忧患意识;重视职业道德教育。

3. 西欧各国的组织文化

西欧各国的组织管理思想在过去很长的历史时期内,都对世界各国有很大的影响,各有自己所追求的组织文化。但是西欧各国在组织管理的研究上过于重视管理技术研究,而忽视思想意识和管理哲学的研究,其特点表现在:传统的组织管理与现代的科学技术相结合;关心环保,重视生态环境的保护,讲究美化环境,把人与自然密切地结合起来;制定明确的组织目标,并坚忍不拔地努力实现它;注重培养组织成员忠于职守的观念,把高度的责任感和良好的职业道德结合起来。

4. 中国的组织文化

近年来,中国的组织管理在继承传统优秀文化的基础上,积极吸收西方的管理思想,形成了具有中国特色的组织文化:寻求整体模式。我国的组织正在努力建设既有中国民族特点,又具有现代化共性,以增强活力和凝聚力为核心的崭新的组织文化;继承传统文化的精髓;吸收国外先进科技和管理方法,由封闭型思想向开放型过渡;加强职业道德建设;追求共同富裕的发展观点。

(五) 影响组织文化的因素分析

沙因根据组织文化理论提出了分析组织文化的七个维度的概念:组织与环境的关系;人类活动的本质;现实的和真理的本质;时间的本质;人类本性的本质;人际关系的本质;同质化与多样化。每一个维度均有相关的问题,通过对一定问题的分析,以解释组织文化是如何影响组织员工行为的。

影响组织文化的因素涉及以下几个方面:

(1) 民族文化因素。组织文化有时会体现在民族文化之中,具有民族观念和自己的特色。由于组织成员生活在不同的民族文化之中,因此民族文化会影响到组织文化。

(2) 外来文化因素。外来文化有时也叫外部环境,包括市场、顾客、竞争者、政府、技术等。外部环境是影响组织文化的重要因素,而组织文化为了获得成功必须吸取外来文化的精华。

(3) 个人文化因素。个人文化也称为组织成员的素质。组织成员虽然是组织文化的受影响者,但反过来,组织成员的素质状况也影响着组织文化的形成。组织成员的知识水平、文化素养决定了其工作的自觉程度和参与决策的热情程度,这便形成了组织文化的重要内容。

(4) 社会文化因素。任何组织都存在于特定的社会环境中,组织文化是整个社会文化的一部分,在很多方面是一脉相承的。社会上所流行的价值观、道德取向都直接、间接地反映在组织文化的内容中。比如,"金钱万能"的价值取向很可能导致不择手段地追求利润的经营哲学,从而进一步在各方面都有体现。这一点在东西方组织文化的对比中最为鲜明。

(5) 政治经济、组织传统、科学技术发展水平和地区文化等,也是影响组织文化的重要因素。

第二节　组织文化的建设与发展

组织文化的形成和发展需要经历一个漫长的过程,同时组织文化还有多种发展的可能性。因此,必须加强组织文化建设,在发展中建设,在建设中发展,使建设与发展相辅相成。

一、组织文化建设的过程

组织的领导者有意识地培育组织的优良文化,克服不良文化,进而完善组织文化,是一个多阶段的过程。第一阶段:研究孕育。调查研究组织的历史和现状,有针对性地提出组织文化建设目标的初步设想。第二阶段:巩固确立、处理问题和归纳成效。要确立和巩固组织文化,就要面对组织文化中需要处理的问题和对组织文化进行卓有成效的归纳。前者是摒弃原来组织文化中与时代精神不相适应的内容;后者是将符合时代精神的文化建设经验加以总结,形成具有激励作用的语言。第三阶段:强化培育。将组织文化建设的总任务分解给组织内部各部门,使各部门根据自己的特点把组织文化建设转变为具体行动,创立一种适合并有利于组织目标的组织文化。第四阶段:评价分析。针对组织文化建设工作开展以来存在的问题进行分析,客观、全面、准确了解和反思现有组织文化状况。第五阶段:反馈完善。要把组织文化建设的总体规划传播到每一个组织员工,通过采取多途径、多渠道、多层面的反馈机制对组织文化建设的成果进一步反馈,实现组织文化的进一步完善。

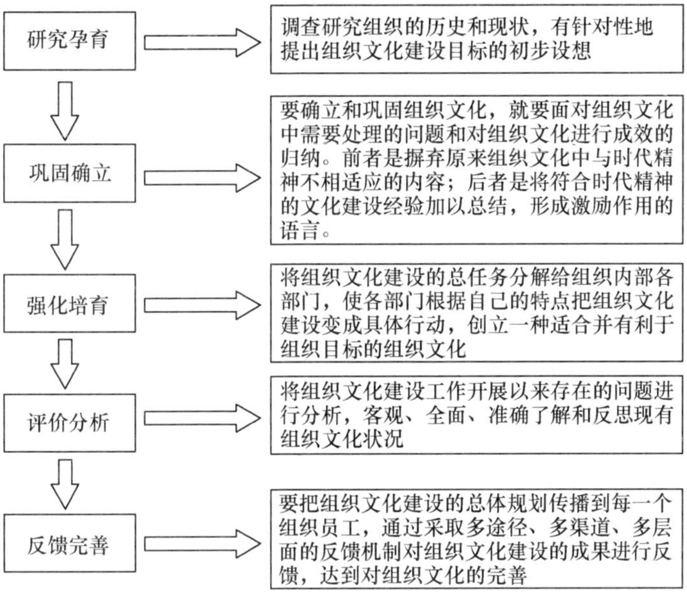

图 10-2　组织文化建设的过程

二、组织文化建设的原则

1. 目标原则

有学者把目标原则称为“疏导法”。组织文化建设的目标原则，就是对组织文化建设的目标和宗旨进行恰当的反映，体现组织发展的长远目标和发展战略，根据目标有针对性地举行各种活动，使组织中个体的目标和组织整体目标相一致，并引导员工树立组织文化所需要的价值观念和行为规范。

2. 价值原则

组织文化要体现个人的价值观，鼓励员工自己去探索、发现、考虑、检验、选择、更新自己的价值观念。这种个人价值观的体现是在全体组织成员的信仰、行为准则和道德规范的基础上，每个员工都应将自己的行为与组织准则和规范联系起来。

3. 卓越原则

组织文化应该包括锐意进取、开拓创新、追求优势、永不自满等精神。追求卓越，开拓创新是组织活力最重要的标志。

4. 激励原则

通过开展一系列与组织文化相关的活动，对活动参与者进行精神和物质奖励。将其报酬与工作绩效联系起来,激励全体成员自信自强、团结进取。成功的组织文化不但应创造出一种人人受尊重、人人受重视的文化氛围,而且应产生一种激励机制,从而在组织中形成一种良性激励循环,使组织成员为实现自我价值和组织目标不断进取。

5. 环境原则

组织文化的建立,需要一个适宜的环境,包括良好的外部环境和内部环境。良好的内部环境是指每个成员在组织中都有极好的归属感,愿意参与组织的决策和管理,他们希望通过自己潜能的发挥给组织带来良好的绩效。

6. 个性原则

任何组织文化都是个性和共性的统一。任何组织都有其应遵循的共同的客观规律,如善于和有效地激励员工,提供优质的产品和服务,形成高绩效的组织功能等,这些构成了组织文化的共性部分。与此同时,民族文化环境、社会环境、行业环境、组织目标和领导行为的不同,又形成了组织文化的个性。

7. 相对稳定的原则

组织文化是组织在长期发展过程中提炼出来的精华,它由一些相对稳定的要素组成,对组织成员的思想具有根深蒂固的影响。组织文化建设应具有一定的稳定性和连续性,即在保持稳定的同时兼顾灵活性,以便组织内外环境发生变化时,能有效地保持组织文化的长久活力。

三、塑造完善的组织文化

1. 提高领导者的素质

组织的领导者对组织文化的维护起着至关重要的作用。所谓"上梁不正下梁歪",说的就是高层管理者的素质及其言行对组织文化的维护具有示范作用。

2. 改善组织内部环境

(1) 组织内部整体风格。组织内部整体风格是组织文化的一种标志和象征。从组织所处建筑的造型、色彩、装饰到内部空间结构布局,从环境的整洁程度到公共物品的安排是否井然有序,都能反映出一个组织的管理水平和管理风格,体现出组织文化的个性特点。

(2) 工作环境。工作环境包括办公室的布置、文件的放置、同事之间的凝聚力等等。一个经过优化的环境不仅能提高生产效率,而且能够激发员工对组织的忠诚度。

3. 维护已有的组织产品文化

组织产品是组织文化中的基本物质文化内容。组织文化的载体产品,通常被理解为有价值和使用价值的物品。组织产品中个性文化的形成,涉及组织日常的经营和管理,同时又涉及组织的战略规划和战略管理,所以,组织要坚持维护自己已有的产品文化,使产品文化的内涵得到提升。

4. 培育良好的组织精神

组织精神是一个组织观念体系的核心,是组织员工在长期的工作环境中形成的一种信念和追求,是组织基于自身的性质、任务、宗旨、时代要求和发展的方向所形成的组织价值观的外在体现。良好的组织精神能够促进组织文化的提升。

5. 加强组织制度文化建设

组织制度文化是组织制度演进、制度规范、制度内容、制度运转和制度创新等的统称。现代组织机构是组织为了有效地整合资源,以实现组织既定目标而规定的上下左右的劳动与协调关系。如果把组织视为一个有机体的话,那么组织机构就是这个有机体的骨骼。一个组织机构的设置是一定组织文化特质的反映。其中,组织制度文化建设包括以下三个方面(参见图10-3)。

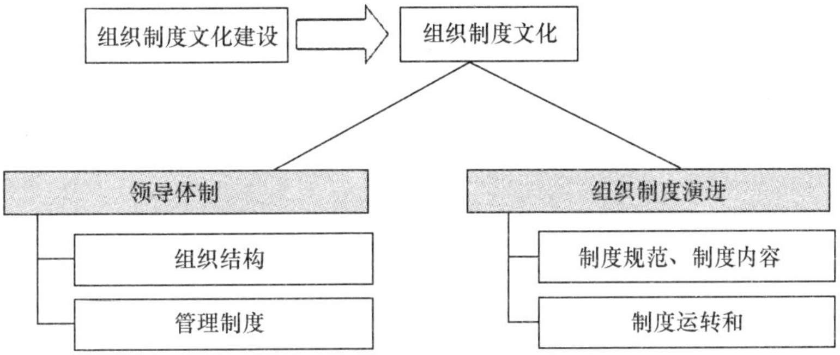

图10-3 组织制度文化建设的内容

6. 通过社会化的过程保存组织文化

帮助新成员迅速适应组织文化的过程叫社会化。组织文化的社会化过程包括四个阶段:原有状态、入职前培训、碰撞阶段、调整阶段。

7. 领导者价值观对组织文化建设的影响

领导者个人的价值观在组织文化建设中也发挥着不小的作用。从一些国内外成功组织的经验来看,领导者的价值观有时在组织决策和组织文化中体现出具有某种科学性和前瞻性。

(1) 事业至上。一个领导者的价值观对一个组织的价值和生存起着很重要的作用。日本有组织学者指出,一个领导者如果丧失了个人的人生目的,其组织就会垮掉。人生价值存在于朝向远大目标的奋发努力中。当一些事件发生

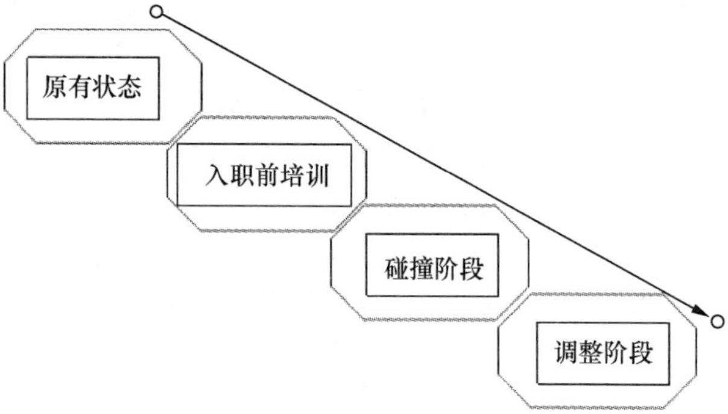

图 10-4　组织文化的社会化过程

冲突时,如何选择?这是对领导者价值观的一个严峻的考验。一个优秀的领导者,应该毫不犹豫地选择事业。只有执著地追求事业的人,才能最终成就事业;那些在金钱的诱惑下见利忘义之人,必将葬送事业。

(2) 信誉至上。孔子说,民无信不立。任何组织亦然,无信不立。信誉是组织的生命,是组织生存和发展的根本。一些名牌商品为什么能够畅销不衰?一些"老字号"为什么百年不老?靠的是货真价实,靠的是诚信无欺。因此,所有组织的领导者都应牢固树立"信誉至上"的价值观,严格遵守诚实这个道德信条。

(3) 群体为高。一个组织的领导者无论有多么杰出的领导才能,都不可能包打天下,也不可能无所不知、无所不能。优秀的领导者应该看到个人的局限性,看到群众的决定作用,从而在决策时主动地"集思广益",在行动时发动和依靠全体成员,而不轻视任何一个人。松下幸之助说:"大众永远是对的,我们要信赖大众,去做大众了解和支持的事情,没有比这更好的经营方法了。"

(4) 以人为本。领导者应避免"见钱不见人"或"见物不见人"。只有真正优秀的领导者,才把人看做是决定一切的因素。这是组织兴旺发达的根本。"以人为本"的领导者总是尊重人、关心人,下工夫去知人、用人、培养人,努力使组织成为人才的摇篮。韩国著名企业家李秉哲把90%以上的时间用在对部下的"因材施教"上,把人力资源开发与管理摆在首要位置,表现出卓越领导的眼光。

(5) 追求卓越。卓越并非是一种成就而是一种精神。领导者应该具备追求卓越的价值观,他们认为"安于平庸"是可耻的,"创造奇迹"具有无穷的魅力。只有这样,才能永不满足,超越自我。这是一种不安于现状,永远进取,不断创造的过程。

(6) 勇担风险。任何伟大的事业都充满风险,"风险与机遇并存"是一个普遍真理。领导者与一般组织成员的差别，就在于他有更高的胆识、更坚强的意志，敢于面对挑战，勇于承担风险。美国CNN公司的创始人特纳说："看准了的事情就要敢于冒险，在CNN，梦想也可以变成现实。"

8. 组织文化的特殊传播：文化网络

特雷斯·E.迪尔、阿伦·A.肯尼迪在《组织文化——现代组织的精神支柱》中提到一种通过非正式渠道传播组织文化的方式——文化网络。

文化网络是指组织内部以轶事、故事、机密、猜测等形式传播消息的非正式渠道，它是和正式组织机构相距甚远的隐蔽的分级联络体系。

（1）文化网络具有以下特征：首先，对消息作艺术加工。文化网络所传播的消息往往经过故事化，变得生动形象、情趣盎然。其次，文化网络对消息含义的解释，往往与正式渠道的解释不同，能从更深的层次去说明问题。最后，文化网络传递消息的整个过程，没有文件、录音磁带之类的参与，而是依靠人的口头表达。因此，每个人都在本组织的文化网络中扮演一定的角色，但这个角色不是由谁任命的，也不能印在名片上，而是隐蔽的、自发形成的。

（2）文化网络中的重要角色有七大类：

①"讲故事者"。他们往往处于地位高、信息量大、但不起领导作用的高级管理岗位上。他们有想象力、洞察力和对细节的辨别能力。因为他们什么都不干，但又知道得很多，所以能根据自己对组织里所发生的事情的感觉，编成故事向别人讲述。

②"牧师"。他们处于顶层以下第三到第五管理层，在正式组织系统中担任一些下面没有职员、也无须经常向副总裁报告工作的职位。他们在组织待的时间很长，对组织中的每件事、每个人都了如指掌，是组织历史的活的百科全书。职工犯难时愿意去找他们，他们也有时间聆听职工的坦诚谈话。他们总是通过讲述本组织的历史故事来为当前的行动寻找依据。

③"耳语者"。他们往往处在不太引人注目的岗位上，但具备两种关键技能：一是根据极少的线索，快速而准确地领会上司的意图，从而能通过耳语左右组织的决策；二是立足于努力工作，在整个组织内建立广泛的支持关系，从而能通过耳语使消息在整个网络传播。

④"闲聊者"。他们可以形成于任何一个岗位，也不与当权者接近。他们善于在饭桌上或休息喝咖啡时与一大群人闲聊，从而把消息传到组织的各个阶层。人们容忍甚至喜欢闲聊者，仅仅是为了消遣，并不指望所得到的消息一定是正确的。

⑤ 秘书处职员。这也许是唯一以正式组织中的身份介入文化网络的人。

他们了解组织的真正面貌，很清楚组织中正在进行的事情、谁和谁正在闹别扭等等。他们往往是不愿介入纠纷而又能公正评价事情的人，但他们能通过闲话网络传播组织的功绩。

⑥“间谍”。这里所说的“间谍”，是指那些从来不说任何人坏话、不以任何方式改变组织气氛而影响他人工作的人。他们能把各方面的意见都听进去，并原原本本地向高级管理人员叙述，因而高级管理人员把他们当做“间谍”来使用。显然，组织里的新来者最容易成为这种“间谍”。

⑦ 非正式团体成员。他们为了提高自己在组织中的地位，常常艺术性地在众人面前讲述本团体内其他人的优秀事迹。

文化网络是传播消息的非正式渠道，管理者不应该避免牵连进去，而是灵活地掌握它，充分认识到它的重要性。组织通过开发文化网络，可以加强管理者与组织成员的联系，培育一大批向组织揭露各阶层事态的人，形象地灌输组织的价值观，巩固组织的基本信念，提高英雄的象征性价值，扩大人际交流，增强友谊和内部凝聚力。

四、组织文化价值观

1. 组织文化价值观的定义

组织文化价值观指的是组织在运行过程中推崇的基本信念和奉行的原则，是为组织多数成员所共有的关于组织意义的终极判断，是组织文化的核心或基石。对于任何一个组织而言，只有当组织内部成员的个人价值观趋同时，整个组织的文化价值观才可能形成。与个人价值观主导人的行为一样，组织所信奉与推崇的价值观，是组织日常运行与管理行为的内在依据。无数例子证明，组织文化价值观建设的成败，决定着组织的生死存亡，因而成功的组织都很注重组织文化价值观的建设，并要求员工自觉推崇与传播本组织的价值观。为了让组织成员了解组织文化的价值观，价值观应该用具体的语言表示出来，而不应该用抽象难懂、过于一般化的语言来表示。例如，海尔公司将其价值观表示为“真诚到永远”；IBM 提出“最佳服务精神”，把为顾客提供世界上第一流的服务作为其最高的价值信念，等等。同时，不同的组织文化，其价值观最好使用不同的语言来表示，以避免雷同。要做到这点虽然很难，但应努力去做，使价值观的表示能够反映一个组织的基本特征，能够把一个组织的对内对外态度和另一个组织区别开来。

2. 组织文化价值观的作用及其表现

(1) 组织文化价值观为组织的生存与发展确立了精神支柱。价值观是组织领导者与员工据以判断事物的标准，一经确立并成为全体成员的共识，就会产生长期的稳定性，甚至成为几代人共同信奉的信念，对组织具有持久的精神支撑力。当个体的价值观与组织文化价值观一致时，员工就会把为组织工作看做是为自己的理想奋斗。组织在发展过程中总要遭遇顺境和坎坷，一个组织如果能使其价值观为全体员工所接受，并以之为自豪，那么组织就具有了克服各种困难的强大的精神支柱。

(2) 组织文化价值观决定了组织的基本特性。在不同的社会条件或时期，存在一种被人们普遍接受的最根本、最重要的价值，并以此作为价值判断的基础，其他价值可以通过一定的标准和方法“折算”成这种价值。这种价值被称为“本位价值”。组织作为独立的经济实体和文化共同体，在其内部必然会形成具有本组织特点的本位价值观。这种本位价值观决定着组织的个性，规定着组织的发展方向。例如，一个把利润作为本位价值观的组织，当利润与创新、信誉发生矛盾和冲突时，它会很自然地选择前者，使创新和信誉服从于利润的需要。

(3) 组织文化价值观对组织及其员工行为起到导向和规范作用。组织文化价值观是组织中占主导地位的管理意识，能够规范组织领导者及组织成员的行为，使组织成员很容易在具体问题上达成共识，从而大大节省了组织的运营成本，提高了组织的经营效率。组织文化价值观对组织和组织成员行为的导向和规范作用，不是通过制度、规章等硬性管理手段实现的，而是通过群体氛围和共同意识引导来实现的。

(4) 组织文化价值观能产生凝聚力，激励员工释放潜能。组织的活力是组织整体力(合力)作用的结果。组织合力越强，所引发的活力越强。

特雷斯·迪尔和阿伦·肯尼迪指出：对拥有共同价值观的那些组织来说，共同价值观决定了组织的基本特征，使其与众不同。同样，这些共同价值观创造出组织员工的实质意义，使他们感受与众不同。更重要的是，这样的价值观不仅在高级管理者的心目中，而且在组织绝大多数人的心目中，成为一种实实在在的东西。它是整个组织文化系统，乃至整个组织经营运作、调节、控制与实施日常操作的文化内核，是组织生存的基础，也是组织追求成功的精神动力。

3. 组织文化价值观与英雄人物

一个组织的英雄人物是组织为了宣传和贯彻自己的价值系统而为组织员工树立的可以直接仿效和学习的榜样。英雄人物是组织文化价值观的人格化体现，更是组织形象的象征。许多优秀的组织都十分重视树立能体现组织文化价值观的英雄模范人物，通过这些英雄人物向其他组织成员宣传组织提倡和鼓励的东西。

现代社会心理学的研究证明,任何人都有在群体中出人头地的愿望。组织能够利用员工的这一心理,促进他们将强烈愿望转化为具体的行为过程,是组织创造文化的一个根本条件。在这一过程中,可借助榜样的力量,使组织成员认识到英雄人物同自己一样,也是平凡的人,他们能成功,别人也一样能,因此,英雄人物应平实。

通常,英雄有两种类型。第一类是和组织一起诞生的"共生英雄",也叫创业式英雄,指创办组织的英雄。共生英雄在数量上很少,多数是组织的缔造者。他们往往有一段艰难的经历,但面临困难仍然有抱负、有理想,并终于把组织办起来了。所以,又被称为"幻想英雄"。这类英雄的特征是:有正确的追求。这种正确的追求,或者是一种新的产品,或者是一种新的工作方法,或者是追求一种具有特殊性的组织。追求什么就得到什么,总是获得成功;有执著的、不达目的不罢休的韧劲;具有使组织不断成功的个人责任感;具有"通过善待雇员、向雇员灌输一种持久的价值观来使组织强大"的信念;在这种信念驱使下所做的工作,使得共生英雄能持续影响好几代人,英雄已逝而价值观依然存在。正是这个特征,把共生英雄和其他管理者区别开来了。

第二种类型的英雄,是组织在特定环境中精心塑造出来的,被称为"情势英雄"。共生英雄对组织的影响是长期的、富于哲理的,可为全体组织成员照亮征途,而情势英雄对组织的影响则是短期的(多则几年、少则几月甚至几天)、具体的,只以日常工作中的成功事例来鼓舞组织成员。组织精心塑造出来的情势英雄又可以分为以下几种:

① 出格式英雄。这些人行为古怪,常常故意违反文化准则,但他们聪明过人,有独特的见解,工作能力较强。"出格"人物在强文化组织中具有很高的价值,能够使得组织不断向前发展。知道了这一点,组织的领导者通常会把他们放在具有创造性的工作岗位上,或委派他们担任研究开发部主管。

② 引导式英雄。这是高级管理人员为了有力地推行经营改革,通过物色合适对象而树立起来的英雄。例如,美国电话电报公司原来是一个没有竞争对手、接受政府管理的实体,其榜样人物是能够迅速装好电话并保证质量的人。后来,该组织不再受政府管理,而是直接参与市场竞争,因此面临经营改革。于是,美国电话电报公司聘请 IBM 公司从前的一位管理人员麦吉尔担任市场经营的副总裁。麦吉尔从小就习惯于竞争环境,善于识别和适应市场的各种特征,符合改革需要,因此他就是引导式英雄。

③ 固执式英雄。这是坚忍不拔、锲而不舍、不达目的不罢休的人物。例如,3M 公司一位职员试制新产品一年而未成功,结果被解雇;但他并没有因此而离

开公司，而是不取报酬继续试制，最后终于试制成功，而被组织晋升为副总裁，并被尊为固执式英雄，还为该组织铸造了一条"做你所信奉的事"的价值观。

④ 圣牛式英雄。这是忠于职守、坚持传统、乐于奉献的人物。例如，某制造大型精密仪器公司的一位工程师，为了检查一台声音不太正常的机器而把耳朵贴近机器，结果机器爆炸，烧煳了他的半个脸。他并没有因此而沮丧或难过，而是自豪地向人展示那破了相的脸。他就是一位圣牛式英雄，他的奉献精神使人们不仅不觉得他那张脸可怕，反而为此而尊敬他。

五、组织文化的变革与发展

组织的相对稳定有助于组织成员履行其职责与义务，但组织更是一个动态开放的系统，其内部构成要素和外部环境的变化，都会对其产生影响。组织只有适应这些变化，才能使自己得以生存与发展。

（一）组织文化的变革

1. 组织文化变革的模式

组织文化变革并没有固定的模式，但是杰克林·谢瑞顿（Jacalyn Sherriton）和詹姆斯·斯特恩（James L. Stern）合著的《企业文化：排除企业成功的潜在障碍》一书所提出的一套"企业文化变革模式"，被大量的企业和其他组织成功地运用于制定和实施组织文化的变革之中，改进了人们领导和管理组织文化的艺术，值得我们学习借鉴（见图 10-5）。

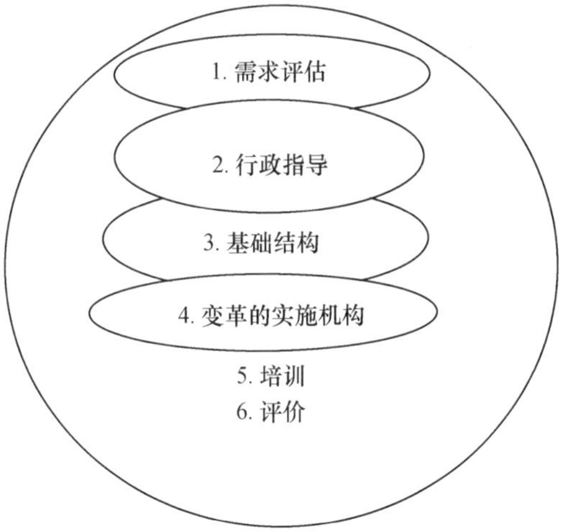

图 10-5　组织文化变革的模式

（1）需求评估。需求评估是一个信息收集和分析的过程，其结果是对个体、机构、共同体或社会需求的确定。通过收集数据，分析测定组织文化的现状和向往状态之间的差距，评估鉴定组织文化变革的需求和目标。

（2）行政指导。组织的管理者必须在组织文化变革的目标、方向、理由和路径等方面对组织成员进行行政指导，与组织文化的变革保持步调一致，这是组织文化变革的原动力之一。

（3）基础结构。组织文化变革的基础结构是由选拔制度、管理制度、成果认定制度等保证组织正常运转的制度和过程所构成的。一个有利的基础结构对文化变革的成功至关重要，所以应当把组织的各项制度向着有利于确立新的组织文化的方向加以调整。

（4）变革的实施机构。为保证组织文化变革的顺利实施，需要建立变革过渡时期的临时性组织——变革的实施机构，以处理那些需要特别关注的基础结构部分中的问题，帮助实施组织文化变革，其成员还负担着组织文化变革使者的基本职责。

（5）培训。培训是任何组织文化变革的基础之一，通过培训教育组织成员才能较好地认识和否定旧文化弊端，认同和拥护新文化。

（6）评价。组织文化变革需要测定和评估变革的预期成果，需要能反映出组织文化变革的内在原因和成效。评价既是衡量组织文化变革成果的一种手段，又是对其进行干预的一种手段。

2．组织文化变革的方法

组织文化变革常常用到以下方式：改变管理者和组织者所注意的东西；改变把握和处理危机的方式；改变招募和甄选组织新成员的标准；改变组织内部提升的标准；改变报酬分配和奖励的标准；改变组织的礼仪、庆典等。

此外，成功的组织文化变革还需要把握以下要点：了解旧文化，确定创造新文化的起点和目标；发展、支持员工和团队较好的文化思想和变革的愿望；发掘组织中最有效的次级文化，并把其树为样板；不要把抨击文化放在首位，而是重在找出恰当的方法，帮助员工和团队更有效地做好工作。组织文化变革要有耐心，重大的组织文化变革可能需要5—10年的时间才能最终完成；把新的文化观点作为变化的制度原则，要坚持不懈地实践和巩固变革后的新文化。

3．组织文化变革的阻力源

（1）个人层面。不同的人对待组织文化变革的态度不同。那些敢于接受挑战，乐于创新，具有全局观念，有较强适应能力的人，通常变革的意识较为强烈。而那些有强烈成就欲望的人，或是因循守旧、心胸狭窄、崇尚稳定的人，对变革的容忍度较低，变革的抵触情绪较大。一些依赖性较强，没有主见的员工，常常在变革中不知所措而依附于组织中群体的态度倾向。除此之外，由于变革会打破现状，破坏已有的均衡，因此必然会损害一部分人的既得利益，这类人常常是组织变革的最大抵触者。个人层面的阻力主要是来源于员工的个性心理和经济利益的驱使，变革阻力的力度较小，但却是构成组织文化变革阻力的基本单元。

(2) 组织层面。在组织层面上产生变革阻力的因素有很多，既包括组织结构、规章制度等显性阻力，还包括组织文化、氛围、员工的工作习惯等隐性阻力。由于组织变革会对组织内部各部门、各个群体的利益进行重新分配，那些原本在组织中权利较大、地位较高的部门和群体必然会将变革视为一种威胁。对某些部门、某些层次予以合并、撤减，以及重新进行权责界定时，一些处于不利地位的部门和层次就会反对变革。相对组织内的显性阻力而言，组织内的隐性阻力更加隐蔽，而且一时间难以克服。

4. 消除组织文化变革的阻力

(1) 加强与员工的沟通，让员工明白变革的意义。在变革实施之前，组织的决策者应该营造一种危机感，让员工认识到变革的紧迫，让他们了解变革对组织、对自己的好处，并适时地提供有关变革的信息，澄清变革的各种谣言，为变革营造良好的氛围。在变革的实施过程中，要让员工理解组织文化变革的实施方案，并且要尽可能地听取员工的意见和建议，让员工参与到组织文化变革中来。与此同时，组织还应该时刻关注员工的心理变化，及时与员工进行交流，在适当的时候可以做出某种承诺，以消除员工的心理顾虑。

(2) 适当地运用激励手段。在组织文化变革的过程中适当地运用激励手段，将达到意想不到的效果。一方面，组织可以在实施变革的过程中，提高员工的工资和福利待遇，使员工感受到变革的好处和希望。另一方面，组织可以对一些员工予以重用，以稳住关键员工，消除他们的顾虑，使他们安心地为组织工作。

(3) 培植组织的精神领袖。在组织文化变革的过程中，拥有一位强力型的领导者，相对而言，变革的阻力就会很小。组织的精神领袖通常具有卓越的人格魅力和非常优秀的工作业绩，在组织文化变革的过程中消除变革的阻力能起到立竿见影的效果。

(二) 组织文化的发展阶段与层次

1. 组织文化的形成阶段

组织文化的发展是一个长期的过程，一般来说，组织文化的形成可分为以下三个阶段。

（1）创新阶段。这一阶段的组织文化，主要是组织的创始者对组织的形成和运转的一些基本构想。组织结构、对组织成员的要求、最终目标、组织的政策及策略等，在这一时期都有了基本的雏形。

（2）群体认同阶段。这一时期是组织成员对已有组织文化的构思进行认同的过程。这个过程包括群体对已有文化的认知和接受，最终取得一种共识。

（3）共同价值观的形成。当组织规模进一步扩大后，创始者的这种共同价值观被越来越多的组织成员所接受和认同，形成确定的行为模式，并作为本组织与其他组织相区别的明显标志。组织文化在这一时期进入成熟和稳定时期。

2. 组织文化发展经历的层次

组织文化的发展同样也是一个制度化和物化的过程，它在不同的发展阶段有不同的内容，在不同层次也有不同的特征。一般来说，组织文化的发展经历以下三个层次：

（1）初级阶段：基本假设阶段。这一时期，人们对于构思组织文化并没有十足的把握，很多方面也并未认识到，很难认定哪些因素能够构成组织文化。这一阶段的构思包括组织成员与组织环境的关系、关于人性的基本假设、关于某些活动的本质等等。

（2）中级阶段：基本价值的认同阶段。这一时期，组织成员基本上就组织文化达成了共识，并认识到这种共识的价值。人们可以识别这种文化，但还没有形成共同价值观和确定的行为模式。

（3）高级阶段：实物与创作阶段。在这一时期，组织文化中许多观念性的东西已经被物化，成为可视听之物，诸如某种技术、艺术表现形式及明显的行为模式等。但是，对这种文化形式很难加以高度的概括和总结，需要专门的人员去解释。

组织文化在一定层次上是与组织社会化联系在一起的。“社会化”一词是指社会把必要的社会技能和知识传递给年轻成员的过程，组织社会化一词含有相似的含义，即组织的资深成员把完成任务和承担角色所必需的知识、技能以及价值观、行为规范传递给新员工的过程。通过社会化，组织将新员工带入自身文化的系统之中，使个体学习到与组织文化相关的态度、信仰和价值观。从组织的角度看，组织文化就好像是给每个员工贴上组织的指纹，或给他们打上自己的遗传密码。从员工的角度看，组织社会化是一个学习规则的过程，是其在组织中生存和迈向成功的必要过程。

本章框架图

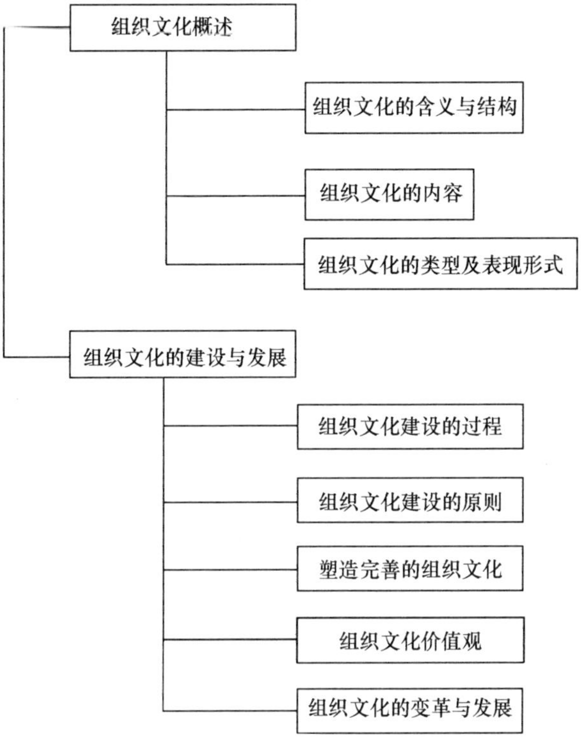

本章思考题

1. 简述组织文化的含义、内容、类型及表现形式。
2. 简述组织文化的结构。
3. 组织文化的功能有哪些？
4. 组织文化建设的原则是什么？
5. 如何消除组织文化变革的阻力？

推广阅读

微软的智力题——启发学习者的创造性思维

这是一道来自微软的智力题，据说此题曾被用来测试来应聘微软公司高级人才的人。这道题是这样的：有两间房，一间房里有三盏灯，另一间房有控制这三盏灯的三个开关（这两间房是分割开的，毫无联系）。现在你要分别进入这两个房间一次，然后判断出这三盏灯分别是由哪个开关控制的。你能想出办法吗？（注意：每间房只能进一次）。你认为解决这个问题的关键在哪里？

第十一章　组织变革与发展

本章学习目标

1. 了解组织变革的概念
2. 掌握组织变革的动力与阻力
3. 了解组织变革的模式
4. 了解组织发展的概念
5. 掌握组织发展的内容

第一节　组织变革

一、组织变革的定义

组织变革是指组织根据外部环境和内部情况的变化，及时调整并完善自身结构和功能，以适应客观发展的需要。

现代组织理论认为，组织是一个开放的、复杂的、权变的系统，这种系统处在一个与多重环境、内部子系统发生动态的相互作用的过程中。在这样一个复杂多变的背景中，组织要想生存和发展，就必须不断地变革，调整自身的结构和功能，以提高其生存的适应能力。

一般来说，组织变革是一项被认为不那么紧迫的任务，因为有时候即使组织结构不改变，组织仿佛也能运转下去，可是如果等到组织无法运转时再进行组织结构的变革就为时已晚。这是因为组织在运营过程中或多或少会存在一些问题，只是在大多情况下，由于组织内部在某些方面拥有的优势或是环境中存在着明显有利于组织的机会，使得这些问题并没有暴露出来。然而，一旦失去以前的优势或外部环境发生改变时，组织就会陷入严重的困境。因此，组织的管理者必须抓住变革的征兆，及时进行组织变革。

西方组织管理学家希斯科(H. L. Sisk)对组织变革的征兆作了深入的研究，认为当组织内部出现下列情况之一时，就表明该组织需要变革：第一，决策的形成过于缓慢或时常做出错误的决策，以致常常坐失良机；第二，意见沟通不良，造成不能及时协调人事纠纷等严重后果；第三，组织的主要功能已无效率或得不到正常发挥，如企业生产计划不能如期完成，生产成本过高，产品质量低劣，销售下降，技术革新和新产品上市失败，职工工作绩效下降等；第四，组织缺少创新，在产品发展上没有新观念，在组织机能的执行上没有新方法，致使组织停滞不前。

二、组织变革的动力

组织变革是多因素综合作用的结果，组织变革的动力可以分为外在动力和内在动力两个方面。

1. 组织变革的外在动力

组织变革的外在动力主要包括政治、经济、科学技术、市场竞争等因素。

(1) 政治因素。任何组织的内部变革都会受到社会政治因素的影响。例如，政权易位、政治体制变动、政治局势的动荡和稳定、民主与法制的健全与否、方针政策的改动、社会风气的转变等，都会吸引或迫使组织做出相应的变革。通常，社会进步、政治形势稳定和良好的社会风尚，会促进组织变革的健康发展。

(2) 经济因素。社会经济发展推动组织变革体现在以下几方面：第一，生产力水平的提高、劳动生产条件与物质条件的改善，会带来生产方式的改变，从而推动组织变革。第二，社会经济结构的改变、经济体制改革将直接推动组织专业方向和组织机构的改革与发展。第三，市场形势的变化，包括销售、原材料、劳动力、资金等市场的活跃与疲软，会给各类组织尤其是企业组织带来极强的竞争压力。这种市场压力迫使组织做出调整产品、改造工艺、改变人员构成、改革组织内部管理体制等相应的变革，以争取在市场竞争中获胜。第四，社会经济发展会影响教育、文化、科技以及人们思想观念的变化，这些变化都会促进组织变革和发展。

(3) 科学技术因素。第二次世界大战以后，科学技术的发展突飞猛进，从多方面大大地推动了组织变革。第一,计算机的应用,使组织的生产活动和管理活动得以实现信息化、程序化、网络化和精确化,极大地提高了组织的功能。第二,新材料、新技术、新工艺的应用,使许多劳动密集型生产组织向知识密集的高科技产业转化。第三,机器设备的更新,推动了劳动组织、质量管理、人力资源配置方式的改变。第四,现代管理技术和方法的使用,促使管理职能多目标化和管理人员能力的综合化发展,因此推动了组织内部社会心理系统的变革。第五,随着信息技术的发展,组织内外沟通日益重要,信息管理职能大大加强,组织系统变得更加开放。

(4) 市场竞争因素。全球化经济形成新的伙伴关系、战略联盟和竞争格局,迫使企业改变原有经营与竞争方式。与此同时,国内市场竞争也日趋激烈,劳务市场正在发生深刻的变化,使得企业为提高竞争能力而加快重组步伐,展开大量裁员和并购,管理人才日益成为竞争的焦点。

2. 组织变革的内在动力

组织变革的内部动力是指在组织内部起作用并在组织管理者控制范围之内推动组织变革的力量,主要包括结构因素、管理系统因素、社会心理因素三个方面。

(1) 组织结构因素。在组织内部系统中,组织结构系统是整个组织的骨架,它直接制约和影响着组织技术系统和社会心理系统的和谐。组织结构变革主要包括以下内容:重新划分部门,使组织的系统分支进行重新组合,如合并科室为职能部等;创造新的组织结构形式,如组建股份公司、集团等;组织内部临时机构的变化,如特别委员会、任务小组的建立与撤销;非正式组织的变化等。这些组织内部结构的变动,都将为整个组织变革提供动力。

(2) 管理系统的因素。管理系统是协调、制约组织内部技术系统、结构系统和社会心理系统运动状态的。因此,管理决策方式与程序的改变,管理规划(计划)的变动,指挥、协调和控制方式与手段的变更,领导权限的集中与分散,员工参与的程度,人员自主管理范围的大小以及领导人的更换等等,都会形成组织变革的动力源。

(3) 社会心理因素。组织变革的动力还经常来源于社会心理系统,组织变革目标的实现,在很大程度上依赖于人的因素。每个员工观念的变化,工作态度、动机、机能的变化,组织内部群体动力状态、人际关系、信息交流与意见沟通的变化,团体的内聚力与士气的高低等,都对组织变革与发展产生重要的影响。当改革已成为“大势所趋、人心所向”之时,组织变革必然会成为不可阻挡的趋势。但是,如果组织变革仅仅停留在少数人的决心上,得不到广大员工的支持,缺乏必要的社会心理气氛,强制推行的变革是很难成功的。

三、组织变革的阻力

组织变革常常遇到来自各个方面的抵制和反对。组织变革阻力产生的原因在于人们害怕变革的风险,认为变革不符合组织的最佳利益或是害怕变革给自己的利益带来冲击。组织变革的阻力主要来自个体和组织两个方面。

1. 个体阻力

(1) 习惯。人们每天必须做出许多决策,但不必对这些决策的所有备选方案一一考察。为了应付这种复杂性,人们往往依赖于习惯和模式化的反应,这样可以减少许多努力和失败的风险。如果要进行变革,以惯常方式做出反应的趋向会成为阻力源。

(2) 不确定感。因为无法预计变革可能给自己未来带来的影响而对变革进行抵制。比如对新的管理制度的担心,对自己能否适应新的要求的担心,等等。

(3) 害怕失去某种既得利益。在变革过程中,人们担心自己不能适应新的工作岗位和新的工作规范,尤其当利益与变革息息相关时,人们产生了恐慌的心理而对变革进行抵制。如组织机构的变革和技术变革对管理人员和一线工人的影响。

(4) 缺乏了解和信任。由于对变革的理解不同,以及缺乏对变革重要性的认识,使得人们对变革的必要性或对变革的真正目的有所怀疑而对变革进行抵制。例如,当管理者需要改革旧的评价体系,建立新的评价机制时,往往会遭到一些员工的抵制,因为他们认为这是管理者在有意刁难他们,或是管理者要增加他们的工作量,或是打算通过采用新的评价机制而将自己开除出局。

2. 组织阻力

组织就其本质来说是保守的。大多数组织不想放弃自己已经熟悉的领域或利益。抵制变革的组织因素主要有以下几方面:

(1) 组织的结构。组织有其固定机制保持其稳定性。如组织制度的规范化,工作说明书、规章制度和员工遵从的程度。在面临变革时,结构惯性就充当起变革的反作用力。

(2) 组织文化的影响。一个组织不是简单的个体组合,组织的功能与成员的共同标准、工作态度、经营目标、行为规范和领导者的胜任特征有着直接的关系。组织要维持平衡,就必须保持共同的行为。所以,当组织准备变革时,组织原有的文化就会在一定程度上阻碍这种变革。

(3) 对专业知识的威胁。组织中的变革可能会威胁到专业群体的专业技术知识。

(4) 对已有权力关系的威胁。任何决策权力的重新分配都会威胁到组织长期以来形成的权力关系。在组织中引入参与决策或自我管理的工作团队的做法,就经常被基层主管和中层主管认为是一种威胁。

(5) 对已有资源分配的威胁。组织中控制一定数量资源的群体常常视变革为威胁,他们倾向于维持组织的原有状态。那些最能从现有资源分配中获利的群体,常常会对可能影响未来资源分配的变革感到忧虑。

3. 降低组织变革阻力的策略

由于组织变革时可能会受到来自个人和组织的双重阻力而产生各种各样的抵制,管理者可以采取以下几种措施予以克服:

(1) 合理安排组织变革的进程。任何组织的变革都是一个过程,都需要一定的时间来完成,因此合理安排组织变革的进程就非常重要。组织变革是一个系统工程,涉及组织的方方面面。有时候,新的组织结构和组织形式容易建立,但与这种新系统相配套的人和社会心理系统却难以建立,所以,组织变革需要充分的时间,必须合理安排其进程。

(2) 沟通。在变革之前或变革的前期与员工们进行充分沟通,让他们对变革的目的、内容、过程、方式等有所了解,并澄清他们对变革的一些错误认识,就可以在很大程度上减少其对变革的抵制。沟通可以通过个别会谈、备忘录、小组讨论或报告会等形式进行。国际造纸公司在采取自主工作小组方式之前,用了 3 个月的时间对员工进行宣传教育,解释变革的目的和实施步骤,以及不变革的危害。虽然该公司的变革彻底改变了组织机构和权利体系,但由于事先沟通充分而使变革中遇到的抵制大大减少,变革进行得相当顺利。

(3) 参与。不少研究组织变革的学者都认为,如果能让与变革有关的人员或将持反对意见的人吸收到决策过程中来,他们就不容易形成阻力。这样可以使这部分员工充分认识到变革的必要性,并主动加入到变革中,利用自己的专长为决策做出有利的贡献。

(4) 谈判。通过与变革影响到的人进行协商,以某种有价值的东西来换取阻力的减低。这种方法通常是预计到组织中的一些重要人物、工作小组或部门有可能会对变革进行强烈抵制时,而与他们进行正式谈判以取得他们对变革的认同或参与。例如,福特公司就曾以"特别利润分享制"来换取自动生产线上工人对工艺及报酬方面变革的支持。

(5) 压制。当变革势在必行,而上述方法又不奏效时,管理当局不得不直接对抵制者使用威胁力和控制力来强迫实施变革。例如,改换工种、开除、改变薪酬、不给予提升机会等,都是强迫他人接受变革的方式。

(6) 引入变革代言人。变革代言人即通常所谓的咨询顾问。在变革的过程中,一些员工认为变革的动机带有主观性质,他们认为变革是为了当局者能更好地谋取私利。还有一些员工认为变革发动者的能力有限,不能有效地实施变革。而引入变革代言人就能很好地解决上述问题。一方面,咨询顾问通常都是由一些外部专家所组成,他们的知识和能力不容置疑。另一方面,由于变革代言人来自第三方,通常能较为客观地认识组织所面临的问题,较为正确地找到解决的办法。

四、组织变革的模式

西方理论家认为,组织发展是一个无休止的过程,解决了一个问题,又会引起另一个问题。国外许多学者对组织变革的过程和程序进行了大量的研究,提出了多种组织变革模式,下面分别进行介绍。

1. 组织变革的系统模式

组织变革的系统模式是运用系统的方法,以分析组织结构的构成要素为基础,深入分析各个要素之间的关系以及组织功能的发挥和变化。美国学者哈罗德·莱维特认为,组织变革由以下四个变量构成:

(1) 结构。结构是指组织的权力责任分配、管理层次和幅度、组织信息的沟通、工作流程等。

(2) 任务。任务是指组织的使命和目的,组织任务之间存在一定的上下或平行的结构关系。

(3) 技术。技术是指任何组织完成任务所运用的方法和手段。

(4) 人力。人力是组织的基本要素、组织活力的根本,是组织完成任务、达到目的的各种人力资源。

这四个变量在组织中的关系是互相依存、缺一不可的,任何一个变量的变动都会导致其他变量的变化。同样,我们在进行组织变革的时候,必须既要抓住切入点,又要调整各个因素之间的关系,在一个整体中完成变革的任务。在变革中,可以从以下几个方面入手:改变组织的工作任务;改变组织的结构;改变人的态度和价值观、人的行为和组织成员之间的沟通状况;改变完成任务的机制和技术,等等。

美国学者黑尔里格尔(D. Hellriegal)对这个系统模型进行了扩充,把组织系统的主要因素扩大为六个:人员、文化、任务、技术、设计和战略。六个变量相互依赖,任何一个变量的改变都可能导致其他一个或多个变量的改变。例如,组织战略设计的改变可能决定了组织设计中新的结构形式的变化以及组织技术的更新,反过来,它又会导致人员结构的变化,而这些又将改变组织任务的性质。以上变革还会带来组织文化的变革时,可以从六个环节中选准一个变革点,同时辅助性地兼以其他要素的变革,从而系统地推动组织变革的完成。

美国组织行为学家杜布林将组织变革的系统模式分为三个部分:输入部分、中介变量、输出部分。输入部分是内外环境对组织的变革压力,它迫使组织进行改革,主要表现为环境、目标、价值观、技术、结构、社会心理因素和管理等。中介变量是指促使输入部分对组织结构的影响得以发生的机制,主要有组织的结构、人员的态度和动机、领导方式和上级主管部门等。输出是组织变革的后果,包括有利、中性和不利的后果。

2. 组织变革的过程模式

组织变革的过程模式是根据组织变革的时间线索,着重分析组织变革之前、之间、之后的变动形式,把握组织变革的动态过程。

著名社会心理学家库尔特·勒温从探讨组织变革中组织成员的态度出发,对组织变革提出了"解冻、变革、再冻结"三个阶段所组成的阶段性变革模式。他认为,成功的组织变革应当首先对组织现状予以解冻,然后对组织实施变革,移动到新的组织状态,最后对变革后的组织状态予以再冻结,使之长久保持。

解冻是指激发变革的动机,即刺激人们改变习惯和传统,接受新的观念。解冻首先要求否定员工的既有态度和行为,使他们认识到维持现状的不利后果。其次要向员工说明组织的现状和问题,分析问题的症结所在,取得员工对变革的同情与支持,并产生变革的欲望。此外,还要通过减少变革的障碍或取消对失败的恐惧来创造一种心理上的安全感,坚定组织成员变革的信心。解冻的主要方式有三种:增强推动力,即增强使行为脱离现状的力量;减弱制约力,即减弱妨碍行为脱离现有平衡状态的力量;以上两种方式的结合。

变革是指在接受新的观念和更新认识的基础上形成新的态度和行为。它主要是通过认同和内化的方式来实现的。认同是组织成员根据提供的态度和行为的新模式,不断地对照自己,模仿新的模式,修正旧的模式。内化是组织成员用心去解决问题和学会如何与这些问题相处的一种方法。组织成员在反复的实践中,将所学到的态度和行为转化为自己在解决问题时所采取的态度和行为,内化到个人的品德之中。

再冻结是利用一定的强化方法,使被员工接受和完全融入员工品德的态度和行为长久地保持下去。一项组织变革的真正成功不仅需要解冻和变革环节,去打破旧的均衡从而创造新的均衡状态,而且需要再冻结的环节,以保证长时间维持新的均衡状态。否则,员工会因为惰性和惯性等多种因素试图重新回到以前的平衡状态,从而导致变革的失败。因此,再冻结阶段必须利用强化来巩固已经形成的新的态度和行为。经过一定时间的强化之后,组织成员就会适应和维持新的组织平衡状态。这时,管理就可以按照变革的目标来运行了。

美国管理学者卡斯特从探讨解决问题的角度出发,将组织变革的过程归纳为六个步骤:

(1) 回顾与反省。对组织的历史情况进行回顾和反省,对当前内外环境的状况进行调查研究。

(2) 发觉问题。即通过回顾、反省、调查研究,发现组织内外存在的问题,并认识到组织变革的必要性。

(3) 分析问题。分析问题实际上是发现现状与目标之间的差距,这个目标既可能是先前定的,也可能是当前设计的。同时还要找出问题的症结所在,包括问题的起因、特征、与环境的关联性以及影响。

(4) 找出解决问题的方案。从多个角度设计解决问题的方案,并对各个方案进行评估、选优,确定最佳的执行方案。

(5) 实行变革,调动各种资源,包括人力、物力、财力,将变革方案一步步推行下去。

(6) 评估变革效果并做出反馈。在完成变革计划之后或者在进行变革中间分阶段地进行效果评估,找出成效,发现问题,及时反馈给计划制订部门,并帮助执行部门调整方案,改进策略。

美国管理心理学家夏恩认为,组织变革实际上是一个组织不断适应环境和内部条件变化的应变循环过程。每一个应变循环都包含六个具体步骤,每一个循环的结束就意味着另一个循环的开始。

(1) 洞察内外环境变化。即发现组织内部环境和外部环境出现的主要变化,以及它们给组织造成的压力,明确组织如何适应这些变化,应该做出什么改革。

(2) 输入变化信息。研究变革问题,即向组织中的相关部门输送内外环境变化的信息,并分析这些信息对组织的意义,研究应变方案和措施。

(3) 采取变革行为。根据获取的信息确立变革的方案,改变组织的结构和功能,改变组织的产品输出形式。

(4) 稳定变革措施。减少或控制因变革而引起的各种负效应,消除干扰,扫清道路,使计划顺利进行下去。

(5) 输出变革成果。向环境输出经过变革的、符合环境要求的、更有适应性的产品和服务。

(6) 洞察新变化,发现新问题。通过输出新产品和新服务,进一步了解外部环境的状况和内部条件的一体化程度,从而获得应变效果的反馈,为下一步变革做准备。

美国心理学家凯利认为,组织的变革过程包括三个阶段:诊断、执行和评估。这三个阶段又由九个具体步骤组成(见图 11-1)。

(1) 诊断。顾名思义,诊断即调查出组织当前所面临的问题,找到问题的"病灶"所在,发现原因,对症下药。

(2) 执行。进行组织决策,组织力量制定解决方案,拟订变革计划,并准备采取行动。

(3) 评估。对变革的绩效进行评议和估价,找出执行中的偏差,及时反馈给计划部门,强化或修正组织变革的行动。

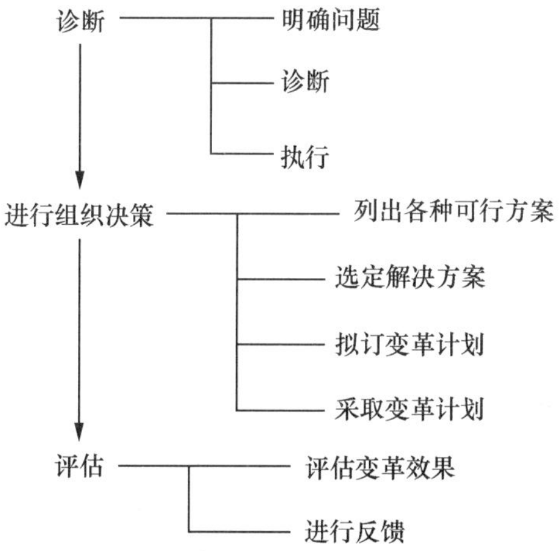

图 11-1　凯利的组织变革模式

这个模型中特别要注意,在对组织进行诊断时,要认清两个关键因素。首先,组织行为是多个相互作用的力量的产物;其次,诊断得到的信息往往只代表了问题的表面而非本质。

3. 组织变革的成长模式

组织的成长模式也是组织变革的一种模式,它是从组织的成长与发展的角度来研究组织变革的过程。这种模式与过程模式相区别的地方主要在于它是从组织由小到大、从年轻到成熟的整体生长过程来研究组织变革的规律性。

罗伯特·奎因(Robert E. Quinn)、凯姆·卡梅伦(Kim Cameron)和拉丽·格雷纳(Larry E. Grener)分别于1983年和1972年在《管理科学》和《哈佛商业评论》杂志上提出了组织发展四阶段理论。这四个阶段是:创业阶段、集体化阶段、规范化阶段和精细阶段。

该理论认为,任何组织都要经过从小到大不断成熟的四个相对平衡的时期,每个时期都会遇到特定的危机,但组织会自觉地寻找产生危机的原因,并想办法克服它,从而以这个危机的克服为新的开端,迈向更高一级的阶段。

(1) 创业阶段。组织刚刚产生,要向市场提供有效的产品和服务以求生存。组织非常脆弱,组织结构是高度非规范化和非官僚化的。组织核心成员的创造性是组织的成长动力。随着组织的成长,组织成员的数量会快速地扩增,组织结构必须调整。处于这个阶段的组织会遇到领导的危机。这时,需要有一个富于创造性和协调能力的领导核心。领导能力的增强就可能把组织推向第二阶段。

(2) 集体化阶段。在这一阶段组织提出明确的目标和方向。组织部门也随着权力等级、工作分配而建立,组织成员之间的关系开始出现等级化,命令成为组织成员完成任务的动力。这一阶段组织会遇到需要委派代表控制的危机。新的管理阶层的成功会使下层员工感到“自上而下”领导机制的约束,低层级的管理者在他们的作用范围内获得自信,并希望有更大自主权。但是高层管理人员因得力的领导使他们不愿意放弃其职责时,就会发生自主权危机。高层管理者希望使组织的所有组成部分都协调和联系在一起,而组织则需要寻找一种机制去控制和协调各部门而不直接受高层的监督。

(3) 规范化阶段。在这一阶段,组织建立了一整套规章制度和控制系统,管理更规范。规范化阶段中,高层管理者主要负责战略与协调工作,中层管理者负责组织的生产和服务工作,一个新的中层职能技术人员开始形成较大的影响,组织进入职责明确、分工明晰的阶段。这一阶段组织面临的重要危机是官僚危机。规范化的组织形式稳定了组织的结构,明确了组织的职能,但是组织机构的扩张造成了严重的官僚习气,组织僵化,人浮于事,压制了组织的创新和发展。

(4) 精细化阶段。进入这一阶段,组织细分出许多部门,公司实行跨部门合作,团队意识和合作精神开始形成。精细化阶段也存在危机,即不断更新的危机。组织都有一定的生命周期,当组织达到成熟后,就可能走向衰弱。组织必须不断提高、创新,寻求企业家资源,以避免10年或20年的周期性衰亡危机。

第二节　组 织 发 展

一、什么是组织发展

组织发展是根据组织内外环境的变化，运用管理科学和行为科学知识，有计划地改善和更新组织的过程。它是在组织理论指导下，着重改善和更新人的行为方式、人际关系、组织结构及组织管理方式，从而达到提高组织生命力和效率的目的。

组织发展并不是一项单一的技术，很难作为一个单独的概念来定义，它是建立在人本主义价值观基础之上的有计划变革的干预措施的总和。大多数组织发展活动都以尊重人、信任和支持、权力均等、正视问题和参与为其基本价值观念，重视组织和成员的成长、合作与参与过程以及组织的有效性与员工的幸福。组织发展与其他组织变革方法的区分要点主要为：组织发展寻求创建自我导向的、人们要承担责任的变革；组织发展是一项全系统的组织变革工作，注重群体和组织的过程，而不是任务部分；组织发展同等看待解决当前问题和适应性组织的长期发展问题；组织发展比其他组织变革方法更强调行为研究模式，强调工作群体的协作和有关人员的参与；组织发展的重点有二，组织效率提高和通过工作促进人性实现。

组织发展是近一二十年来组织行为发展起来的新领域。自 20 世纪 60 年代以来，由于社会、经济以及科学技术等因素的变化，美国管理协会、训练与开发协会相继建立了组织发展部门。目前，在美国最大的 500 家公司中，有 60%—89% 的公司雇佣了组织发展的专业人员。

二、组织发展的内容

组织发展的内容包括：以人为中心的组织发展、以任务和技术为中心的组织发展、以组织的结构和战略为中心的组织发展。

以人为中心的组织发展的内容与策略主要有：敏感性训练、方格训练、调查反馈训练、过程咨询、团队建设以及工作生活质量等。以任务和技术为中心的组织发展的内容包括工作设计、社会技术系统、工作特性模型、全面质量管理和再造工程与企业再造等。以组织的结构和战略为中心的组织发展，这两种方法都涉及全面性的组织变革。以结构为重点的方法涉及组织职位、组织间关系以及组织结构的设计，以战略为重点的方法涉及组织的基本使命和目标以及实现目标的战略和设计等。

(一) 以人为中心的组织发展技术

无论是以技术和任务为中心的组织发展,还是以组织的结构和战略为中心的组织发展,都离不开人的重要作用,以人为中心的变革方式是实现其他所有变革的基础。以人为中心的组织发展技术的成功应用,将十分有助于在组织决策、问题识别、问题解决、沟通交流、公共关系等方面提高个体和群体的行动效果,从而改进和完善组织效能。

1. 敏感性训练

敏感训练即"T-组训练",是最常用的实验训练方法之一。这种训练主要是通过群体相互作用的体验,达到对自己、对他人、对群体以及对组织的理解,学会洞察并掌握如何处理这些社会关系的技能。敏感性训练的目标是使主体更明确地意识到自己的行为以及别人如何看待自己,并使受训者对他人的行为更敏感,更理解小组的活动过程。它追求的具体目标包括:提高对他人的移情能力;提高倾听技能;更为真诚坦率;增强对个体差异的承受力;改进冲突处理技巧。

敏感性训练的对象包括个人、群体、组织三个方面。

敏感性训练不同于一般性的知识、理论的训练,它是一种社会敏感性与对人际关系的行为性训练,它有三个最显著的特征:强调此时此地;强调过程,敏感性训练注重"怎么样",而不看重"是什么";强调真实的对人关系。

麻省理工学院的组织心理学家夏恩把敏感性训练的整个过程分为三个阶段:(1) 旧态度解冻阶段。这一阶段发生在训练的最初几天,它将使人们的旧观念渐渐消失。(2) 加强敏感性阶段。这一阶段发生在旧态度改变阶段,通过受训者的相互作用,自由讨论,逐步建立起一种新的团体相互关系。(3) 新态度和行为方式的巩固阶段。

敏感性训练小组的成员一般不超过 15 人。在训练中,成员处在一个自由开放的环境中,讨论他们自己以及他们的相互交往过程,并且有专业的培训师稍加引导。这种小组是过程导向的,也就是说,个人通过观察和参与来学习,而不是别人告诉他学什么,他就学什么。培训师为参与者创造机会,让他们表达自己的观点、看法和态度。培训师并不具有任何领导角色作用。

敏感性训练的具体办法各有所异,针对的问题也不尽相同,但有一个特征是基本不变的:没有议事日程的指导,人们纯朴地相互影响,并收到培训工作者和其他成员对自己行为的反馈,受训者要经过筛选,能承受别人的批评,应谨慎地评选培训工作者并确认他们的才能,培训前要清楚地规定训练应达到的要求和目标。

2. 方格训练

方格训练是从穆顿和布莱克的管理方格理论发展而来的一种组织发展方式,也称为领导风格培训。在穆顿和布莱克的管理方格图中,“9.9”型的领导方式对人和生产都表现出最大的关心,因此这也就成了方格训练的目标。要求组织的领导者能客观地分析组织内外的情况,分析自己的领导方式。

方格训练不仅是一种工具和手段,而且是组织发展的一项全面计划。它一般分为以下六个阶段进行培训:

(1) 实验研讨训练。用一周时间向参加者介绍方格训练方法和它的基本原理,在组织中熟悉这种训练的主管经理的主持指导下,参训者学会对自己领导方式的分析和评价。

(2) 小组发展。把同一个小组(本部门)的成员集合在一起讨论如何达到“9.9”型目标,并把前阶段学到的知识运用于实际情景。

(3) 群体间发展。在这个阶段,整个组织开始变革,并着手解决群体间的问题,确定和分析群体冲突,并给予解决。

(4) 制定组织目标。讨论和制定组织目标,以增强参加者的义务感。

(5) 达成目标。参加者设法实现自己所制定的目标,并一起讨论其间的主要问题。

(6) 评价和稳定成果。对思想和行为方面的训练结果作出评价,以巩固训练成果。

这六个阶段所需时间,视不同情况而定,有的几个月,也有的需要3—5年。一般认为,这种训练方法对提高工作效率有显著的作用。目前在西方一些国家得到广泛采纳,并成为一种最流行的组织发展方式。

格道式发展是由管理方格图派生出来的,所采纳的基本思想和方法类似于管理方格图,但涉及的范围更广泛,目的在于使企业组织取得最大限度的利润,以达到所谓“最佳的境界”,实现“9.9”式管理。格道式发展也分为六个阶段:实验研讨训练;小组建设和开发;小组间关系的建设与开发;制定理想的战略与开发;模式的贯彻;系统评价。

对格道式发展的效果只有一些零星研究和报道,尚难做出肯定的评价,但它的使用范围较为广泛。格道式发展一般需历时3—5年。

3. 调查反馈法

调查反馈法是以数据为基础的一种组织发展和改革的方法,实际上是调查法和“行动研究”的综合应用。通常要在外来咨询专家和组织工作人员的合作下进行。最早使用这一方法的是卢因,美国密执安大学的社会调查研究所则是使用此法最负盛名的组织。

这种方法主要包括以下三个部分:

(1) 收集和分析数据。大多是运用问答式的方法向有代表性的成员进行调查,其调查内容可以包括领导管理过程中的问题,组织的沟通、决策、协商和激励等方面的情况,以及对组织中各方面情况的满意度。

(2) 小组讨论。就是通过问答,把所得到的情况反馈给有关单位,再次小组进行讨论。

(3) 过程分析。就是举行调查反馈会议,运用所得到的资料,诊断组织存在的问题,制定解决问题的行动方案。

实践证明,这种方法可以较准确地发现组织存在的问题,找到较多的解决办法,并且促进参加者态度和行为的转变,有利于改变人际关系和培养积极的组织气氛。

4. 过程咨询

过程咨询强调与人有关的过程的改进是组织发展的关键。组织心理学家夏恩于1959年给过程咨询下的定义为:所谓过程咨询,就是用一系列的顾问活动,来帮助变革人员认识、了解和处理周围环境中所发生的事情。过程咨询的范围主要包括:了解组织中的信息沟通,并使沟通更开放有效;帮助工作群体了解领导作风,帮助管理者改进领导作风;帮助领导者有效地决策及学习有效地解决问题;帮助群体考察影响个人行为形成的因素,以及如何改善团体行为规范;提出诊断、理解以及解决组织问题的有效方法。

夏恩认为,在组织发展中,过程咨询可以分为六个步骤:组织的委托人提出所要解决的问题;组织的委托人与咨询人员确定问题,然后提出正式的合同;选择问题解决的方法;顾问与咨询人员通过观察与问卷的方法进行调查;顾问人员进行咨询干预;达到预期结果,咨询结束。

过程咨询的优点是可以解决现代组织所面临的重要的人际问题或群体间的问题,也可以帮助组织自己去解决所存在的问题。缺点是组织成员不能参与活动过程,历经时间长,费用较大。

5. 团队建设

团队建设或称班组建设、班组发展。它是依靠组织成员自己(或加上外来咨询人员帮助)的一种提高群体效能的计划性活动。团队建设的实施一般有以下几个步骤:

(1) 首先使参加团队建设的成员做好接受变革的心理准备。通常采用举办成员培训班的形式,让各成员把自己存在的问题提出来。

(2) 对处在第一线的管理人员进行问卷调查,以了解和搜集有关人际关系、组织气氛以及管理工作中的情况和问题。

(3) 将搜集的情况与问题反馈给各成员,并且就有关问题进行讨论、分析,提出初步的改革建议和方案。

这种团队建设不仅可以使问题解决,更重要的是可以使参加者体验到心理的满足感,加强处理人际关系的能力,从而提高工作效能。

对于团队建设的实现,组织心理学家提出了各种模式:(1) 目标设立模式。主要是通过群体设立共同的目标,使群体都为实现此目标而积极地工作,从而激发工作的动机,协调群体内的人际关系。(2) 个体间的模式。这是一种通过对群体中个体之间相互关系的改变来增强团队效率的方法。(3) 角色模式。这是利用角色分析技术来改进群体效能的一种模式,主要是明确每个群体成员的角色责任以及别人期望他是一个什么样的特定角色。(4) 管理方格模式。帮助管理者分析自己的领导方式,发现问题,从而提高领导水平和艺术。

6. 工作生活质量

工作生活质量是指组织成员在组织中所体验的、对重要的个人需求的满足程度。工作生活质量规划是组织采取的一种行动,它被用来改善那些影响员工对某个组织感受的条件。很多工作生活质量规划强调组织中的保险、安全和健康决策参与、人的能力和技艺的发展机会、有意义的工作、时间或地点的安排、防止专断或不公平的对待以及满足社会需要的机会等项内容。

工作生活质量规划一般有两个主要目标:第一,改善员工的生活质量;第二,提高群体、团队或组织的生产力。虽然工作生活质量规划和生产力变革间的关系是复杂的,经常是间接地和不易测度的,然而,工作生活质量规划仍有潜力去增进交流、合作、激励以及工作能力,这些改进反过来又提高了生产力。随着人们对改善工作条件日益高涨的要求,工作生活质量规划在组织中的应用已日益广泛,并且还被用来提高员工的工作经验和专门技术,间接地促进产品的数量和质量。美国在 20 世纪 90 年代中期时,就有包括通用汽车、福特、克莱斯勒、摩托罗拉、霍尼韦尔、惠普、AT & T、伯利恒钢铁、宝丽来和通用电气等许多公司拥有了积极的工作生活质量规划。

工作生活质量规划也有负面效果。例如,中层经理和一线监督者有时会抵制工作生活质量规划,因为他们认为增加员工的参与是以牺牲他们的权利和决策权为代价的。除非克服这些抵制,否则工作生活质量规划将削弱管理或监督的效能,或者代价昂贵甚至趋于失败。

（二）以任务和技术为中心的组织发展

以任务和技术为中心的组织发展技术，强调在组织工作过程中和组织所运用的技术中进行变革，以推动组织的发展。这种方法主要包括：

1. 工作设计

工作设计是通过工作本身的激励来提高生产效率和人对工作的满意感。它是技术和结构方面组织发展的一种较为流行的技术。工作设计是以人的因素为基础来考虑生产技术和组织结构问题。其类型主要有两种：

（1）工作扩大化。

工作设计最早表现为工作扩大化，或称为工作的横向扩展，按照这一工作方式，一个员工可以承担几个工种的工作，或者做周期更长的工作，以减少其对工作的单调感。这一方式于20世纪20年代在国际商业机器公司的艾迪考特厂首先试行，证明能改善员工情绪，降低生产成本，提高产品质量，并减少管理层次。行为科学家阿吉里斯对这一劳动组织形式积极支持，认为由于赋予员工更多的责任，可以鼓励他们自我控制、自我发挥，从而得到个性的健康成长，改善管理者与员工的关系。

（2）工作丰富化。

进入60年代以后，美国工业界普遍发生生产率下降，员工不满情绪增加。1973年美国卫生教育福利部门公开发表文告，指明从缺勤、流动率、罢工、怠工、次品、员工不愿承担任务等方面都看出员工的生产率在降低。盖洛普民意测验指出，多数员工反映："如果他们愿意，他们每天可以生产更多东西。"企业界迫切需要一种新的方法来扭转这一趋向。这时，赫兹伯格的双因素理论正广泛传播，加上早期工作扩大化的成功经验也陆续有报道，于是，在某些企业里出现了另一种新的工作设计形式——工作丰富化。事实上，工作丰富化是工作扩大化的发展。工作丰富化着眼于一个员工工作的纵向发展，亦即让员工有自主权，有机会工参加计划和设计，获取信息反馈，估价和修正自己的工作。这样，就能增加他们的责任感、成就感和对工作的兴趣。表11-1是工作丰富化的示意。

表11-1　工作丰富化举例

原来情况	工作丰富化后情况
1. 每人轮换使用机器。	1. 每人固定负责两架机器。
2. 当机器发生故障时，操作工召唤维修工修理。	2. 操作工接受维修训练，负责所管机器的维修。

（续表）

原来情况	工作丰富化后情况
3. 操作工按照操作手册的规定，调换机器的重要原件。	3. 授权操作工,根据他的判断,调换零件。
4. 工长对操作工实施监督,对不符合标准的作业予以纠正。	4. 建立工作功效反馈制度,使操作工了解自己每天的工作量。
5. 在工作流程中个人做单一的作业。	5. 由3—5人结成小群体,完成整个工作任务。
6. 工长决定谁干什么活。	6. 群体决定自己干什么活。
7. 检验员和工长检验产品,纠正作业方法。	7. 群体对产品自我检验。

2. 社会技术系统

社会技术系统方法产生于20世纪40年代,是一种同时重视变革组织的技术和社会方面的系统理论。社会系统理论认为,任何一个生产组织既有一个技术系统(工作任务要求、物理布局、生产工艺、设备以及效率、规范等),又有一个社会系统(成员的人际关系、个人和群体的绩效与满足感等)。技术系统的变革也会影响到组织的社会系统,有效地管理组织变革意味着既要处理变革的技术方面的内容又要处理变革的社会方面的内容,通过优化它们的关系来提高组织效率。

从组织变革的角度来看,自治工作群体或自我管理工作群体的思想就是社会技术系统变革方法的一个主要贡献。自治组织或自我管理团队是这样一种群体,即他们计划自己的工作,控制自己工作的节奏和质量,并从事很多传统上要由管理层所做的决策。社会技术系统方法涉及再设计工作群体以便使工作群体尽可能实际控制所有为顾客生产专门产品和服务所需的资源和技能。在社会技术系统中,管理者的角色是确保团队拥有足够的资源去完成他们的任务。

3. 工作特性模型

工作特性模型是1975年由哈克曼(Hackman)和欧德哈姆(Oldham)提出的。此种模型近年来逐渐代替了赫兹伯格的双因素理论,而成为工作设计的指导理论。

工作特性模型具有五个特征,即工作的五个基本维度:第一,技能的多样性。工作所要求的技能越多,就越能成为员工内在的激励因素。第二,任务的完整性。工作任务的完整性越大,员工的工作满足感越强,越能激发其工作热情。第三,任务的意义。工作任务的意义越大,越能满足他们的自尊需要,从而增加其对工作的责任感。第四,自治权。员工在工作中享有自治权,可以满足他们的自尊需要,从而增加其对工作的责任感。第五,反馈。只有工作的反馈,才能使员工真正地认识自己,从而有利于工作的自我改进。

这五个工作特性又引起三种心理状态:使员工们能够感到自己工作的意义所在;他们能够对工作结果负责,引起责任感;他们了解自己活动的结果,从而产生自尊心理。有了这三种心理状态,又可导致四种结果:高度的内在激励;高质量的业绩;对工作的高度满意;旷工率与离职率降低。

工作特性模型是建立在个人成长需要的强度的基础上的。这个模型认为,只有成长需要强度大的人才会更多地被基本特性高的工作所激励,从而产生积极的工作情绪,反之,则导致消极的反应。

4. 全面质量管理

全面质量管理作为一种变革方法,其重点是使组织的工作结果——产品和服务的质量满足或超出顾客的预期。任何组织及其产品的质量水平是由顾客来认定的。当一个组织达到“全面质量”管理时,意味着其所设计的和所实行的所有行动和过程都达到了顾客的要求,同时缩短了生产时间、降低了成本。

全面质量管理包括多种元素,如变革组织文化,高层管理的任务,培训,持续的改进过程以及对顾客、供应商、顾客关系的管理等。全面质量管理既是技术的运用,又是文化的改进——共同的价值观重视质量,并且组织授权在管理中特别重要。美国学者总结了在全面质量管理方面七个主要的成就:第一,一项不断地改进各种运营活动的计划;第二,一套精确评价这些改进的系统;第三,一套基于将公司业绩与世界上最好公司作比较的标准而设立的战略计划;第四,与供应商和顾客密切的伙伴关系,它将改进反馈给营运活动;第五,对顾客的深入了解,以使顾客的需求能转化为产品和服务;第六,对防范错误的重视,而不仅仅是修正它们;第七,一种在组织中由上而下地改进组织的承诺。

5. 再造工程与企业再造

再造工程又称再造或工程再造,还有人称之为流程再造或过程再设计。它的核心思想是,对组织的系统和运行工程进行根本性的再思考和再设计,工作活动必须围绕结果而不是任务或职能来组织。再造工程是一种更为全面的变革方法,它提出并围绕“为什么组织要从事目前的业务工作”“为什么要按它现行的工作方法去工作”这样的根本性问题,对组织的业务流程进行重组,全面反思和重新设计能够不断减少成本,提高产品和服务质量,提高反应速度、效率和效益。

企业再造与再造工程是一脉相承、本质相同的。它的主要思想观点是:专业分工、经济规模和以机械的因果关系为基础的顺序性程序不能适应以顾客主导、竞争激烈、变化迅速为特征的现代企业经营环境,所以应彻底摒弃大工业时代的企业模式,重新塑造与当今时代信息化、全球化相适应的企业模式。

企业再造的核心是以适应环境为主题,再造企业关键的业务程序,通过改变业务逻辑顺序、工作结构和方法等,培养企业独特的个性——植根于企业的想法、价值观和行动模式,力求在品质、成本、服务和速度等企业经营目标上获得显著改善,为顾客提供更有价值的产品。

(三)以组织的结构和战略为重点的变革方法

组织整体范围的变革一般在于变革组织的结构和战略。以结构为重点的方法涉及组织职位、组织间关系以及组织结构的重新设计。以战略为重点的方法涉及组织的基本使命或目标以及实现该目标的战略和计划的再设计。这两种方法都涉及全局性的组织变革,涉及的范围广而深,要求投入的各种资源数量大,因此,组织在实施这两种变革时,必须采用慎重的态度。

1. 适应性组织结构设计

随着社会的不断发展和科技的不断进步,现代组织面临日益变化的环境,必须改变自己的结构,调整组织形式,以达到既有效率又有稳定性的目标。相比传统的官僚制组织结构,现代组织需要新的组织方式和机制,尤其需要更多灵活性和适应能力。于是,便出现了一些新的组织形式。

(1)平行化组织。

平行组织也称附属组织,是用来补充现存正式组织的一个平行、共存性组织。它利用正式交流和权威渠道之外的人员群体,来确认和解决那些正式组织也许不愿或不能解决的问题,如任务小组、委员会等。一个平行组织具有不同于组织其余部分的规则,它不要求新的人员与组织紧密相连并与之共存。平行组织有下列特点:所有交流的渠道都是公开和相连的;对有关问题的信息进行快速和完全的交换,平行组织的产出是思想、问题的解决方案以及创新;所采用的规则鼓励对目标、假设、方法、选择以及评价的标准进行仔细的探讨与研究;管理者能参加并召集组织中的其他人员来帮助解决问题,而不受其下属的限制。

平行组织设计已被汽车制造商、银行、高科技企业、医院、研发实验室、大学和其他一些组织成功地使用。

平行组织的主要优点并不在于如何解决问题,而在于为组织成员创造更为复杂的角色和行动规则的改革。这些复杂角色使员工能接触不同的人,有机会关注并参与有意义的工作,控制自己的工作。平行组织特别善于发展人们的管理能力,增强组织创新能力。

(2) 矩阵化组织。

矩阵组织是根据产品或功能而组织各种资源的一种组织形式,它具有较强的灵活性和适应性,因此吸引了许多组织采用矩阵设计来打破机械的或官僚的组织结构。

互利的关系往往存在于组织的矩阵形式与变革的能力之间。一般来说,矩阵形式有助于建立一种认同组织不断变化提高的文化。但是,将一个组织转变为矩阵形式永远不是件容易的事情,常常需要一个以人为重点的战略来促进这种转变,矩阵设计的实施和维系成本也很高。矩阵设计在组织采用复杂的技术、面对快速变化的市场条件、需要项目和功能间的高度合作等情况下可能优于别的组织形式。

(3) 无边界组织。

无边界组织是指通过命令链,取消各种职能部门,代之以授权的团队,对管理跨度不加限制等措施,减少组织内部的垂直界线和水平界限,消除组织自身与顾客、供应商等交互作用主体之间的外部障碍的组织。无边界组织依赖于计算机网络化等技术因素的支持,来使人们超越界限进行交流,维持组织的正常运行。

无边界组织的基本特点是:管理者通过取消组织垂直界限而使组织结构趋向扁平化,使等级秩序作用降到最低限度;为了消除组织的水平界限,以多功能团队取代职能部门,围绕公司的工作流程来组织活动;打破组织与客户之间的专业界限及心理障碍,充分发挥无边界组织的职能。取消外部界限的方法包括:经营全球化,实行公司间的战略联盟,建立顾客与组织之间的固定联系等。

(4) 虚拟化组织。

虚拟化组织也称虚拟公司或虚拟企业,它被定义为,以信息技术相连并共享技术、成本和顾客接触的独立公司所组成一种临时网络或网络化组织。虚拟化组织是一种规模小,却可以发挥主要商业职能的核心组织。虚拟组织的决策集中度很高,但部门化程度很低甚至根本就不存在部门化内部组织。虚拟组织是靠从组织外部寻找各种资源来执行组织的一般职能,如生产、销售、技术开发等等,而把自己的精力主要集中在自己最擅长的业务上。

虚拟组织的主要优点是其具有非凡的灵活性,主要缺点是其主管人员对本组织的主要职能活动缺乏强有力的控制。

(5) 网络组织。

网络组织是将巨型组织分散化,把组织职能分散到各个分支机构中去,同时又注意加强各分散组织的关联的组织形式。网络组织强调借用先进的网络信息技术来帮助组织设计组织结构,沟通组织信息,协调组织的行动和完成工作。过去需要凭借组织中庞大的中间层级来执行的管理沟通,现在完全可以借用网络来进行,大量的管理权力可以下放到各个团队中,核心的管理部门越来越扮演着各个分支部门的协调员和调度员角色。管理工作既能够在分支机构中及时地反馈到社会环境中,又可以在核心部门的统一协作下取得一致,减少冲突,实现目标。目前正在我国实行的"电子政府"工程将使这种组织在较广泛的基础上建立起来,企业更是可以利用这种组织形式灵活的特点满足社会需求,及时改变组织的服务战略。

企业组织的网络化主要体现在以下几个方面:一是企业形式集团化。众多企业之间的联系日益紧密起来,形成一种新的利益共同体。二是经营方式连锁化。三是企业内部组织网络化。

2. 战略变革

战略变革是指组织在战略目标、实现目标的途径以及对变革方式的选择等基本层次上的变革。这种变革意义重大,牵涉组织未来走向、组织变革的程度以及变革成功的可能性等根本问题。

战略目标是组织发展的动力和方向,在环境变化的背景下,战略目标常常要进行适应性的调整,有时是大规模的变革。变革战略目标的任务是艰难的,因为目标是既定的,它反映了旧传统中组织结构的惯性和组织资源的利用水准。对目标的变革就会涉及对组织结构与组织资源利用的再规划。所以,在变革战略的计划中,就要全盘考虑组织的实际情况,并针对这些情况做出新的论断,将组织与环境协调的结果有效地加入目标变革的计划中。

实现目标的途径是战略变革的另一个重要内容。这就是远景设计,即对未来情景的设计和展望。开发系统计划可以对此提供一个很好的例证。开发系统计划被设计用来帮助组织系统地评价它的环境和发展组织对环境的反应系统。它有下列步骤:第一,从环境对组织预期和需求的角度评价外部环境;第二,评价组织现在对这些环境需求的反应;第三,确立组织的核心使命;第四,构造一个未来环境需求和组织反应的现实情境;第五,构造一个未来环境需求和组织反应的理想情境;第六,将现实与理想作比较并准备一个减少差异的行动计划。

战略变革还包括对变革方式的选择。变革方式主要指组织变革战略是采取从上而下型,还是从下到上型。这里有一个二元核心方法,所谓二元核心方法就是将管理和技术变革加以比较,从而选择对不同的组织来说最恰当的变革方式。任何组织都包括二元核心:管理核心和技术核心。管理核心高于技术核心,它的责任包括设计组织结构,控制和协调组织活动,并与组织环境中的社会、政府、经济条件、金融资源、人力资源等发生关联。技术核心处于组织的中层,它的责任包括为组织中的资源整合提供技术支持,帮助组织有效地把产品和服务输入社会中。所以,根据不同组织的属性要注意运用不同的组织变革方法。

管理变革是从上到下型的变革,是指组织在管理核心层主动进行的较大规模的结构性变革,包括结构重组、小型化、团队、控制系统、信息系统和部门组合等。管理变革要适应环境和内部流程的变化,它的变革往往影响重大,所以它没有技术变革的频率高。一般来说,管理变革适用于机械组织。这类组织一般具备严格的官僚层级,组织职责也比较明确和规范,结构也比较稳定,如政府组织、事业机构、国有企业等。因为较浓的集权色彩和密切相关的社会责任体系,所以这类组织经常采用目标、战略、结构、控制系统、人员等方面的管理变革措施来进行组织变革。

技术变革是从下到上型的组织变革,是指组织的技术层积极引进生产或者管理的新技术、新设备,借助技术的力量从下部来推动组织基础的变革,从而促进组织整体的改进。技术变革适用于有机型组织,这类组织主要以技术为重要的轴心,制造社会需要的产品,提供各类服务。组织技术与中、低层员工有机地结合在一起,使得他们有可能根据在技术运用中形成的经验提出他们的构思。这种变革经常出现在营利性的企业中,这些企业往往利用技术变革迅速地改变产品模式以适应市场的千变万化。

当然,实践中这两种方法经常配合使用。以管理变革为重点的机械性组织可以运用技术变革提高组织的技术效率,促进组织的功能改善;以技术变革为重点的组织在面临组织重大危机时还是要靠管理变革来改变组织的战略目标与远景规划,重塑组织的结构,完善组织的功能。

本章框架图

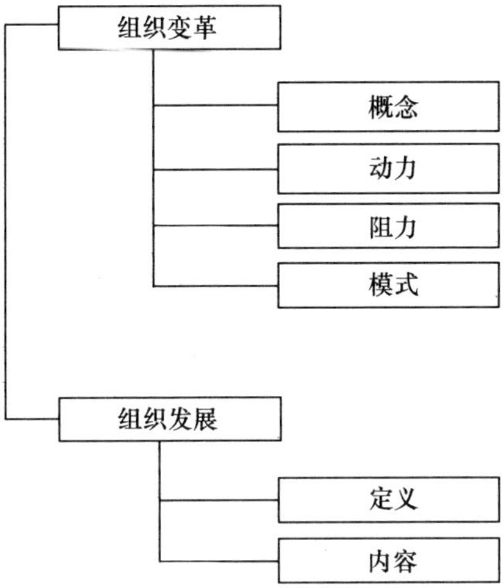

本章思考题

1. 什么是组织变革和组织发展？
2. 组织变革的动力是什么？
3. 组织变革的阻力是什么？如何克服组织变革的阻力？
4. 简述组织变革的模式。
5. 简述组织变革的内容。

推广阅读

汉武帝的渐进法

自己的父亲因为削藩郁郁而终，汉武帝刘彻牢记这个教训。

当16岁的刘彻坐上CEO宝座的时候，经过文景之治的汉朝集团已经步入良性发展轨道，社会安定，人心思安。但子公司日益做大，总部对地方的控制力越来越弱，总部的高管们却醉心于表面的太平盛世，开始奢华腐败。

对此，刘彻充分吸取了父亲的失败经验，集聚了足够民心和人才后，才开始破局的第一步——推出推恩令。

在当时的藩国，藩王去世后，嫡长子作为继承人继承他父亲的所有领土和权势，其他孩子是得不到任何好处的。汉武帝的高级助理主父偃提出了一个新政策，内容是：经过报请皇帝同意，诸侯王可以把自己封地的领土，划分为若干部分，封立他的子弟为侯。这些侯国的名分要由中央确定，而侯国的领土来自于原来的诸侯王国。这些侯国一旦确立，就不再隶属于原来的王国所有，而转属附近的郡，也就是说改属中央直辖领导。起名为推恩令——就是把皇帝的恩泽推广开来——在这样一个好听的名义下，各藩王名义上没有任何损失，但却使他们的绝对领土很快由大变小，从根本上解决了一股独大的问题。

随着第一步的顺利实施，刘彻又逐步颁发了左官律、附益法、阿党法等新的规定，进一步收回了地方权力。所谓阿党法，是指"诸侯王有罪，傅、相不举奏，为阿党"。阿党是重罪，如果诸侯王有任何的不轨行为，由中央朝廷所委派的在诸侯王国出任傅和相的高级官员事先没有发现，或没有向朝廷举报，就要按照阿党之罪处置。

通过推恩令分化各子公司内部势力，然后通过阿党法让下面的高管彼此监督，使他们面对"囚徒困境"不得不选择抢先告发，最后将子公司的财权和人事权归置中央，把子公司变成分公司，甚至将有些子公司改为办事处。在不知不觉中，达到了削藩的最终目的。

可惜的是，明朝的建文帝朱允文却没有这么幸运，他与汉景帝犯了同样的错误。在自己刚继位不久、朝局不稳的情况下，采用了大儒方孝孺的削藩建议，最后被自己的叔叔朱棣赶得不知所踪。藩没削成，却把自己的皇位给削没了。

参考文献

1. 安德鲁·杜布林:《心理学与工作》,中国人民大学出版社 2007 年版。

2. 毕雪阳:《管理心理学》,上海财经大学出版社 2010 年版。

3. 伯顿·克拉克:《高等教育新论——多学科的研究》,浙江教育出版社 1988 年版。

4. 曹蓉、郑安云:《组织行为学》,陕西人民出版社 2005 年版。

5. 曹正进:《组织行为学》,经济管理出版社 2007 年版。

6. 陈国海:《管理心理学教程》,暨南大学出版社 2011 年版。

7. 程方正:《现代管理心理学》,北京师范大学出版社 2004 年版。

8. 戴海琦、张锋:《心理与教育测量》,暨南大学出版社 2008 年版。

9. 戴维·迈尔斯:《社会心理学》,张智勇、乐国安、侯玉波等译,人民邮电出版社 2006 年版。

10. 段俊平:《企业幸福力——EAP 中国化与幸福管理》,中国发展出版社 2012 版。

11. 顾琴轩、郭培芳:《组织行为学》,上海人民出版社 2003 年版。

12. 郭念锋:《心理咨询师二级三级》,民族出版社 2011 年版。

13. 郝宁、吴庆麟:《创造力与能力、专长及胜任力关系评述》,《心理科学》2005 年第 28 期。

14. 李剑锋:《组织行为管理》,中国人民大学出版社 2006 版。

15. 李靖:《管理心理学》,科学出版社 2011 年版。

16. 刘新梅、白杨、张蕊莉:《组织创造力研究现状与展望》,《西安交通大学学报(社会科学版)》2010 年第 30 期。

17. 刘永芳:《管理心理学》,清华大学出版社 2008 年版。

18. 刘玉梅:《管理心理学理论与实践》,复旦大学出版社 2009 年版。

19. 刘玉梅:《管理心理学:理论与实践》,复旦大学出版社 2009 年版。

20. 罗伯特·巴隆、尼拉·布兰斯科姆、唐·伯恩:《社会心理学》,邹智敏、张玉玲译,机械工业出版社 2011 版。

21. 欧阳洁:《企业激励机制研究与设计》,《经济问题》2005 年第 1 期。

22. 彭聃龄:《普通心理学》,北京师范大学出版社 2004 年版。

23. 邵志芳、高旭晨:《社会认知》,上海人民出版社 2009 版。

24. 时勘:《员工援助计划(EAP)发展的心理学思考》,《中国人力资源》2006 年第 4 期。

25. 时勘:《员工援助师》,中国劳动社会保障出版社 2012 版。

26. 斯蒂芬·P. 罗宾斯:《组织行为学》(第 10 版),孙建敏、李原译,中国人民大学出版社 2005 年版。

27. 苏东水:《管理心理学》,复旦大学出版社 2011 年版。

28. 苏勇、何智美:《现代组织行为学》,清华大学出版社 2007 年版。

29. 特雷斯·E. 迪尔、阿伦·A. 肯尼迪:《组织文化——现代组织的精神支柱》,唐铁军等译,上海科学技术文献出版社 1989 年版。

30. 王映学、寇冬泉、张大均:《创造力的心理学进展与研究取向》,《心理科学》2007 年第 30 期。

31. 俞国良:《社会心理学》,北京师范大学出版社 2006 年版。

32. 俞文钊:《管理心理学》,东北财经大学出版社 2000 年版。

33. 约翰·阿诺德:《工作心理学》,经济管理出版社 2011 年版。

34. 曾平、姚翔、彭玲娇:《创造力测量方法评述及其对企业管理的启示》,《职业》2010 年第 2 期。

35. 张景焕、林崇德、金盛华:《创造力研究的回顾与前瞻》,《心理科学》2007 年第 30 期。

36. 张庆林、曹贵康:《创造性心理学》,高等教育出版社 2004 版。

37. 张日冉,陈丽:《大学生心理健康》,大连理工大学出版社 2006 版。

38. 张淑华:《社会认知科学概论》,光明日报出版社 2009 版。

39. 张文新、谷传华:《创造力发展心理学》,安徽教育出版社 2004 版。

40. 张西超:《员工帮助计划——中国 EAP 的理论与实践》,中国社会科学出版社 2009 版。

41. 张燕、怀明云、章振、雷专英:《组织内创造力影响因素的研究综述》,《管理学报》2011 年第 8 期。

42. 赵慧军:《现代管理心理学》,首都经济贸易大学出版社 2000 年版。

43. 赵然:《员工帮助计划—EAP 咨询师手册》,科学出版社 2010 版。

44. 众行管理咨询研发中心:《管理培训游戏全案》,广东经济出版社 2003 年版。

45. 朱永新:《管理心理学》,高等教育出版社 2002 年版。

46. http://wiki.mbalib.com/wiki/%E5%8F%98%E9%9D%A9%E9%98%BB%E5%8A%9B。

47. http://baike.baidu.com/view/1453500.htm。

48. http://tupian.baike.com/a1_52_09_01300000098342122294095611776_jpg.html。

49. http://zhidao.baidu.com/question/127893133.html。

新编公共行政与公共管理学系列教材

（已出书目）

公共行政学	张康之　李传军　著
公务员制度概论	谭功荣　编著
公共政策学	冯　静　主编
社会救助学（普通高等教育“十一五”国家级规划教材）	乐　章　主编
政府公共关系（北京市高等教育精品精品教材）	唐　钧　著
公共部门管理学（北京市高等教育精品教材立项）	程惠霞　编著
行政伦理学（国家精品课程教材）	李建华　左高山　主编
城市社区建设与管理	郭学贤　著
理解电子政务：从理论到实践	黄　璜　编著
管理心理学	郑安云　何　飞　主编